조이스, 제국, 젠더 그리고 미학

For Haewon and Hanie

나는 항상 더블린에 대해서 쓴다.

JOYCE,

왜냐하면 내가 더블린의 중심에 이를 수 있다면

EMPIRE,

세계 모든 도시의 중심에 이를 수 있기 때문이다.

조이스, 제국, 젠더 그리고 미학

JOYCE, EMPIRE, GENDER & AESTHETICS

민 태 운

전남대학교출판부

특정한 것 속에 보편적인 것이 포함되어 있다.

민태운

서강대학교 영문학과 졸업 후, 서울대학교에서 영문학 석사, 미국 남일리노이 주립대학교에서 영문학 박사학위를 받았으며, 현재 전남대학교 영문학과 교수로 재직 중이다. 한국제임스조이스학회 회장(2011-2013)을 역임하였다. 저서로는 『제임스 조이스의 소설』(2001), 『조이스의 더블린』(2005)이 있고, 공저로 『조이스 문학의 길잡이: 더블린 사람들』(2005), 『조이스 문학의 강의: 젊은 예술가의 초상』(2009) 등이 있으며, 주석본으로 *A Portrait of the Artist as a Young Man*(2010), *The Picture of Dorian Gray*(2011)가 있다.

조이스, 제국, 젠더 그리고 미학

인 쇄 2014년 10월 15일
발 행 2014년 10월 20일

지은이 민태운
발행인 지병문
발행처 전남대학교출판부
등 록 1981년 5월 21일 제53호
주 소 500-757 광주광역시 북구 용봉로 77
전 화 062-530-0571~2
마케팅 062-530-0573
팩 스 062-530-0579
홈페이지 http://www.cnup.co.kr
e-mail cnup0571@hanmail.net

ISBN 978-89-6849-151-1 (93840)

가 격 15,000 원

이 도서의 국립중앙도서관 출판예정도서목록(CIP)은 e-CIP홈페이지(http://www.nl.go.kr/ecip)와 국가자료공동목록시스템(http://www.nl.go.kr/kolisnet)에서 이용하실 수 있습니다.
(CIP제어번호: CIP2014028736)

책머리에

조이스는 "나는 항상 더블린에 대해서 쓴다. 왜냐하면 내가 더블린의 중심에 이를 수 있다면 세계 모든 도시의 중심에 이를 수 있기 때문이다. 특정한 것 속에 보편적인 것이 포함되어 있다"라고 했다 (Ellmann, *James Joyce* 505). 그는 편협한 민족주의에 반대했던 작가로 알려져 있지만 항상 그의 고향 더블린과 조국 아일랜드에 대해서만 작품을 쓴, 어떤 의미에서는 민족주의자로도 불릴 수 있는 작가였다. 그는 지역적인 것을 통해서 보편적인 것을 제시했다. "한국적인 것이 세계적이다"는 말이 있듯이 아일랜드적인 것이 세계적이라는 것을 가장 잘 보여준 작가였다. 그는 또한 어떻게 보면 개인적인 것을 세계적인 것까지 끌어올린 사람이기도 했다. 그의 작품에 등장하는 많은 인물들은 그의 주위에 있던 사람들이었고 『율리시스』*Ulysses*의 시간적 배경이 되는 6월 16일은 그가 아내인 노라와 첫 데이트한 날이었다. 그 날은 이제 블룸스 데이Blooms Day라는 보통명사에 근접한 명칭까지 획득하여 국적을 불문하고 세계 곳곳에서 기념하는 날이 되었다. 필자가 조이스에 이끌리게 된 이유 중의 하나도 특정한 지리와 역사의 이면에 존재하는 이 보편성 때문이었다. 조이스는 시공간적으로 멀리 떨어져 있는 독자로 하여금 경제적이지만 절묘한 언어 구사를 통해 작중인물들과 동시대인이라는 착각을 하게 만드는 재주를 보여준 작가였다.

이 보편성 때문에 모든 나라와 도시의 시민들이 조이스가 그린 더블린에 친밀감을 느낄 수 있다. 그럼에도 불구하고 아일랜드와 한국 사이에는 유난히 닮은 점이 많다는 점을 부인하기 어렵다. 과장된 표현이긴 하지만 한국을 아시아의 아일랜드라고 하는 사람들이 있을 정도이다. 예컨대, 둘 다 강국에 둘러싸인 약소국의 설움을 톡톡히 맛본 나라로, 이웃에 위치한 같은 색 피부의 제국으로부터 정치적 억압을 받았다. 아일랜드는 대영제국의, 한국은 일본제국의 식민지였다. 동일한 피부색이지만 열등한 민족으로 멸시받았고 지배자의 언어를 강요받았다. 야심찬 이웃에 맞서 독립운동 하는 사람들도 적지 않았지만 다른 한편에서는 각각 친일파, 친영파가 있어 동포를 밀고하기도 하였다. 아일랜드의 민족주의 단체 무적대 대원이 피닉스 공원 Phoenix Park에서 영국의 고위관리를 살해하였듯이 한국의 안중근 의사는 하얼빈 역에서 일본의 이토 히로부미를 겨냥해 총알을 발사하였다. 또한 두 나라는 가장 가난한 나라에서 빠르게 근대화를 이루었고 IT 산업이 발전한 나라라는 점에서도 유사하다. 우리에게 보릿고개가 있었다면 그들에게도 배고픈 시절이 있었고 그것은 1840년대의 대기근에서 극에 달했다. 술과 노래를 즐기고, 손님접대하기를 좋아하는 민족이라는 특성도 비슷하다. 더욱이, 성격이 조금 다르기는 하지만 현재 두 나라의 영토가 둘로 나누어져 있다는 것도 다르지 않다. 한국이 둘로 분단되어 있듯이, 유럽의 이 나라도 더블린이 수도인 아일랜드와 벨파스트가 수도인 북아일랜드로 나뉘어져 있기 때문이다. 또한 군인이 시민군을 진압했다는 점에서 1916년에 영국에 저항하여 일어났던 더블린의 부활절 봉기와 군부에 맞섰던 한국의 광주 민주화 운동도 많이 다르다고 할 수 없을 것이다.

조이스가 『율리시스』에서 스티븐의 입을 빌어 아일랜드 역사는 악몽이라고 했는데, 따지고 보면 한반도의 자그마한 나라 한국도 그에 못지않은 고통의 세월을 겪어오지 않았던가? 그래서 우리에게는 '한'이라는 것이 맺혀있다고 한다. 혹시 우리처럼 질곡이 많은 삶을 살아온 아일랜드인들에게도 그런 비슷한 것이 없을까? 가능한 해답의 실마리는 「죽은 사람들」에서 그레타Gretta가 층계에서 들려오는 노래 소리에 사로잡혀 그 자리에 얼어붙듯이 서 있는 장면에서 발견된다. 그 노래 "오그림의 처녀"의 무엇이 그녀의 심금을 울린 것일까? 우선 목숨을 걸고 그녀를 사랑한 첫 사랑이 그녀에게 들려주던 노래이었으므로 그녀의 발걸음을 멈추게 했다고 할 수 있을 것이다. 하지만 더 깊이 들어가 보면, 이 노래가사에는 아일랜드의 한이 서린 아픈 역사가 들어있다. 오그림은 그레타의 고향 골웨이 근처에 있는 작은 마을로 아일랜드의 정복자 영국 왕 윌리암 3세가 대승을 거둔 곳이다. 7,000명의 사상자를 낸 아일랜드는 대패했고 따라서 견딜만한 불행을 두고 "오그림의 패배/손실loss은 아니나"고 하는 표현이 있을 정도이다. 이 노래의 가사에서 귀족인 그레고리경Lord Gregory은 시골처녀를 유혹해서 임신시켰고, 비가 몰아치는 추운 날 그 여자가 그렇게 해서 생긴 아기를 안고 성을 찾아왔는데 귀족은 성문을 열어주지 않는다. 여자는 차갑게 죽어가는 아기를 안고 빗속에 서서 들여보내달라는 애원을 하고 있다. 귀족과 시골처녀의 관계는 영국과 아일랜드, 개신교와 가톨릭, 제국과 식민지의 관계와 유사하다. 특히 레이디 그레고리Lady Gregory의 남편이자 당시 더블린 지역구 보수당 국회의원이었던 영국계 그레고리 경William Gregory은 거의 백만 명이 아사하고 백만 여명이 타국으로 이주해야 했던 대기근 때에 1/4 에이커 이상의 토지를 가지고 있는 사람은 구제를 받지 못하게 하는 법조항을 만들어서 아일랜드에서 소농작인들이 사라지게 한 장본인이다. 그래서 그레고리의 법조항은 학살되고 국외로 추방된 아일랜드 농민들의 모든 후손들이 영원히 잊지 못할 조항이 되었다. 그레타가 몰두해 있었던 이 노래에는 이처럼 고통스러운, 잊지 못할 아일랜드의 아픈 역사, 아일랜드의 한이 숨어있었다.

한국의 많은 문학작품에도 이러한 한이 서려있는 역사와 정치가 들어가 있듯이, 미학적인 것을 중시하는 모더니즘의 대표주자로 불리는 조이스의 소설에도 아일랜드의 정치사회적 현상이 켜켜이 싸여있다. 한 때 언어와 문체에만 집중한다고 비난받기까지 한 적이 있던 조이스에게 정치적인 역사는 못지않게 중요한 것이었다. 그래서 책 제목이 좀 길게 되었다고 한다면 구차한 변명일까? 언뜻 제국, 젠더, 미학이라는 주제들이 서로 상관없는 것처럼 보이지만 조이스와 관련하여 따지고 보면 사실은 서로 밀접하게 연결되어 있다. 제국은 식민지를 여성으로 간주하고 식민지의 남성들을 여성화한다. 한편 정체성의 불안을 경험하는 식민지 남성들은 자신들의 남성성을 증명하기 위해 끊임없이 노력한다. 더블린 남성들의 경우 술집에 가서 남성성을 회복하려고 하거나 가정에서 아내와 자식들 앞에서 남성성을 과시하려고 한다. 이처럼 제국과 젠더는 불가분의 관계를 맺고 있다. 제국주의는 가톨릭교와 더불어 아일랜드를 지배하는 이데올로기이다. 한편, 제국에 저항하는 민족주의 운동과 가톨릭교회가 예술의 자유를 추구하는 예술가에게 어떻게 억압으로 작용할 수 있는지는 미학의 문제와 관련이 있다. 결국 이 책에서 다루는 이러한 주제들은 서로 밀접한 관계를 맺고 있다고 할 수 있는 것이다.

조이스의 의도대로 그가 교묘하게 숨겨놓은 보물찾기 놀이를 하느라 나름대로 바쁘게 뛰어다니다 보니 더러는 이미 가 보았던 곳을 되풀이해서 가기도 했음을 발견하였다. 전에 뒤집어 보았던 돌을 또 뒤집기도 하고 손을 넣어보았던 구멍에 또 넣기도 하였다. 놀이에 몰두하느라 그랬다고 변명할 수 있겠지만 혹시 반복이라는 "마비" 증상을 노출시키고 있는 것은 아닐까? 오스카 와일드의 표현대로, 삶(나의 삶)이 예술(조이스의 작품)을 모방하고 있는 것일까? 아니면, 조이스가 문학적으로 예시하고 있듯이 어차피 인생이란 반복의 연속인가?

주로 논문들을 모아놓은 책으로는 두 번째에 해당한다.* 첫 번째

---

* 이 책에 실린 논문들은 원래 아래의 저널에 실렸으나 수정되고 편집된 것이다. 1. 탈식민적 남성학적 관점에서 『더블린 사람들』 읽기 (『제임스 조이스 저널』 제13권1호) / 2. 가면으로서의 남성성 — 『율리시스』에서 블룸의 경우 (『영어영문학』 제52권4호) / 3. 부활절 봉기와 조이스 — 「키클롭스」장을 중심으로 (『제임스 조이스 저널』 제15권2호) / 4. 「내양신의 황소」에서 제국의 위대한 전통 허물기 (『제임스 조이스 저널』 제19권1호) / 5. 조이스에게 있어서 민족/민족어와 영어 (『제임스 조이스 저널』 제9권1호) / 6. 조이스의 파넬주의와 사회주의: 「파넬 추모일의 선거

책에서 보여주었던 라깡, 푸코 등 포스트구조주의자들에 대한 관심이 이번엔 정치, 민족주의, 젠더 쪽으로 선회하였다. 앞으로 필자의 시선이 어디에 머무를지는 항상 물음표처럼 생긴 지팡이를 든 조이스가 필자를 어디로 끌어당기느냐에 달려있을 것이다. 『더블린 사람들』의 주인공들이 학교, 가정, 도시 등으로부터 벗어날 수 없듯이, 필자도 조이스의 물음표로부터 도망갈 수 없나 보다. 하지만 조이스의 문학 세계는 "막다른 골목"이 아니고 무한히 열려있는 공간이기에, 다른 의미에서 "기꺼이 억압받는 자"가 될 수도 있지 않을까?

사무실」을 중심으로 (『제임스 조이스 저널』 제14권1호) / 7. 「경주가 끝난 뒤」에서의 피식민지인의 가면의 삶 (『제임스 조이스 저널』 제10권1호) / 8. 『더블린 사람들』에서 보이는 일상 속의 전쟁 (『제임스 조이스 저널』 제18권1호) / 9. 『더블린 사람들』에서의 함정과 폐소공포증 (『제임스 조이스 저널』 제19권2호) / 10. 『젊은 예술가의 초상』에서 와일드의 미학 찾기 (『제임스 조이스 저널』 제17권1호).

목 차

1

탈식민적 남성학적 관점에서 『더블린 사람들』 읽기

1

탈식민적 남성학적 관점에서 『더블린 사람들』 읽기

주지하다시피 프로이트Freud는 남아가 어머니로부터 완전히 분리됨으로써 비로소 어엿한 남성이 된다는 주장을 편다. 그럼에도 불구하고 남성성은 이미 완성된 존재라기보다는 되고 있는 '과정'의 존재이다. 그렇기 때문에 모든 남성은, 키멜Kimmel의 주장대로, 평생에 걸쳐 어머니의 특성을 소유하고 있지 않다는 것을 증명하려 안간힘을 쓴다(127). 이처럼 남성성은 "지속적인 불안정성"constant insecurity으로 경험된다고 할 수 있다(Flannigan-Saint-Aubin 245). 이러한 현상은 제임스 조이스James Joyce의 등장인물들에게서 더욱 뚜렷하게 드러난다. 그들에게 남성성은 모순이고 문제가 된다. 그들이 남성으로서의 자신들의 정체성에 대해 매우 불안하게 생각하기 때문인데, 그것은 무엇보다도 그들이 남성일 뿐만 아니라 동시에 피지배자라는 점에 기인한다.

그들은 제국의 피식민지인으로서 "항상 이미" '여성화' 되어 있다고 할 수 있다. 19세기에 르낭Ernest Renan과 아놀드Matthew Arnold는 각각 아일랜드 사람들에 대해 "본질적으로 여성적인 인종"essentially feminine race이라느니(Renan 8) "여성적인 데"something feminine가 있다느니(Arnold 86) 하면서, '남성적인'(그리고 가부장격인) 앵글로 색슨족과 대조시켜 켈트족— 문맥에서는 아일랜드 민족을 가리킴—을 여성적인 존재로 특징지었다. 더욱이, 아일랜드가 고대로부터 항상 '여성'으로 상징되어 왔고, '불쌍한 노파'*Poor Old Woman*(아일랜드어로는 Shan Van Vocht)의 경우에서 볼 수 있듯이 아일랜드의 민간설화에 나오는 여성은 자주 뛰어난 능력을 가지고 있는 것으로 묘사되어 왔다는 것도 아일랜드 남성들의 정체성에 혼돈을 주는 요소이다.[1] 왜냐하면 이것은 남성적 원리에 토대를 두고 있는 서구의 가부장 사회의 관점과 정반대가 되는 것이기 때문이다. 어쨌든 아일랜드 남성은 끊임없이 자신의 남성성을 다시 말해서 자신이 여성적이지 않음을 증명해야 하는 압박감을 느끼고 있었다.

조이스의 『더블린 사람들』*Dubliners*은 이처럼 제국주의 지배 하에서 자신의 남성성을 증명해 보이려고 애쓰는 아일랜드의 남성들로 가득 차 있다. 그들은 자신들에게서 여성적 요소들, 예컨대 동정심이라든지

1 아일랜드는 처녀 혹은 어머니의 이미지로 상징되는데, 전자의 전형은 시인 맹건James Clarence Mangan의 시에 나오는 "My Dark Rosaleen"이고 후자의 전형은 아일랜드 민담과 발라드에 나오는 "불쌍한 노파"라 할 수 있다. 더 자세한 논의는 C. L. Innes의 *Woman and Nation in Irish Literature and Society, 1880-1935* (1993), pp. 15-17을 참조할 것. 또한 아일랜드의 전설과 문학 등에서 여성이 어떻게 묘사되었는지에 대한 광범위한 설명은 Lorna Reynolds, "Irish Women in Legend, Literature and Life"(1983)를 참조할 것.

부드러움 같은 것을 제거하려고 애쓴다. 대신에 남성들 사이에서 "남성성의 중요한 시니피앙" 이라 간주되는 술과 폭력(Canaan 114), 그리고 여성의 비하 등을 통해 남성성을 과시해 보이려 한다. 그렇게 함으로써 그들은 다른 남성들에 의해서 남성으로서 높은 평가를 받기를 기대한다. 지금까지 (탈)식민주의적 남성학의 관점에서 조이스를 연구한 논문들은 그리 많지 않지만 최근에 이 분야에 대한 관심이 생겨나면서 조금씩 늘고 있는 추세이다. 이런 논문들의 지배적인 경향이 있다면 『더블린 사람들』이나 『율리시스』*Ulysses* 각 작품을 전체적으로 연구하기보다는 한편의 이야기라든지 한 장chapter의 에피소드에 초점을 맞추어 다룬다는 것이다.[2] 본 연구는 『더블린 사람들』 전체에 초점을 맞추어서 더블린의 남성들이 어떻게 식민주의에 의해서 여성화되어 가는지(혹은 되었는지), 어떻게 자신의 남성성을 증명/과시하려 하는지, 그리고 어떻게 그러한 노력이 항상 좌절로 끝나는 지를 (탈)식민적 남성학의 관점을 통해, 그리고 당시 아일랜드의 역사적 상황 등에 비추어 분석하고자 한다.

앞에서도 언급했지만, 아일랜드의 민담에서 자주 아일랜드는 집단

2 예를 들면, David Lloyd가 쓴 논문 "Counterparts: *Dubliners*, masculinity, and temperance nationalism"은 「대응」한편만을 분석하고 있고 다른 논문들도 대동소이하다. 이 연구 주제와 관련하여 지금까지 나온 것들 중 가장 포괄적인 연구서가 있다면, 『유럽의 조이스 연구』*European Joyce Studies*가 특집으로 펴낸 『조이스에게 있어서 남성성』*Masculinities in Joyce* (2001)이라 할 수 있다. 하지만 이 책은 『더블린 사람들』로부터 『피네간즈 웨이크』*Finnegans Wake*에 이르기까지 조이스의 모든 작품들을 학술지 한 권에 묶음으로써 어느 한 작품을 포괄적이고 심도 깊게 다루지 못하고 있다. 더욱이 이 책의 각 논문이 각각 다른 학자에 의해서 집필되었기 때문에 일관성 있는 『더블린 사람들』에 대한 포괄적 연구서가 되지 못한다.

적 자아상을 여성, 특히 '노파'로 상정想定해 왔다. 그것은 예이츠W. B. Yeats의 희곡 『캐슬린 니 훌리한』Cathleen ni Houlihan에까지 이어져, 노파로 등장하는 캐슬린이 아일랜드의 젊은 남성들에게 자신 즉 아일랜드를 위해 목숨을 바칠 것을 요구하는 것에서도 확인된다. 또한 영국은 역사적으로 오랫동안 아일랜드인들의 여성성을 지적하며 아일랜드를 여성화해왔고 그것은 19세기에 더욱 심했다(Lamos & Van Boheemen-Saaf 9). 또한 16세기 초 이래로 영국 작가들은 대부분의 식민담론이 그렇듯이 아일랜드를 "남성적인 탐험가의 침투를 고대하는(혹은 탐험가를 유혹하는) 처녀"로 비유해 왔다(Jones 164). 아일랜드인들에 대한 영국의 여성화가 영국의 제국주의적 사고방식과 궤를 같이 한다는 것을 익히 확인할 수 있는 대목이다. 또한 제국주의와 가부장제가 밀접하게 연결되어 있음도 알 수 있다.[3] 아일랜드는 여성적인 성품을, 영국은 남성적인 특징을 지니고 있고 그렇기 때문에 가부장제의 관점에서 남성이 여성을, 즉 영국이 아일랜드를 식민지로 통치하는 것이 정당하다는 논리가 나온다. 커티스Curtis는 이 둘의 연관성을 다음과 같이 지적하고 있다.

> 여성의 참정권 요구가 압도적인 다수 의원들의 반대에 부딪치고 있고, 여성해방론이 남성들에게 깊은 두려움을 자아내고 있는 시점에서, 여러 인종과 민족을 남성 여성으로 나누는 경향은 . . . 아일랜드인들과 같은 민족에게 여성적인 특징을 부여하는 경향은 아일랜드 자치Home Rule에 내재되어 있는 정치적 해방에 대한 그

3 제국과 성의 식민화의 밀접한 연관성과 관련하여, 스피박Fayatri Spivak은 "남성주의적-제국주의적 이데올로기 구조"(296)라는 표현을 사용한 바 있다.

들의 요구에 힘을 실어주지 못했다 . . . 스스로 의식하기에 성숙하고 남성적인 앵글로 색슨 족은 자신의 복잡한 제도를 유아적이고 여성적인 아일랜드 켈트족에게 넘겨줄 의도가 없었다. 그것은 여성들이나 어린이들에게 그것을 넘겨줄 의도가 없는 것과 같은 이치였다. (61-62)

여기서 커티스는 여성해방을 두려워하는 남성들과 아일랜드의 정치적 해방을 허용하지 않는 영국을 교묘하게 교차시키고 있다. 영국은 감상적인 여성 혹은 미성숙한 유아가 남성적 덕목을 필요로 하듯이 아일랜드가 앵글로 색슨의 통치를 필요로 한다는 생각을 전제하고 있었다. 이너스Innes의 표현을 빌어보면, 여성 아일랜드는 영국이라는 남편과 결혼하여 자애로운 가부장적 통치를 받아야 자신의 본질적인 자아를 완성할 수 있고 계속 여성적이고 켈트적인 본성을 유지할 수 있다는 것이다(15).

뿐만 아니라, 아일랜드의 식민화는 근대화의 과정과 맞물려 있었고 그 과정에서 아일랜드인 노동자는 영국계 지배계층에 의해 소외되고 그의 남성성은 억압받지 않을 수 없었다. 효율성을 중시하는 근대의 회사나 공장은 근무 중 음주를 금지했을 뿐만 아니라 다른 규정들을 통해 고용인을 통제하였다.[4] 「대응」Counterparts의 패링턴Farrington은 그러한 상황에 처해 있는 아일랜드의 남성을 대표하는 인물이라고 할 수 있다. 그의 사장은 얼스터 사람Ulsterman 혹은 북아일랜드인으로 영

4 참고로 Roy Rosenzweig는 「술집의 기원」The Rise of Saloon에서 19세기에 주로 미국 등의 공장에서 음주가 금지된 후 생겨난 술집이 자본주의 사회에서 어떤 의미를 지니게 되었는지를 자세히 논의한다.

국계라 할 수 있는 알레인씨Mr Alleyne이다. 그가 더블린에서 회사를 운영하고 있다는 사실은 영국의 아일랜드 지배 하에서 주로 영국 출신들이 살고 있는 북아일랜드의 벨파스트와 더블린 간의 경제적 격차가 얼마나 벌어졌나를 말해줄 뿐만 아니라 더블린이 벨파스트의 경제에 의존하고 있음을 암시한다. 영국 제국주의의 권력을 나타낸다고 할 수 있는 알레인의 위세는 이야기의 서두부터 분명하게 드러난다.

> 벨이 사납게 울렸고, 파커양이 인터콤으로 갔을 때 격노한 목소리가 째는 듯한 북아일랜드의 억양으로 외쳤다.
> "패링턴을 올려 보내!"
> 파커양이 타자기 앞으로 돌아가서 앉으며 책상 앞에서 필경을 하고 있는 남자에게 말했다.
> "알레인씨가 위로 올라오래요."
> 그 남자는 "빌어먹을"이라고 조그마한 목소리로 중얼거리며 의자를 뒤로 밀고 일어섰다. 일어서니 그는 키가 크고 등치가 매우 큰 사람이었다. 그는 진한 포도주색의 늘어진 얼굴을 하고 있었고 금발의 눈썹과 콧수염을 지니고 있었다. 약간 퉁방울인 그의 눈 흰자위는 지저분했다. 그는 카운터를 들어 올리고 손님들 곁을 지나 무거운 걸음으로 사무실에서 나갔다. (*D* 86)

한 쪽은 "격노한" 목소리로 명령하는 지위에 있고 다른 한쪽은 "조그마한" 목소리로 불평하면서도 복종해야 하는 위치에 있다. 그들의 상하관계는 위아래에서 각자 일하고 있는 장소만큼이나 분명해 보인다. 알레인의 목소리를 묘사하는 "piercing"이라는 단어는 "꿰찌르다"라는 의미로 침략적인 제국주의의 확장, 근대화의 침범, 혹은 남성의 공격성 등을 넌지시 알려준다. 그는 이질적인 외부세력으로서 더블린을 지배하고 있다. 그는 "말끔하게 면도한 얼굴에 금테 안경을 두른 자그마한 사람"으로 효율적인 시간사용을 강조하는 근대화 혹은 자본주의의 화신처럼 보인다. 이를 단적으로 증명이라도 하듯이, 그가 패링턴의 안전에서 주먹을 휘두를 때 그는 마치 "전자 기계"electric machine(*D* 91)인 것처럼 보인다.

반면에 패링턴은 "키가 크고 등치가 매우 큰 사람"으로 말끔하지 않은 시골사람의 인상을 주며 "무거운 걸음"으로 걷는다. "약간 진한 포도주색의 늘어진 얼굴"이라든지 지저분한 흰자위는 근대화되지 않은, 진보가 뒤쳐진 인종을 암시한다. 진한 얼굴색은 음주의 영향으로 볼 수도 있지만 열등한 유색인종을 가리킬 수도 있을 것이다. 그 당시에 영국인들은 반복적으로 아일랜드인들을 인종적으로 낮은 서열에 자리매김 되었던 흑인과 동일하게 취급했다는 점을 상기할 필요가 있다(Cheng 26). 영국인들에 의하면, 패디Paddy, 즉 정형화된 아일랜드 남자는 "어린애 같고, 감정적으로 불안하고, 무지하고, 게으르고, 미신적이고, 원시적이거나 개화가 덜되었고semi-civilized, 지저분하고, 복수심이 있고, 난폭한" 반면, 앵글로 색슨 족은 "아일랜드인들로 하여금 자치를 감당하지 못하게 하는 성질과 정확하게 정반대되는 성질"들을 소유하고 있었다(Curtis 53). 물론 이러한 정형화는 제국주의자의 인종차별적 시선에서 나온 것이지만 패링턴은 이 전형적인 아일랜드 남자의 특징들을 많이 공유하고 있는 것으로 묘사되어 있다. 우선, 제 시간 안에 맡겨진 일을 제대로 끝내지 못하고 근무 중에도 술집을 찾는 그는 게으르다는 비난을 피하기 어렵다. 또한 그는 근무 중 실수를 하자 "밖으로 뛰쳐나가 폭력을 휘두르고 싶은"(*D* 90) 욕망을 품을 정도로 난폭한 모습을 보인다. 더욱이 그는 하루 동안 경험한 분노와 좌절로 인해 "복수심"을 품으며 마침내 어린 아들에게 그것을 발산하게 된다. 그가 무지하다는 것은 구경꾼들이 그가 영국인 웨더스 Weathers와 겨루는 팔씨름을 "민족적 명예"(*D* 95)를 건 경기로 보는 반면 그는 이러한 역사적 의식을 결여하고 있는 듯이 보인다는 점에서도 알 수 있다(Potts 70).

그가 자부심을 가지고 있는 것은 오로지 자신의 큰 신체이고 힘이기 때문에 알레인을 "난쟁이"(*D* 91)로 멸시하고 웨더스를 "애송이"(*D* 97)로 평가 절하할 수 있다. 여기서 흥미로운 것은 패링턴이 정치경제적 억압구조 하에서 여성화의 과정을 겪었음에도 불구하고 그에게는 그의 남성성을 부각시켜줄 수 있는 육체적 힘과 신체적인 우람함이 있다는 것이다. 그의 장대한 신체는 『율리시스』의 「키클롭스」Cyclops 장에 나오는 시민the citizen을 상기시킨다. 시민은 신화 속의 영웅들의 특징을 합성해 놓은, 순수한 아일랜드 혈통의 남성성을 이상화한 표본이라고 할 수 있다. 시민은 "넓은 어깨의, 두툼한 가슴의, 강한 팔다리의, 솔직한 시선의, 붉은 머리털의, 주근깨가 많은, 텁수룩한 수염의, 큰 입의, 큰 코의, 긴 두상의, 깊은 목소리의. . . 영웅"(*U*12.152-56)이다. 물론 이는 문예부흥 당시 문화민족주의자들이 아일랜드의 전통적인 영웅들을 이상화한 것에 대한 작가의 풍자의 일환으로, 이상적인 아일랜드 남자의 허구성을 노정하기 위한 것이다. 어쨌든 패링턴의 체격은 최소한 기골이 장대한 이상적인 아일랜드의 남성의 기준에서 그다지 멀리 떨어져 있지 않은 듯이 보인다. 다만 그에게는 시민에게 있는 국수주의적인 민족관 같은 것이 결여되어 있을 뿐이다. 그리고 시민이 등장하는 무대가 전적으로 바니 커넌 주점Barney Kiernan's인데 반해 패링턴의 경우 사무실에서 주점, 그리고 가정으로 이동한다는 점이 다르다. 시민은 게일 운동 경기 협회Gaelic Athletic Association를 세운 민족주의 운동가 마이클 쿠색Michael Cusack을 모델로 해서 창조된 인물이므로 드러내놓고 민족주의를 표방하며 반영의 기치를 든 국수주의적 인물이라면, 패링턴은 피식민지인으로서 일상생활을 해야 하는 좀 더 평범한 더블린의 남자라 할 수 있을 것이다.

지금까지 살펴본 바와 같이, 패링턴은 여러 면에서 식민지 아일랜드를 가리킨다고 할 수 있는 남성이다. 그런 그가 제국주의적 패권을 대표하는 알레인(Cheng 120)의 사무실 공간에서 회사의 규율에 따라 움직여야 하는 이름 없는 부속품으로 전락하였다. 그는 사무실에 머무르는 내내 개체로서의 존재를 나타내는 이름을 부여받지 못하고 익명의 "그 남자"the man로 남아 있다. 그의 굼뜬 움직임과 기죽은 목소리 등은 그가 '거세'되었다는 것을 암시한다고 해도 지나치지 않을 것이다. 알레인과 함께 있던, 유대인의 외모를 지닌 중년의 여인, 델라코어 양Miss Delacour이 일시적으로 그의 억눌려진 남성성을 일깨우는 역할을 한다. 그래서 알레인씨가 그녀 앞에서 없어진 편지 2개와 관련하여 패링턴에게 심한 욕을 퍼붓자 패링턴은 알레인에게 잠시 대들 듯 대꾸한다. 하지만 그는 사과하지 않을 경우 해고당할 거라는 협박을 받는다. 이러한 위협은 피지배자를 향한 지배자의 강력한 '거세'의 수단, 그리고 결과적으로는 여성화의 방책에 다름 아니다. 이와 같은 억압 구조에서 그가 자신의 남성성을 일시적이나마 확인할 수 있는 길은 근력을 보여주는 것뿐인데 웨더스와의 팔씨름에서 두 번이나 패배함으로써 이것은 수포로 돌아간다. 웨더스는 영국식 이름을 지닌 영국인이라는 점에서 패링턴이 그에게 졌다는 것은 아일랜드가 힘의 대결에서 영국을 이길 수 없다는 의미도 있지만, 이름의 어원이 "거세된 숫양"으로 거세된 남자를 가리킨다는 점(Jackson 82)에서 그가 거세된 남자도 당하지 못하는 여성화된 남자임을 암시한다고 할 수 있을 것이다. 영국인에 대한 패배는 「경주가 끝난 뒤」After the Race의 지미Jimmy Doyle가 카드 게임에서 영국인 라우쓰Routh에게 진 것을 상기시킨다. 한편, 패링턴을 분노하게 하는 또 다른 사람은 "런던 억양"을 쓰는 영국 여인으로 그는 그녀와 자신 사이에 낭만적인 이성애적 관계를 꿈꾸지만 그녀는 그에게 눈길 한 번 주지 않고 떠나버린다. 나갈 때 그의 의자에 가볍게 부딪치사 "실례합니다!"(*D* 95)라는 의례적인 말을 던질 뿐이다. 그것은 「애러비」Araby의 주인공 소년이 낭만적 생각을 품고 애러비에 갔지만 영국식 억양을 쓰는 여자 상인의 의례적인 말을 들었을 때 느꼈을 절망적인 현실과 비슷할 것이다. 소년이 짝사랑하는 연상의 여인과의 관계가 환상에 불과하다는 것을 깨달은 것과 마찬가지로 패링턴은 자신이 그 여인의 관심을 끌만한 '남성'이 아님을 절망적으로 인식했을 것이다. 애러비라는 바자가 영국 상인들의 지배를 받는 것, 패링턴이 영국계 사장의 지배하에 있는 것 모두 아일랜드가 경제적으로 영국에 종속되어 있는 것을 말해 주는 것이다.

알레인이 북아일랜드 출신이지만 궁극적으로는 영국을 가리키는 것과 마찬가지로 「작은 구름」A Little Cloud이 갤러허Ignatius Gallaher도 더블린 출신이지만 친영파로서 그가 매고 있는 오렌지색 넥타이는 그가 영국에 충성하는 사람이라는 것을 상징적으로 보여준다. 쳉Cheng에 의하면, 갤러허는 챈들러의 마음속에서 영국에 대한 환유로 존재할 뿐만 아니라(118), "억압자의 가치관"을 소유하고 있는 사람이다(119). 알레인이 패링턴에게 권력을 가진 자의 입장에서 큰소리치는 것과 마찬가지로 갤러허는 영국에서 성공하여 꿈을 이룬 자로서 시인의 꿈이 좌절된, 더블린의 실패자 챈들러 앞에서 당당하고 의기양양하다. 한 쪽이 제국/남성을 가리킨다면 다른 한 쪽은 식민지/여성을 나타낸다. 다만 차이가 있다면 패링턴과 달리 챈들러는 체격이 왜소하고 소심하여 여성적 성향을 지니고 있는 사람이라는 것이다. 대담하게 술을 마시는 갤러허와 대조적으로 챈들러는 훌쩍거린다. 한편, 스콜스Robert Scholes는 갤러허를 알레인 보다는 웨더스에 비교하기도 하는데, 그것은 둘 다 더블린에 도전해서 어떤 의미에서 더블린을 물리치는 외국세력 런던을 나타내기 때문이다("Counterparts" 379). 어쨌든 갤러허가 영국의 지배세력 혹은 우월한 문화를 나타낸다는 것을 부인하기 어렵다. 그의 가부장적/제국주의적 면모는 여성을 보는 그의 시각에서 드러난다. 제국이 경제적 이득을 위해서 식민지를 개척하듯이 그는 돈을 위해서 여성과 결혼하겠다고 말한다: "내가 말만 꺼내면 당장 내일이라도 현금 싸들고 찾아올 여자가 있어 . . . . 돈을 주체하지 못하는, 수백 명의, 아니 수천 명의 독일 여자들과 유대인 여자들이 있어. 얼마든지 기꺼이 결혼하겠다고 나설 . . . "(*D* 81). 영토 확장하기를 좋아하는 게걸스러운 제국주의자처럼 그는 결혼함으로써 "한 여자에게만 묶이는 것"을 좋아하지 않는다고 말한다(*D* 82).

이처럼 남성적인 갤러허와 달리 챈들러는 “섬세하고 금욕적인 사람”(*D* 80)이다. 조금 단순화시켜서 말해보자면, 유럽의 대도시 나이트 클럽 등을 다니면서 자유를 누리는 갤러허가 그곳의 가치관을 내면화하였다면, 챈들러는 강한 가톨릭 국가로 성에 대해서 억압적인 아일랜드의 가치관을 나타낸다고 볼 수도 있을 것이다. 챈들러 자신도 본인이 시인이 된다면 캘트적인 “우울한 어조”를 띄는 아일랜드인으로 받아들여지기를 바란다. 심지어 그는 자신의 이름이 좀더 아일랜드적인 “T. Malone Chandler”이면 더 좋지 않을까 생각하기도 한다(*D* 74). 이는 「어떤 어머니」A Mother에서 카니 부인Mrs Kearney이 캐슬린Cathleen이라는 아일랜드적인 딸의 이름을 한참 유행을 타고 있는 아일랜드 문예부흥 운동에 이용하려 한 것과 일맥상통하다는 점에서, 조이스가 그 운동을 풍자하고 있다고 볼 수도 있을 것이다. 그런데 여기서 주목할 만한 가치가 있는 것은 챈들러가 자신의 이러한 아일랜드적인(“켈트파의”) 특성을 “영국 비평가”들이 인정해 주기를 바란다는 것이다(*D* 74). 이것은 그가 영국 문화의 우월성을 인정한다는 것이고 아일랜드의 영국문화에 대한 의존을 암시하는 것이다. 게다가 “작은” 챈들러가 어린이의 이미지로 묘사되는 것 또한 아일랜드가 영국에 의해서 독립할 수 없는 여성 혹은 미성숙한 유아로 간주된 점과 무관하지 않을 것이다.

갤러허 못지않게 제국주의적 요소와 가부장적 요소를 두루 갖추고 있는 인물이 있다면 「두 한량」Two Gallants의 콜리Corley일 것이다. 그는 갤러허처럼 으스대며 장광설을 늘어놓는 남자일 뿐만 아니라, 그의 걸음걸이가 알려주듯이, 거친 성격의 소유자이다. 또한, 갤러허와 다르지 않게 그는 남자다움을 과시하는 남자macho로서 여성을 착취와 정복의 대상으로 본다. 그가 전에 사귀었던 여자는 창녀가 되었고 지금 만나는 하녀도 그에게 돈을 빼앗긴 후 버림받을 것으로 추측된다. 그의 아버지가 경찰이었고 그도 사복을 입은 경찰과 자주 만난다는 점에서 그가 경찰과 밀착되어 있는 밀고자임을 알 수 있다. 그런 점에서 그는 영국 편에 서 있다. 그는 "아버지의 체격과 걸음걸이"를 그대로 물려받았는데, "그의 거대한 체구, 여유 있는 걸음걸이, 그리고 힘찬 구두 소리에는 정복자다운 데가 있었다"(*D* 55). 이에 반해 "정복자"의 희생물인 하녀는 그에게 농락당하고도 돈을 가져다 바쳐야 한다. 이와 같은 여성의 착취는 "잔인한 영국의 아일랜드 정복에 대한 성적 비유"로서(Ehrlich 90), 좀 더 구체적으로 말하자면, 윌리암스Trevor L. Williams의 표현대로, "제국주의의 권력과 식민지의 의존 관계"(Reading 81)를 말해준다. 영국에 의해서 원하지도 않은 식민 관계를 강요당하고도 세금과 관세를 지불해야 하는 아일랜드가 하녀의 입장과 유사하기 때문이다(Willams 81). 그리고 콜리가 전에 사귀었던 여자와 마찬가지로 이 하녀도 같은 운명을 맞아 창녀로 전락할 가능성이 많다. 그가 그녀에게 주인의 시가를 훔쳐오게 하는데, 그 당시에 하녀가 절도죄로 잡힌 경우에 즉시 해고되었을 뿐만 아니라 다른 재산이나 의지할 사람이 없는 경우에는 창녀로 전락하기가 쉬웠기 때문이다.

더 중요한 것은 실제로 아일랜드가 이 하녀처럼 창녀로 그려져 있다는 것이다. 킬데어 거리Kildare Street는 주로 개신교도들, 혹은 영국계 아일랜드인들이 많이 다니는 길로 거기에는 명예와 부를 상징하는 킬데어 거리 클럽Kildare Street Club이 있다. 콜리와 레너헌Lenehan은 이 곳으로 걸어가 클럽의 정문으로부터 멀지 않은 곳에서 연주자가 하프를 연주하고 있는 것을 보게 된다. 연주하는 시의 내용 중에는 다음과 같은 구절이 들어 있다.

아직도 에린Erin은 어두움 속에서 잠들어 있네
아직 창백한 빛이 새벽을 늦추고 있네
언제 햇빛이 상냥하게 떠올라
우리 섬을 평화와 사랑으로 따뜻하게 비추어 줄 것인가?

여기서 여성 "에린"은 아일랜드를 가리키고, 하프는 "옷을 반쯤 걸친 여인의 모습"으로 또 다른 아일랜드의 상징인 '불쌍한 노파'를 나타낸다(Gifford, *Joyce* 58). "애처롭게" 연주하도록 되어 있는 이 곡(Jackson 46)이 백조로 변해버린 한 소녀의 곤경을 노래한다는 점에서, 그리고 어두움 속에 잠들어 있는 아일랜드를 그리고 있다는 점에서 아일랜드의 암울한 정치적 현실을 상징적으로 노래하고 있다고 하겠다. 지친 여인으로 의인화된 하프는 "자신의 덮개가 악기의 무릎 아래로 흘러내리는 것에 무신경한 채 낯선 사람들의 시선과 주인의 손에 지친 듯이 보인다"(*D* 54). 여기서 아일랜드를 상징하는 하프는 낯선 이방인들과 주인의 어루만지는 손에 지친 창녀의 모습으로 그려져 있다. 또한 "낯선 사람들"strangers은 예이츠W. B. Yeats의 희곡에서 "우리 집에는 너무 많은 이방인들strangers이 있다("Cathleen" 7)고 한 캐슬린 니 훌리한Cathleen ni Houlihan의 발언을 상기시킨다. 이 희곡에서 캐슬린은 아일랜드를 상징하는 '불쌍한 노파'이고 낯선 사람들은 아일랜드를 식민화한 영국인들이다. 하프의 "주인"master 또한, 스티븐Stephen Daedalus이 『율리시스』에서 "나는 두 주인masters을 섬기는 종이다. 한분은 영국인이고 다른 한분은 이탈리아인"이라고 함으로써(*U*1.638), 영국의 정치적 지배와 로마 가톨릭의 종교적 지배를 적시하였듯이, 정치적 지배자인 영국을 가리킨다고 할 수 있을 것이다. 또한 낯선 사람/주인의 손에 농락당하는 여성은 콜리가 유혹하여 경제적 이득을 얻는 하녀에 다름 아니고, 결국 영국에 의해 정복당한 아일랜드를 암시하고 있다고 하겠다. 흥미롭게도 당시 영국을 대표하는 왕인 에드워드 7세King Edward VII는 「파넬추모일의 선거사무실」Ivy Day in the Committee Room에서 여성편력이 있는 "난봉꾼"(*D* 132)으로 묘사된다.

「경주가 끝난 뒤」의 시작부분도 남성적인 제국과 여성적인 식민지의 대조를 분명하게 보여준다.

> 자동차들이 네이스로(路)의 바퀴자국을 따라 총알처럼 일직선으로 달리며 더블린을 향하여 질주하여 왔다. 인치코어에 있는 언덕 마루에는 차들이 빠른 속도로 들어오고 있는 것을 지켜보기 위해 구경꾼들이 무리를 지어 모여 있었고, 가난과 마비의 이 도로를 통해 유럽대륙이 자신의 부와 산업에 속도를 더하고 있었다. 모여 있는 무리들은 때때로 기꺼이 억압받는 자들의 환호를 올리고 있었다. (*D* 42)

유럽대륙의 "부와 산업"을 상징하는 쾌속의 자동차가 달려온다는 데에서 유럽대륙이 동적이고 남성적이라는 것을 감지할 수 있는 반면, "가난과 마비"를 나타내는 도로에서 옹기종기 모여 있는 아일랜드인 관중들은 정적이고 여성적임을 알 수 있다. "총알처럼" 더블린을 향하여 돌진해 오는 자동차의 모습은 마치 「에블린」Eveline의 "속수무책인 동물"helpless animal(*D* 41)인 여주인공만큼이나 수동적인 더블린 사람들을 향해 침략해오는 정복자의 모습이다. 반면에 더블린 사람들은 "기꺼이 억압받는 자들"the gratefully oppressed의 입장에 서 있을 정도로 외부의 지배에 익숙해져 있다.

피식민지인으로서 여성화된 아일랜드 남자들 중 한 명인 지미는 유럽대륙인들, 특히 남성적인 스포츠맨들과 한패가 됨으로써 자신도 남성으로서 인정받고 싶어 한다. 세지윅Eve Kosofsky Sedgwick의 주장대로, 남성의 자격은 "강력한 남성적 유대"관계를 통해서 주어지는 것이다(185). 그는 더블린 사람들을 특징짓는 마비와 대조되는 쾌속도快速度를 누림으로써 자신이 동족들과는 다른 제국주의자/남성의 범주에 속해있는 것처럼 생각하고 득의만면의 흥분 속에 빠져있다. 한때 "진보적인 민족주의자"이었지만(*D* 43) 경찰에 고기를 납품함으로써 영국의 협력자가 된 그의 아버지가 아들을 영국의 학교에 유학 보낸 것도 아들이 유럽대륙인들 틈에 끼기를 원했기 때문이었을 것이다. 하지만 노리스Margot Norris가 지적하듯이, 남성적인 어울림으로 여겨졌던 것은 지미의 여성화 현상을 잠시 드러나지 않게 하는 속임수에 불과했다(28). 그들은 지미로부터 돈을 빼앗을 뿐만 아니라 그가 남성으로 인정받는 데 필요한 남성사회의 회원자격마저 박탈한 것이라고 할 수 있다(28). 노리스는 더 나아가 지미를 "강간의 희생자"(26)로 비유하기까지 한다. 팔리의 요트는 지미의 도망을 불가능하게 할 만큼 외떨어진 곳에 정박해 있고 그는 마취상태가 될 정도로 많은 술을 마셨다. 지미는 "끔찍한 게임"terrible game에서 뭔가 잘못되어 가고 있는 것을 느끼고 "이제 그만 두었으면"하고 바라지만(*D* 48) 이미 때는 늦었고, 본인의 의지와 상관없이 게임 판에서 많은 돈을 잃을 때까지 남아있어야 했다. 그는 그들과의 유대관계를 통해 남성들의 영역에 편입되기를 원했지만 그는 여전히 그들의 영역으로부터 배제되고 주변화되어 공격과 착취의 대상이 되는 여성적 존재로 남아있었던 것이다.

부유한 지미가 미국인, 유럽대륙인들과 함께 개인 소유의 요트에서 호화롭게 술을 마신다면, 「대응」의 패링턴은, 말콤Malcolm이 그 당시 상황에 대하여 설명하듯이, 임금 노동자들의 유일한 안식처라 할 수 있는 술집public house에서 술을 찾는다(94). 알레인이 얼스터Ulster 출신의 고용주라는 점은 음주와 관련하여 몇 가지 주목할 만한 점들을 상기시킨다. 19세기에 아일랜드에서 활발했던 민족주의운동과 금주운동temperance movement은 상호간의 화해를 위한 많은 시도에도 불구하고 근본적으로 적지 않은 차이점들을 노정하는 두 흐름이었다. 금주운동은 애초에 중산층의 개신교도 친영파의 배타적 영역으로 시작되었고 또 오랫동안 그러한 영역으로 남아 있었다(Malcolm 112).[5] 당연히 이 운동은 친영파들의 본거지라 할 수 있는 얼스터 주에서 가장 활발했

5 금주운동은 개신교도들에 의해서 시작되었지만 나중에 매튜Mathew 신부 등 가톨릭 신부들의 지지를 받기도 했다. 또한 대부분의 민족주의자들은 금주운동가들과는 반대편에 서 있었다. 왜냐하면 금주운동가들은 민족주의자들과 달리 친영적인 정부에 충성적이었고 아일랜드의 우월성과 장점을 부각시키려 하는 민족주의자들과 달리 아일랜드의 심각한 음주 문제를 민족적인 문제로 단정하고 이를 가차 없이 비판하였기 때문이다. 그럼에도 불구하고 오코넬O'Connell이나 데이비스Thomas Davis 같은 민족주의자들은 금주운동의 필요성을 인정하였다. 민족주의 지도자인 파넬Parnell도 이 문제에 대해서 확실한 태도를 취하지 못했다. 더 자세한 것은 Elizabeth Malcolm의 "Temperance and Irish nationalism"을 참고할 것.

다. 이들 친영파 금주운동가들은 사회적으로 하층민인 아일랜드의 가톨릭 신자들의 지나친 음주 관습을 멸시함으로써 자신들의 우월성을 확인했을 뿐만 아니라 자신들의 지배를 정당화하였다. 알레인은 이얼스터 출신일 뿐만 아니라 그가 운영하는 회사는 근대화/식민화의 전초기지라 할 수 있는 곳으로 "인간을 소외시키는 노동의 리듬이나 위계질서의 규범"이 지배하는 곳인 반면, 술집은 이러한 규범이 미치지 못하는 대안의 공간이었다(Lloyd 143). 혹은 그 곳은 "지배적인 가치관의 외부에 존재하는" 곳이었다(Lin 47). 그렇다면 패링턴이 일터로부터 나와 "본질적으로 남성의 피난처"인 술집(Rosenzweig 147)에 있고 싶어 하는 것은 "여성화시키는 식민주의와 근대화의 담론에 대한 불순종"(Lin 48)을 암시하는 것이라고 볼 수 있을 것이다.

패링턴은 인간을 상품화, 기계화하는 자본주의, 근대화의 세력에 의해 일터에 있는 동안 익명으로 남아 있지만 술집에서 비로소 자신의 이름을 부여받는다. 술집은 "노동자들이 직면한 자본주의 질서에 대한 저항"이 되는 셈이다(Rosenzweig 148). 혹은 "반근대성의 중대한 장소"(Lloyd 139)가 되는 곳이라 할 수 있다. 또한 그곳은 남성적인 분위기가 지배하는 곳으로 술을 많이 마시는 것은 "환대와 남성성의 표현"(147)으로 여겨졌다. 따라서 제국에 의해 여성화되고 있는 패링턴이 술집에 와서 남성성을 회복하려 하는 것이다. 마샬Marshall에 의하면, 술을 내는 것standing은 "남성성의 소생의 의식"인데(Rosenzweig 147에서 재인용), 패링턴은 이 날 다른 남성들에게 술을 냄으로써 남성성을 회복하는 의식을 치룬 셈이다. 아일랜드에서 술을 함께 마신다는 것은 "결속력과 평등성"을 재확인해 주는 것이기 때문에(Rosenzweig

143), 술집에서는 위계질서의 벽이 무너지고 모두가 평등해진다. 따라서 술집은 식민주의적 계층제가 사라지고 여성화된 아일랜드인이 일시적이나마 남성성을 회복하게 되는 공간이라 생각할 수 있다. 하지만 그가 그러한 공간에서조차도 영국인 웨더스와의 팔씨름에서 치욕적으로 패했다는 것은 남성성을 회복할 수 있는 영역이 영국의 세력에 의해 점점 잠식당하고 있음을 암시한다. 그것은 피식민지인의 여성화 과정이 더욱 철저하게 진행되어 남성성의 회복이 쉽지 않음을 시사하기도 한다. 「경주가 끝난 뒤」의 지미도 자신이 술을 마시는 장소가 남성들 간의 결속력과 평등성을 강화시켜주는 곳으로 생각했지만 영국인 등의 식민주의적 지배를 재확인하는 곳에 불과함을 희미하게 인식하게 된다.

이처럼 제국의 통제 하에서 여성화의 과정을 겪어야 하는 아일랜드의 남성들은 남성성의 일시적인 회복을 위해 술집을 자주 찾는다. 술집은 일터에서 가정으로 돌아가는 남성들을 중간에서 가로챔으로써 가정의 경쟁상대가 된다. 「애러비」에서 아버지 역할을 하고 있는 삼촌이 만취해 늦게 귀가하는 바람에 바자에 갈 계획을 세워두었던 소년의 애를 태우지만 삼촌은 아랑곳하지 않는다. 「은총」Grace의 커넌 씨Mr Kernan는 아내가 "그의 빈번한 폭음을 기후의 일부분이나 되는 양 받아들일"(*D* 156) 정도로 과음을 일삼는 남편이다. 그는 여느 더블린 남자들과 마찬가지로 아이들의 교육이나 가정의 경제적 형편을 크게 고려하지 않는다. 난폭한 술꾼인 「에블린」의 아버지는 한술 더 뜨는 편이다. 그의 아내는 가부장제의 희생자로 평생 희생의 삶을 살다 광기로 생을 마감했고 딸은 그의 폭력의 위험을 느끼며 살고 있다. 「하숙집」The Boarding House의 무니씨Mr Mooney도 술과 폭력으로 인해 가정을 풍비박산으로 만든 장본인이다. 하지만 에블린의 어머니와 달리 무니 부인은 결단력 있게 남편과 갈라서고 나서 하숙집을 운영하는 여가장이 된다. 그럼에도 불구하고 무니 부인의 사위가 될 도런Bob Doran은 『율리시스』에서 보면 장인의 뒤를 이어 더블린에서 둘째가라면 서러워할 술꾼이 된다. 그가 폴리Polly와 결혼해서 꾸리게 될 가정은 술집과의 경쟁에서 계속 밀리게 될 것이다.

공적인 장소에서 남성적 권위가 박탈당한 더블린의 남자들에게 술집이 일시적이나마 남성성을 회복할 수 있는 장소가 되었다면 가정은 그들이 제국주의/근대화에 의해서 받은 억압을 앙갚음할 수 있는 유일한 장소가 된다. 「에블린」과 「대응」, 그리고 「작은 구름」에 나오는 아버지들은 자녀와의 관계에서 식민주의가 가부장적 관계를 강화시킨다는 것을 보여준다. 에블린의 아버지, 패링턴, 그리고 리틀 챈들러는 밖에서 정치적 경제적으로 박탈당한 가부장적 헤게모니를 집안에서 찾으려 한다. 그리하여 그것은 폭력의 악순환으로 연결된다. 특히 패링턴의 경우에 회사에서 알레인으로부터 당한 지배와 억압을 가정에서 재현함으로써 지배자의 "이데올로기의 재생산"을 하고 있다(Williams, *Reading* 74). 기본스Luke Gibbons는 『젊은 예술가의 초상』*A Portrait of the Artist as a Young Man*에서 스티븐이 아일랜드인으로서 "가정"home, "에일 맥주"ale, "주인"master을 발음할 때 영국인이 그 단어들을 받음할 때와 다르게 들린다고 한 것에 주목한다. 기본스는 뒤의 두 단어들이 각각 가리키는 술과 영국의 식민지배가 아일랜드의 "가정"에 영향을 미쳤을 가능성을 예리하게 지적한다(166). 식민주의의에 의한 남성의 여성화와 그에 따른 남성성의 회복에 대한 욕구가 술집과 가정을 경쟁대상으로 만드는 것이다.

언뜻 「죽은 사람들」The Dead의 게이브리엘Gabriel은 이들 더블린 남자들과 매우 다른 인물처럼 보일 수 있다. 그의 높은 학력과 비교적 여유로운 경제적 형편, 그리고 안정된 직장과 가정 등은 우선 그를 대부분의 더블린 남자들과는 다른 범주로 분류하게 할 수 있다. 굳이 찾아본다면 「경주가 끝난 뒤」의 지미 정도가 그와 대등한 '부르조아' 계층에 속할 수 있겠지만(Williams, *Reading* 91), 지미는 아직 확실한 직업을 가지고 있지 않고 가정도 꾸리지 않았으며 미성숙한 편이고 자기 성찰이 없다는 점에서 게이브리엘과는 많은 차이를 보인다. 그럼에도 불구하고 지미가 유럽 강국 출신의 친구들과 어울리고 싶어 하는 것과 마찬가지로 게이브리엘도 제국주의적 야망이 강한 유럽의 나라들, 예컨대 영국, 프랑스, 벨기에 등으로 휴가를 떠나 그 나라의 언어와 문화를 계속 접촉하고 싶어 한다는 점에서는 유사성을 보인다. 하지만 게이브리엘은 제국주의자들의 집단에 속하고 싶어 하는 지미와 달리 이미 제국의 가치관을 대변하는 자가 되었다고 해도 과언이 아닐 것이다. 그가 당시 유럽에서 유행하던 덧신goloshes 신기를 아내에게 강요하는 예에서 볼 수 있듯이 그는 이미 '문명'의 가치관을 내재화하여 그것을 전파하는 역할을 하고 있는 것이다. 그런 점에서 그는 오히려 런던과 파리 등 넓은 세상을 보아왔고 그 곳의 가치관을 받아들인 「작은 구름」의 갤러허와 유사성을 보인다. 피상적으로 보았을 때에 갤러허는 거칠고 외향적인 반면 게이브리엘은 자의식이 강하고 섬세한 측면이 있어서 서로 매우 다를 것처럼 보이지만 둘 다 친영파이고 유럽중심적 가치관을 지니고 있다는 점에서 유사하다고 할 수 있다. 물론 갤러허의 경우, 그의 노골적인 넥타이 색이 보여주듯이 좀 더 공개적인 공모자라면 게이브리엘의 경우 "제국주의와의 무의식적인 공모[자]"(Cheng 138)라 할 수 있을 것이다. 열렬한 민족주의자이자 게이브리엘의 동료인 아이버스 양Miss Ivors은 보수 진영의 신문인 『데일리 익스프레스』*Daily Express*에 서평을 쓴 게이브리엘을 노골적으로 "친영파"West Briton라고 낙인찍고 비난한다. 이런 게이브리엘을 두고 쳉은 "제국주의자 주인들과의 협력자"collaborator with the imperial masters (138)라 부른다.

게이브리엘의 여성관은 "돈과 결혼하겠다"(*D* 81)고 한 「작은 구름」의 갤러허나 하녀를 농락해서 재물을 착취하는 「두 한량」의 콜리에 비하면 훨씬 더 나은 편이라고 할 수 있을지 모른다. 하지만 아내 그레타는 그녀를 지나치게 간섭하고 통제하는 남편 게이브리엘의 압제하에 살아왔다. 그는 "선의의 가정 폭군"(Cheng 136)이라 지칭될 수 있을 정도로 억압적인 남편이다. 아이버스 양이 게이브리엘에게 그레타의 고향이 있는 아일랜드 서부로의 휴가를 추천한 것을 나중에 알게 된 그레타가 남편에게 그곳으로 "제발 가자"(*D* 191)고 간청했을 때 그는 그것을 단번에 묵살함으로써 그의 가부장적 지배력의 면모를 여실히 드러낸다. 그는 마치 영국이 남성으로서 어리고 약한 여성 아일랜드를 돌보아주고 선심 쓰는 체하는 것과 유사한 방법으로 하녀 릴리Lily와 아내 그레타를 대한다. 하지만 그가 결혼에 대해서 가볍게 말을 꺼내자 릴리는 "요즘 남자들이란 말만 번드르르하게 해서 여자들을 농락하기만 한다"(*D* 178)는 신랄한 대꾸로 남성으로서의 게이브리엘을 당황하게 한다. 여기서 하녀인 릴리는 「두 한량」의 콜리처럼 자신을 착취하려고만 했던 "잔인하고 무자비한 남자들"(Ehrlich 95)을 떠올리고 모든 남자들을 일반화하고 있는지 모른다. 하지만 "palaver"란 단어가 행동보다는 말이 앞서는 남자를 가리킨다고 보았을 때 언어를 분석하는 문학비평가인 게이브리엘도 이 '말'을 번드르르하게 하는 남자들의 범주에 속할 수 있을 것이다. 이와 대조적으로 그레타를 위해서 죽은 그녀의 첫 사랑 마이클 퓨리Michael Furey는 말보다는 행동으로 표현하는 남자로서 영웅적인 행동을 보여주었다는 것을 고려할 때, 릴리의 공격은 의도되지 않았다 하더라도 게이브리엘에게 향해 있다고 할 수 있다. 더구나 그가 호텔에서 아내를 욕정과 농락의 대상으로만 바라본다는 점에서 그와 콜리의 유사성은 더욱 뚜렷해진다. 하지만 콜리의 경우와 달리, 게이브리엘은 하녀인 릴리로부터 도전을 받고 불안해하며 이것이 계기가 되어 자신의 남성성에 대해 성찰하게 된다. 「죽은 사람들」이 『더블린 사람들』의 다른 이야기들과 다른 점이 바로 여기에 있다. 제국주의와 연결된 남성성이 요지부동의 본질처럼 보이지만 사실은 얼마나 불안정한 것인지를 드러내기 때문이다.

게이브리엘과 그레타의 관계는 남과 여, 남편과 아내라는 것 외에 여러 면에서 상호대조적인 것이다. 특히 그레타는 마이클과 함께 영국의 식민화 정책의 입김으로부터 가장 먼 곳에 위치해 있고 아직도 아일랜드 고유의, 덜 문명화된 영역인 서부, 그리고 문화민족주의자들에 의해서 문화적, 언어적 정통성을 지닌 거의 신화적인 영역으로 간주된, 골웨이Galway 태생이라는 점 때문에 상징적 의미를 지닌다. 그녀는 게이브리엘이 "두려워하고 있으며, 억압했고, 부인했으며 팔아넘긴(배신한) 것", 즉 그의 아일랜드인으로서의 정체성을 나타낸다고 할 수 있다(Cheng 138). 또한 게이브리엘이 어린이/여성으로 다루고 있는 그레타는 영국이 여성화하고 억압하는 아일랜드를 암시한다고 볼 수도 있을 것이다. 이와 관련하여 그레타가 마이클이 불렀던 노래 "오그림의 처녀"Lass of Aughrim를 들으며 죽은 애인을 생각하는 것은 의미심장하다. 이 노래는 귀족인 그레고리 경Lord Gregory의 강압에 의해 그의 아이를 임신하게 된 시골 처녀가 빗속에서 죽어가는 아이를 안고 그 귀족의 성안에 들여보내주기를 간청하나 거절당하는 이야기를 담고 있다. 톰슨Spurgeon Thompson에 의하면, 여기서 그녀가 당한 무관심은 아일랜드의 대기근Great Famine 때 아일랜드가 영국으로부터 받았던 대접을 상기시킨다. 아일랜드는 노래가사 내용과 유사하게 "강간당하고, 배신당했으며, 버림받았기" 때문이다(189). 쳉은 그레타의 고향인 골웨이가 오그림으로부터 30마일밖에 떨어져 있지 않고 마이클도 빗속에 서 있었으며, 오그림의 전쟁이 사실상 영국의 아일랜드 지배를 확정하는 전쟁이었기 때문에 그레타를 "현대의 오그림 처녀"로 볼 수 있는 가능성을 제기한 후 그녀가 식민지배자의 희생자, 나아가서는 아일랜드를 가리킬 수 있음을 암시한다(143-44). 마이클이 그레타를 위해서 죽었다는 것은 앞서 언급한 예이츠의 희곡 『캐슬린 니 훌리한』에서 아일랜드의 상징인 캐슬린이 아일랜드의 젊은이들에게 조국을 위해서 죽으라고 요청한 말을 상기시키면서, 아일랜드와 그레타의 동일시를 너욱 가능하게 한다. 반면에, 호텔방에서 게이브리엘은 그레타가 그의 욕정에 반응을 보이지 않자 "그녀의 이상한 분위기를 마음대로 할 수 있는 정복자master가 되어 그녀의 몸을 내 몸에 힘있게 껴안아(깔아뭉개/진압하여) 그녀를 압도하리라"overmaster(*D* 217)는 생각을 한다. 그녀의 감정과 의사를 무시하고 자신의 목적 달성을 위하여 힘으로 밀어붙이려 하는 이러한 태도는 "일종의 성적인 제국주의"로 영국이 아일랜드를 정복하고 진압하려 했던 것을 상기시킨다(Potts 93). 이 날 세 여성 즉, 릴리, 아이버스, 그리고 그레타는 게이브리엘의 남성성/아일랜드성에 의문을 제기하면서 그 동안 그가 쌓아온 외견상 안정적인 그의 가부장적/제국주의적 성을 흔드는 역할을 한다. 그것은 "기꺼이 억압받는 자들"이 낼 수 없었던 목소리이며 반란의 몸짓이이라 할 수 있다.

지금까지 살펴보았듯이, 아일랜드와 영국의 관계에서 성과 인종(혹은 민족)간의 상호관련성은 명백하게 드러난다. "피정복자를 여성화하는 것은 정복자의 남성성을 재확인하기 위한 방법"(Jones 168)이고, 나아가서 정복을 정당화하기 위한 수단이라 볼 수 있다. 식민지 남성들은 제국주의자에 의해서 주변화 된다. 이러한 현상을 상징적으로 보여주는 예가 「대응」의 패링턴이 알레인의 회사 내에서 익명으로 존재한다는 것일 것이다. 그리고 이러한 주변화는 끊임없이 반복되고 식민지 남성들에 의해서 모방되기도 한다. 그리하여 밖에서는 주변화의 대상이었던 존재가 가정에서는 억압과 폭력의 행위자가 되기도 한다. 밖에서 여성적이던 사람이 집안에서 강한 남성성을 드러내는 것이다. 그렇다면 "여성성이란 식민화된 남성에게 강요된 가면극"(Jones 168)에 불과한 것이라고 말할 수도 있을 것이다. 혹은 어떤 사람들은 더 적극적으로 정복자의 가치관을 내재화함으로써 자신이 권력의 중심부에 있는 것처럼 행세하기도 한다. 예를 들면, 제국의 수도에서 일을 하거나, 경찰 권력에 빌붙거나, 혹은 친영적인 언론과 밀착된 관계를 유지함으로써 권력을 행사하려 한다. 물론 제국주의와 가부장제하에서 권력과 남성성의 관계는 말할 나위 없이 밀착되어 있다.

하지만 대부분의 더블린 남성들은 피정복자로서 여성화의 운명을 피해가지 못한다. 그럼에도 불구하고 조이스는 「죽은 사람들」은 주인공인 게이브리엘의 시선을 통해 이러한 운명에 순응하지 않는 한 명의 인물을 제시한다. 마이클은 토속적인 아일랜드를 나타내는 서부 출신이기 때문에 친영파이자 세계주의자인 게이브리엘과는 정반대의 위치에 서 있는 사람으로 제국에 의한 여성화의 억압을 감내할 수밖에 없는 남성이다. 하지만 그는 사랑하는 여자를 위해 목숨을 내던진 남성적인 용기와 정열을 보임으로써 그러한 전형적인 패턴에 저항한다. 어떤 의미에서 그가 그레타/아일랜드를 위해서 죽음을 선택한 것은 아일랜드 남성을 여성화시키려는 제국의 시도에 대한 저항이라고 해석한다 하더라도 지나치지 않을 것이다. 마이클의 행동은 그의 반대편에 서서 남성성과 권력을 향유하고 있는 게이브리엘에게 강한 도전이 된다. 게이브리엘은 "만질 수 없는 잿빛의 영역 속으로 자취를 감추고 있는" 정체성을 감지하면서(*D* 223), 자신의 남성성이 가면 속의 그것처럼 얼마나 불안정한 것인지를 깨닫는다. 그것은 단지 제국과 식민지의 관계에서 형성된 것이기 때문이다.

2

가면으로서의 남성성 —
『율리시스』에서 블룸의 경우

2

가면으로서의 남성성 —
『율리시스』에서 블룸의 경우

라깡Jaques Lacan에 의하면, 남성과 여성의 구분은 생물학적인 것이 아니라 대립관계의 언어(예컨대, 남성/여성)로 구성되어 있는 상징적 체계에 의해서 생겨난 산물이다. 따라서 그에게 있어서 남성과 여성은 단지 시니피앙 혹은 기표일 뿐이다. 라깡은 다음과 같은 예를 들면서 성적 정체성의 문제를 설명한다.

> 기차가 정류장에 도착한다. 오누이 관계인 어린 소년 소녀가 객실의 창가에 서로 얼굴을 마주 대하고 앉아 있다. 그리고 기차가 정차함에 따라 플랫폼을 따라 세워진 건물들이 지나가는 것이 유리창을 통해 보인다. 오빠가 말한다. "저거 봐, 우리가 숙녀(라고 씌어진 곳)에 도착했잖아." 그러자 누이가 대답한다. "바보! 신사(라고 씌어진 곳)에 도착했잖아." (*Écrits* 152)

이처럼 인간의 태어남은 기차를 타고 이미 "신사"와 "숙녀"로 이분된 상징적 질서의 세계에 도착하는 것과 같다. 인간이 남자 혹은 여자인 것은 생물학적인 분류 때문에 가능한 것이 아니라 상징적 질서체계 때문에 가능한 것이다. 물론 해부학과 생물학이 인간의 성적 정체성의 문제에 있어서 어느 정도의 역할을 하는 것은 사실이지만 그것이 결정적 요소는 아니라는 것이다. 예컨대, 라깡은 생물학적 분류의 문제점을 설명하기 위해 남성적인 여성들phallic women과 동성애적 남성들을 예로 들기도 한다. 라깡에 의하면, 언어를 말하는 인간은 누구든 이쪽 아니면 저쪽 둘 중 어느 하나에 줄을 서야 하고(*Feminine Sexuality* 150) 우연히 "신사"나 "숙녀"라고 쓰인 곳에 서게 된다. 이처럼 "신사" "숙녀"라는 시니피앙들이 화장실의 동일한 문에 부착되어 있음에도 불구하고, 또한 이 시니피앙들과 시니피에들(기차 안에 앉아 있는 소년 소녀)의 관계가 임의적임에도 불구하고 이러한 낱말들은 인간을 상이한 두 부류로 나눈다. 요컨대, 상징적 질서가 인간을 양성으로 구분하는 것이다.

라깡에게 남근phallus이란 생물학적인 것penis을 가리키는 것이 아니라 (상상적 질서에서는) 충족성이나 완전한 동일성, 혹은 반대로 (상징적 질서에서는) 결여를 나타내는 시니피앙을 의미한다. 그것은 원래 "상상적인 대상, 즉 어머니의 욕망을 충족시켜준다고 추정되는 대상"으로 기능했기 때문이다(Homer 98). 하지만 그 욕망은 충족될 수 없는 것이고 따라서 그 상상적인 대상은 인간의 영역 너머에 있기 때문에 상징적으로만 작용할 수밖에 없다. 상상적인 단계에서 어머니와의 통합된 2자관계의 낙원 속에서 살던 유아는 상징적 단계로 들어섬으로써 추상적인 언어의 세계로 내던져진다. 그리고 이 시점부터 결여가 그 존재조건이 된다. 상상적 단계에서 유아는 어머니의 욕망의 대상이 (상상적) 남근임을 감지하고 자신을 그 욕망의 대상인 남근과 동일시했다. 그리하여 그는 어머니의 모든 욕망을 채워주는 남근이 되고 어머니 또한 자기의 모든 것을 채워주는 존재라고 생각했다. 그러나 프로이트가 "거세"castration (이것은 다른 말로 하면, 유아가 어머니의 남근이 될 가능성을 배제당하는 것)이라고 말한 과정을 통해 이 남근이 제거된 유아는 쾌락jouissance을 자유롭게 추구할 수 없게 된다. 남녀 모두에게 거세는 쾌락의 일부분을 포기한 것으로 근본적인 상실을 의미한다고 할 수 있다.

이제 끝없이 욕망하는 주체가 된 남녀는 쾌락의 충족이 불가능함을 인정해야 한다. 남성과 여성의 거세 콤플렉스 차이는 주체가 이러한 결여 혹은 상실을 어떻게 나타내는가에 있다. 상징적 질서에서 남근은 어느 누구도 가질 수 없는 것이기 때문에, 누구나 되고 싶어 하는 것이기도 하다. 라깡에 의하면 소년은 남근을 소유하고 있는 척하고 소녀는 남근 자체인 척 함으로써 서로를 끌어당긴다. 외디푸스 콤플렉스를 통해 소년은 어머니의 욕망과 결여를 인식한다. 이어 그는 욕망의 대상인 남근을 가지고 있다고 여겨지는 아버지와 자신을 동일시한다. 따라서 소년은 어머니(타자, 나아가서는 여성들)의 욕망의 대상을 가지고 있는 체하는 것이다. 하지만 이것은 어디까지나 겉치레에 불과하다. 그는 남근을 소유하고 있지 않기 때문이다. 반면에 소녀는 남근이 되기 위해 그녀의 본질적인 부분을 포기해야 한다. 라깡에 의하면, 이러한 설명이 역설적으로 보일지 모르지만, 여자가 여성성의 본질적인 부분, 즉 그녀의 모든 특징을 거부하고 가장하는 것은 남근, 즉 타자의 욕망의 시니피앙이 되기 위해서이다. 그녀는 자신의 본질이 아닌 것으로 인해 사랑받을 뿐만 아니라 욕구의 대상이 되고 싶어 한다(*Écrits* 289-90). 여성은 가장을 통해 남근을 가지고 있지 않은 자신을 남근 자체인 자신으로 만들려고 한다. 그렇게 함으로써 여성은 어머니와 동일시하고 타자(여기서는 남성들)의 욕망의 대상이 되려하는 것이다. 요컨대, 성차란 각 주체가 남근과의 관계에서 어떤 위치를 차지하느냐의 문제인 것이다. 여기서 중요한 것은 남근 자체이건 남근을 소유하건 간에 이 둘 다가 모두 허구에 불과하다는 것이다. 왜냐하면 욕망은 결코 충족될 수 없는 것이기 때문이다. 결국 로스Rose가 말하듯이 라깡에게 성별sexuality은 "가장 무도회의 영역"realm of masquerade(43)에 불과한 것이라 할 수 있다.

미첼Juliet Mitchell이 『여성적인 성』*Feminine Sexuality*의 서문에서 설명하듯이, 라깡에게 성적 정체성은 불확실한 것이고 변하기 쉬운 것임에도 불구하고 "이데올로기적인 세상이 이 사실을 개인으로부터 숨기는데 그것은 의식적인 개인이 자신을 온전한 존재로 느끼고 성적 정체성에 대해 확신해야 하기 때문이다"(26)고 말한다. 본 논문에서는 『율리시스』의 주인공 블룸Leopold Bloom의 성적 정체성이 얼마나 불확실한 것인지, 다른 남성들(특히 당시의 이데올로기를 대변하는 남성들)의 성적 확실성은 블룸의 불확실성에 어떤 영향을 주는지, 그리고 다른 남성들의 성적 확실성도 어떻게 허구적인 것인지를 살펴보고자 한다. 이러한 문제들은 서로 상호 관련되어 있는 것이어서 어느 하나를 따로 분리해서 논의할 수는 없을 것이다.

블룸은 영국의 피식민지인인 아일랜드인이면서 동시에 아일랜드인들의 타자라 할 수 있는 소외된 유대인이기 때문에 "이중적으로 식민화된 주체"(Doherty 215)이다. 그는 아일랜드 남성 집단의 구성원이지만 남성들에 의해서 국외자로 여겨진다. 이를 단적으로 나타내는 장면이 있다면 「하데스」Hades장의 시작부분일 것이다. 마틴 커닝엄Martin Cunningham은 묘지로 가는 마차에 들어서면서 "모두 다 탔지요"Are we all here now? (*U*6.8)라는 확인의 질문을 던진다. 그리고 그는 블룸이 그 "모두"에 포함되지 않기라도 한 것처럼 잠시 후에 블룸에게 타라고 말한다. 여기서 커닝엄은 블룸을 그의 일행이 되기에는 너무 하찮은 존재로 여기는 듯이 보인다. 더 중요한 것은 그가 다른 남성들we로부터 블룸을 제외시키고 있는 듯이 보인다는 점이다. 블룸이 남성들의 영역에 얼마나 불안하게 속해 있는지는 바니 커넌 주점Barney Kiernan's을 배경으로 하고 있는 「키클롭스」Cyclops 장에 가장 잘 나타나 있다. 블룸과 대조가 되는 시민the citizen은 신화 속의 영웅들의 특징을 합성해 놓은, 순수한 아일랜드 혈통의 남성성을 이상화한 표본이라고 할 수 있다. 그는 "넓은 어깨의, 두툼한 가슴의, 강한 팔다리의, 솔직한 시선의, 붉은 머리털의, 주근깨가 많은, 텁수룩한 수염의, 큰 입의, 큰 코의, 긴 두상의, 깊은 목소리의. . . 영웅"(*U*12.152-56)이었다. 이러한 묘사는 물론 조이스가 그 당시의 문예부흥운동이 이상화한 아일랜드의 옛 영웅들을 합성함으로써 이를 패로디하기 위한 것이다. 그리고 그의 묘사에서 두드러지는 과장의 문체는 시민의 남성성이 허구임을 넌지시 암시하는 역할을 하기도 한다. 그는 남근을 소유한 척 하지만 그것은 "허풍"tall talk(*U*12.1313)에 불과하다. 사실상 무명의 서술자도 그의 영웅성이 모두 "큰 허풍에 불과하다"All wind and piss like a tanyard cat(*U*12.1311-12)라고 함으로써 그를 조롱한다.

어쨌든 서술자는 일단 그를 남성 중의 남성으로 소개한다. 그는 처음부터 "강도와 언덕 위의 로리Rory 같은 짓"(*U*12.134)을 하고 있다. "로리"란 토지개혁 운동이 일어났을 때 이 이름으로 편지를 보내 (친영) 지주 등을 협박했던 사람 혹은 용감한 애국 농민 등을 가리킨다. 강도행세를 하는 것은 그가 남성적이라는 것을 부각시키지만 로리처럼 행동한다는 것은 그가 민족주의자임을 강하게 암시하는 부분이다. 실제로 그는 게일 운동 경기 협회Gaelic Athletic Association의 창시자인 민족주의 운동가 마이클 쿠색Michael Cusack을 모델로 해서 그려진 인물이다. 이와 관련하여 피식민지인을 여성적일 뿐만 아니라 인종적으로 열등한 민족으로 정의하는 식민담론에 맞서서 아일랜드의 민족주의 운동은 "남성주의 이데올로기"를 받아들였다는 점을 상기할 필요가 있다(Schwarze 77). 그리하여 이러한 민족주의자들은 건장하고 튼튼한 남성성을 민족의 독립성과 동일시하기에 이르렀다. 이런 맥락에서 아일랜드의 민족주의는 거친 아일랜드의 전통 스포츠를 장려하게 되었던 것이다. 유사하게 문예부흥운동가들은 맥쿨MacCool과 쿠훌린Cuchulain과 같은 신화적인 남성적 영웅들을 부활시키는 데 열을 올렸다. 결국 남성성과 민족주의 운동은 떼려야 뗄 수 없는 밀접한 관계를 맺고 있음을 알 수 있다.

한편 블룸이 등장하는 모습은 시민의 경우와 얼마나 대조적인지 살펴보자:

"검은 담비 갑옷을 입고 마이컨의 땅을 통해 오는 이는 누구인가? 오블룸, 로리의 아들: 바로 그다. 공포에 둔감한 로리의 아들이다. 그는 신중한 영혼을 지닌 자"(*U*12.215-17).

서술자는 그가 입고 있는 검은 상복을 갑옷으로 과장하고 그를 공포를 모르는 용감한 영웅쯤으로 한껏 치켜 올려 세운 후 그를 바로 "신중한" 사람으로 내동댕이친다. 앞부분에서는 블룸의 남성성이 강조되는 것처럼 보이지만 곧 이어 그 가면이 벗겨진다. 이러한 점강법은 블룸의 불안한 남성성을 더욱 효과적으로 드러내는 역할을 한다. 여기서 "신중한"이라는 단어는 부정적인 의미로 사용되었다고 볼 수 있는데, 그것은 바로 앞에서 조 하인즈Joe Hynes가 블룸을 가리키며 "신중한 (비밀결사대) 회원"prudent member(*U*12.211) 이라고 하거나 또 뒤에 음주를 신중하게 거부하는 블룸을 특징지을 때 사용되는 부정적인 함의에서 확인할 수 있다.

블룸, 무슨 술을 마시겠소? 그가 말한다.
그래서 그들은 그 점에 대해서 논쟁하기 시작했다. 블룸은 술을 절대 마시지 않겠으며 미안하지만 다른 악의는 없다는 따위의 말을 하고 나서 엽궐련이나 피우는 게 낫겠다고 말했다. 젠장, 그는 신중한 회원이야 분명히. (*U*12.434-37)

"다른 악의는 없다"no offence는 블룸의 구차한 변명에서 그가 아일랜드 남성 사회의 스포츠라 할 수 있는 음주를 거부함으로써, 혹은 사교를 위한 규칙을 어김으로써 남성들의 영역의 주변인으로서 느끼는 부담을 읽을 수 있다. 여기서 다시 등장한 "신중한 회원"이라는 표현은 그가 노름을 한다든지 거리낌 없이 술에 탐닉하는 남성적 특징을 결여했음을 나타낸다. 심지어 밸런트Joseph Valente는 "member"라는 단어가 신체의 일부를 뜻하므로 남근을 함의할 수 있다고 하면서 블룸이 "왕성한 정력"을 가진 남성의 반대편에 서 있는 자라고 말한다(109). 라깡식으로 말해보면, 블룸은 여기서 대부분의 남성들과 달리 남근을 소유하고 있는 체 하고 있지 않거나 혹은 그가 소유하고 있지 않음이 들통 난 것이나. 한편 영국의 피식민시인으로서 여성화되고 타자화된 술집의 아일랜드 남성들은 절주하는 블룸을 거세된 남성으로 지목하고 그것을 강조함으로써 위태해진 자신들의 남성성에 대한 이미지로부터 벗어나려 하고 있는지 모른다.

블룸이 남성성의 가면을 벗고 여성성을 드러내는 것은 그가 시티암즈 호텔City Arms Hotel에 묵고 있는 부유한 과부 노파 리오던 부인Mrs Riordan으로부터 돈을 얻어내기 위해 갖은 애를 쓸 때 드러내는 태도에서도 볼 수 있다. 블룸은 그 노파에게 잘 보이기 위해 "응석 부리는 남자가 되고doing the mollycoddle 여자들이 주로 하는 카드놀이를 하면서playing bézique 그녀의 동정심을 얻으려고 애썼다"(*U*12.506-507). 이 문장에서 "응석 부리는 남자"는 그 당시에 "남성의 동성애"에 대한 속어였다(Valente 110). 이와 더불어 그가 여자들의 카드놀이를 했다는 점은 그가 "신사"라고 씌어진 상징적 영역 대신에 "숙녀"라고 씌어진 영역으로 들어가 있음을 암시한다.

당연히 술집에 모인 아일랜드의 남성들은 블룸의 남성성을 노골적으로 의심한다.

— 맞아, 사내아이가 태어나면 구세주일지 모른다고 생각하지. 그리고 모든 유태인들은 터무니없는 흥분상태에 빠지는 것 같아. 자신이 아버지라 해야 할지 어머니라고 해야 할지 알게 될 때 까지는 말이야, J. J가 말한다.
— 다음번을 항상 기대하면서 말이지, 레너헌이 말한다.
— 오 정말이지, 그의 죽은 아들이 태어나기 전에 블룸이 어땠는지 봤어야 했어. 그의 아내가 출산하기 6주 전 어느 날 남부 시장에서 아기의 건강음식 통조림을 사고 있는 그 사람을 만났지, 네드가 말한다.
— 엄마의 배 속에, J. J 가 말한다.
— 그런 자를 남자라고 부를 수 있나? 시민이 말한다.
— 그것을 넣어 본 적이 있는지도 의심스럽군, 조가 말한다.
— 그래도 어쨌든 두 명의 아이가 태어나지 않았나, 잭 파워가 말한다.
— 아비는 걔들이 누구의 씨라고 의심하고 있을까? 시민이 말한다.
(*U*12.1646-57)

라이즈봄Marilyn Reizbaum에 의하면, 남아 선호사상을 지니고 있는 유대인들에게 아들을 낳지 못하는 남성은 남성적이지 않을뿐더러 심지어는 여성적인 존재로 여겨진다. 그렇기 때문에 아기가 아들인지 딸인지를 알 때까지 자신이 아버지인지 어머니인지 알 수 없다. 결국 태어난 아이의 성이 부모의 젠더를 구분해 준다고 말할 수 있을 것이다 (“When the Saints” 172). 또한 이는 성이 전적으로 생물학에 의해서 라기 보다는 문화적 질서 혹은 상징적 질서에 의해서 결정되는 것임을 암시한다. 블룸은 아들을 낳았지만 그 아들이 일찍 죽었기 때문에 현재는 남아를 둔 아버지의 입장에 서 있지도 않다. 그렇기 때문에 블룸은 아들의 대가 끊어져서 자신이 "종족의 마지막 사람"이 되지 않을까 걱정하기도 한다(*U*11.1066). 이처럼 유대인의 문화적 맥락에서 살펴보았을 때, 그는 확고하게 아버지의 자리에 있다고 할 수 없다. 오히려, 태어날 아기의 음식을 꼼꼼하게 준비하고 있는 블룸의 모습은 그를 남성보다는 여성에 가까운 존재로 인식하게 만든다. 시민은 블룸을 "남자라고 부를 수 있나"고 물음으로써 그의 남성성을 문제시하고 있다. 뿐만 아니라 시민은 블룸의 두 자식이 다른 남성의 씨일 수 있다고 말함으로써 블룸의 성적 능력에 대해서도 의심을 던진다. 이와 관련하여 조가 "그가 넣어 본 적이 있는지도 의심스럽군"I wonder did he ever put it out of sight이라고 한 표현은 되새겨볼 필요가 있다. 벨런트도 지적하듯이, 남근의 삽입을 남근의 상실, 즉 거세와 연결시키고 있기 때문이다(124). 비록 여기서는 조가 블룸의 남성성을 의심하기 위해서 한 말이기는 하지만, 남성성의 중요한 행위(남근의 삽입)를 (여체 속으로의) 남근의 사라짐으로 표현한 것은 자신도 모르게 라깡의 남성의 개념에 대한 비밀을 암시적으로 드러내는 것 같아 의미심장하다. 남성은 남근을 소유한 채 하지만 사실은 그것을 결여하고 있기 때문이다. 더욱이, 이 말을 하고 있는 남자를 포함한 모든 남자들은 남근을 소유하고 있지 않지만 그 사실을 숨기기 위해서 블룸을 공격하고 있다고 할 수 있다. 그것은 블룸이 남근을 가지고 있지 않다는 것을 밝힘으로써 그에 견주어 자신들은 상대적으로 가지고 있는 것처럼 보이기 위해서 일 것이다.

레스투시아Frances Restuccia가 수상하듯이, 더블린 남성들이 남근적 힘을 과시하는 데에 몰두해 있다는 것은 실제적으로 그들에게 그것이 결여되어 있다는 표시이다(6). 위의 예문에서 특히 남성들이 유대인으로서의 블룸을 공격하는 것을 주목할 필요가 있다. 영국에 의해 이미 여성화된 식민지의 남성들을 여성적인 인종으로 여겨지는 유대인들과 자신들을 견줌으로써 자신들이 비교적 더 남성적인 존재인 것처럼 느끼고 싶어한다(Schwarze 78). 여기서 간략하게 그 당시에 널리 알려져 있던 오스트리아계 유대인 와이닝거Otto Weininger의 유대인과 여성성의 관련 이론을 살펴볼 필요가 있다. 그에 의하면 유대인적인 것Jewishness은 "다른 인종보다 열등한 마음의 상태"라는 것이고 또한 여성은 남성에게 열등하므로 유대인과 여성성은 밀접한 관련이 있다는 것이다(Reizbaum, *James Joyce's* 28). 조이스의 전기 작가 엘만Richard Ellmann은 조이스가 유대인은 본질적으로 여성적인 남성들이라는 와이닝거의 이론을 받아들였다고 주장한다. 그에 의하면 조이스는『율리시스』를 집필할 당시에 이미 와이닝거의 책『성과 성격』*Sex and Character*을 읽었다는 것이다(*James Joyce* 463). 따라서 로젠펄드Natania Rosenfeld는 블룸이라는 인물을 창조할 때 조이스가 유대인의 여성성에 대한 와이닝거의 이론을 채택했다고 믿는다(217). 과연 조이스가 와이닝거의 이론에 어느 정도로 영향을 받았는지 증명하기는 어렵지만, 어쨌든 유대인 블룸의 여성성은 부인하기 어렵다. 아내인 몰리Molly는 블룸이 다른 남자들과 달리 "여성이 무엇인지 이해하거나 느끼는 것을 보았기 때문에 그를 좋아했다"(*U*18.1578-79)고 고백한다. 그가 여성에 대해서 감정이입을 할 수 있을 정도로 여성적이라는 것을 드러내주는 대목이다.

아일랜드의 남성들은 블룸과의 차이를 통해 자신들의 남성성을 확인하고 싶어 한다. 「키클롭스」장은 여성적 유대인으로서의 블룸에 대한 비방으로 가득 차 있다. 커닝엄은 그를 "변태 유대인"perverted jew(*U*12.1635)이라고 부른다. 또한 무명의 서술자는 블룸이 다른 유대인들처럼 "이상한 냄새"를 풍기는 것이 아닌지 의심을 하기도 한다(*U*12.453). 블룸과의 차이를 가능한 한 확실하게 해두려고 애쓰는 그들은 블룸이 자신들과 같은 아일랜드 국민인 것도 인정하려들지 않는다. 시민은 블룸을 가리켜 "농민들과 아일랜드의 가난한(불쌍한) 자들을 속이고 있다"고 비난하기 까지 한다(*U*12.1150). 이어서 그는 "우리 집에 더 이상 이방인들이 있는 것을 원하지 않는다"(*U*12.1150-51)고 함으로써 예이츠의 희곡에서 "우리 집에는 너무 많은 이방인들이 있다"(7)고 한 캐슬린 니 훌리한Cathleen ni Houlihan의 민족주의적 발언을 상기시킨다. 캐슬린 니 훌리한이 아일랜드를 상징한다는 점과 그 당시에 민족주의자들에게 가난한 농민이 순종 아일랜드인을 가리켰다는 점을 고려할 때 유대인 블룸은 축출되어야 할 대상으로 상정되고 있음을 쉽게 알 수 있다. 그는 당시의 순종 racial purity 이데올로기를 위협하는 존재인 것이다(Davison 218). 유대인을 나라를 좀먹는 병폐로 보는 이러한 관점은 민족주의자들과 반대편에 서 있는 친영파들도 공유하고 있는 것이다. 예컨대, 「네스토르」Nestor 장에서 데이지 Deasy 교장은 영국내 유대인들을 비난하면서 그들이 "한 나라의 쇠망의 징조"(*U*2.347-48)임을 역설한다.

「나우시카」Nausicaa장에서 거티Gerty McDowell가 블룸을 "외국인 신사"foreign gentleman(*U*13.1302)라고 불렀듯이 블룸은 그늘에게 정처 없이 떠도는 외국인, 방랑하는 유대인일 뿐이다.

— 하지만 국민nation이 무슨 뜻인지 아나?[1] 존 와이스가 말한다.
— 알지, 블룸이 말한다.
— 뭔데? 존 와이스가 말한다.
— 국민 말이지? 국민이란 같은 장소에서 살고 있는 같은 사람들을 말하지, 블룸이 말한다.
— 아이구 그렇다면 내가 국민이겠네. 난 지난 5년 동안 같은 곳에서 살았거든, 네드가 웃으며 말한다.
그래서 물론 모두가 블룸을 비웃었고 그러자 블룸은 궁지에서 벗어나려고 애쓰면서 말한다. . . .
— 당신 나라는 어디인지 물어보아도 될까? 시민이 말한다.
— 아일랜드지. 난 여기 아일랜드에서 태어났거든, 블룸이 말한다.
(*U*12.1419-1431)

아일랜드 태생의 블룸을 아일랜드의 국민으로 인정하지 않으려 하는 국수주의적 민족주의는 성적인 측면과 불가분의 관련이 있다. 유대인은 민족적, 성적 범주에서 동시에 국외자로 멸시받기 때문이다 (Rosenfeld 222-23). 이처럼 블룸의 아일랜드적인 요소를 부정하고 유대인 적/여성적 측면을 드러내려고 하는 것과 관련하여, 밸런트는 서술자가 블룸을 혼종적인 "유대계 아일랜드인"Irish Jew으로 취급하지 않고, 여성적인 아일랜드인의 자리를 대신할 여성화된 유대인으로 여기

1 편의상 '국민'으로 번역된 "nation"을 한 단어로 옮기기란 쉽지 않다. '민족'은 같은 피를 타고 난 겨레라는 뜻을 강하게 포함하기 때문에 이 맥락에서 정확히 들어맞는 단어가 아니고, 엄밀히 말하자면 '국민'도 마찬가지일 것이다. 따지고 보면 이 당시 아일랜드는 독립국이 아니기 때문이다.

고 있다고 요약한다(111). 즉 여성적인 피식민지인과 남성적인 식민자의 관계에서 남성적인 영국에 대하여 여성적인 위치에 있는 아일랜드, 그리고 전통적으로 "캐슬린 니 훌리한", "불쌍한 노파"Poor Old Woman 등 여성으로 상징되어 온 아일랜드 대신에 유대인을 여성의 위치에 놓음으로써 아일랜드(와 아일랜드 남성들)을 좀 더 남성적으로 보이게 하고자 한다는 것이다. 결국 "여성"이라는 시니피앙이 할당된 아일랜드 남자와 유대인 남자 중 어느 하나가 다른 하나의 여성성을 부각시킴으로써 혹은 그 다른 하나와의 차별성을 강조함으로써 "남성"이라는 시니피앙을 획득하려고 하고 있는 것이라고 할 수 있다. 그리고 이것은 남성성이 본질을 가리키는 것이 아니라 이데올로기에 의한 상대적 구분이라는 것을 암시해 주는 것이기도 하다.

이제 아일랜드의 남성들은 자신들의 남성성을 돋보이도록 하기 위해 필사적으로 블룸을 그들의 영역에서 공식적으로 제외하려 한다.

> 젠장, 농담 같은 말 속에 진담이 숨어 있는 법. 저 녀석은 성별 구분이 어려운 놈One of those mixed middlings이야. 피씨가 그러는데 월경을 하는 소녀처럼 한 달에 한 번 [묶고 있던] 호텔에 누워있었다는데. 무슨 말인지 알겠나? 저따위 녀석은 잡아서 빌어먹을 바다에다 쳐 던져 넣어 버려야 해. 그것은 정당한 살인일 수 있지. 그런데 [경마에서] 5파운드나 벌었으면서도 남자답게 맥주 한 병 값도 내지 않고 도망치다니 . . . .
> — 양의 탈을 쓴 이리, 시민이 말한다. 그게 그 녀석의 진짜 모습이야. 헝가리 출신의 비락. 나는 그 녀석을 아하수에러스라 부르겠어. 신이 저주를 받았지. (*U*12.1658 67)

(여기서는 그들이 잘못 알고 비난하고 있기는 하지만) 블룸은 경마 등에서 돈을 벌면 술을 한 턱 내는 남성사회의 관습에 따라 "남자답게" 행동하지 않을 뿐만 아니라, 한 달에 한 번 월경을 하는 소녀에 가까운 모습으로 그려진다. 라깡에 의하면, "성적 정체성이란 인간 주체에게 명령된 어떤 것"이다(*Feminine Sexuality* 41). 그는 남성인지 여성인지 구분할 수 없는 존재one of those mixed middlings이기 때문에 반드시 둘 중 어느 한 쪽에 줄을 서야 한다는 상징적 질서의 규율을 어긴 셈이다. 따라서 그를 벌하는 것은 합법적일 뿐 아니라 "신의 행위"act of God (*U*12.1661)라고 할 수 있다는 것이다. 또한 시민이 그를 비난하면서 그의 여성성뿐만 아니라 그의 유대인적 요소를 놓치지 않고 언급하는 것은 주목할 만하다. "아하수에러스"란 페르시아와 메디아Media의 두 왕의 이름이지만 시민은 여기에서 방랑하는 유대인을 가리키는 이름으로 의도하고 있다(Gifford, *Ulysses* 368). 그것은 다음에 바로 이어지는 "신의 저주"를 받은 인종이라는 말에서 분명해진다. 즉 블룸의 여성성을 가리키기 위해서는 그가 유대인이라는 사실이 매우 중요하다는 것이다. 또한 시민이 블룸을 "양의 탈을 쓴 이리"라고 한 것은 블룸이 유대인이면서 아일랜드인인 척하며 여성이면서 남성인 척 한다는 것을 암시하는 것일 것이다. 라이즈봄의 주장대로 "양의 탈을 쓴 이리"보다는 "이리의 탈을 쓴 양"이 블룸에게 더 어울린다면 그것은 외면적으로는 남성의 옷을 입고 있지만 속은 여성이라는 것을 가리킬 수 있을 것이다("When the Saints" 174). 나아가서, 라깡의 지적대로, 성의 구분은 가면을 쓰는 것 혹은 옷을 걸치는 것에 다름 아니라는 것을 암시하는 듯이 보인다.

블룸 자신도 「나우시카」 장에서 여성성뿐만 아니라 남성성도 문화에 의해 규정된 의상을 걸쳐 입는 것일 뿐이라는 것을 암시한다.

> 밀리는 몰리의 새 블라우스를 좋아했지. 처음에는. 모두 다 벗기 위해서 다 입는 거다. 몰리. 내가 그녀에게 보랏빛 양말대님을 사 주었던 이유. 우리 남자들도 마찬가지지. 그[보일런]가 맸던 넥타이, 그의 멋진 양말과 밑단을 접어 올린 바지. 우리가 처음 만난 날 밤 그는 각반을 차고 있었지. 그의 멋진 셔츠는 반짝거리고 있었지. 혹옥색 겉옷 안에서. 여자는 핀 하나를 제거할 때마다 매력 하나를 잃는다고들 하지. (*U*13.798-803)

여성은 남근 자체인 척 하기 위해서, 즉 매력을 발산하여 타자의 시선을 끌기 위해서 옷을 입는다. 하지만 핀 하나씩 제거할 때마다 한 가지씩의 매력을 잃는다. 여기서 핀은 그녀가 남근인 채 하기 위해서 사용한 남근 대용물을 가리킨다고 할 수 있을 것이다. 남자도 남근을 소유한 것처럼 보이기 위해서 "넥타이" "바지" "셔츠"등을 입는다. 특히 군인들이 차는 "각반"은 남성성을 과시하기 위한 도구로서 효과적이라 할 수 있을 것이다. "우리가 처음 만난 날 밤 그는 각반을 차고 있었지"He wore a pair of gaiters the night that first we met는 "우리가 처음 만난 날 밤 그녀는 장미 한 다발이었네"She wore a Wreath of Roses the Night That First We Met라는 대중가요를 수정한 것이다(Gifford, *Ulysses* 395). 흥미로운 것은 여성의 매력을 나타내는 장미 대신에 남성성의 시니피앙이라 할 수 있는 각반을 삽입한 것이고 또한 동사인 "wore"를 사용함으로써 남성성이라는 것은 의상을 입는 것과 다름없음을 시사한 것이다.

성을 가면극과 관련시켜 생각한다면, 헐Cheryl Herr이 그의 저서 『조이스의 문화분석』*Joyce's Anatomy of Culture*에서 다루고 있는 「키르케」Circe 장에 대한 연구를 언급할 필요가 있다. 헐은 직접적으로 라깡의 이론을 이용하고 있지는 않지만 성적 정체성을 "문화적 혹은 심지어는 연극적 현상"(153)으로 해석한 것은 라깡의 사상과 유사하여 주목할만한 가치가 있다. 물론 헐이 의미하는 "문화"는 주로 드라마나 설교 같은 대중 담론 같은 좁은 영역을 가리키지만 라깡의 경우는 광범위한 문화적 질서를 나타낸다는 점에서 둘은 서로 다르다. 그렇기 때문에 헐은 블룸의 성을 그 당시의 드라마와 관련시켜 설명한다. 그녀에 의하면 그 당시의 무언극에는 항상 여성의 역할을 하는 남성이 있었는데 「키르케」장의 블룸은 이러한 문화를 반영하는 텍스트라는 것이다. 그녀는 이 장이 "문화가 젠더의 특징을 결정할 뿐만 아니라 자아의 개념을 형성하기도 한다"고 본다(152). 왜냐하면 「키르케」장이 연출하고 있는 무의식의 영역에서는 코드화된 이데올로기적 구조물이 해체되기 때문이다. 다시 말해서, 상징적 질서를 벗어난 이 영역에서는 페르소나persona가 가면을 벗고 임의적인 성의 분류로부터 자유로워질 수 있기 때문이다. "새 여성적인 남성"the new womanly man (*U*15.1798)인 블룸은 이러한 질서에서 그의 여성적인 잠재적 성향을 밖으로 드러내 보일 수 있다.

블룸의 잠재적인 (혹은 풀려난) 여성적 성향이 확대되면서 그는 「키르케」장의 환상세계에서 위압적인 뚜쟁이 벨라 코헨Bella Cohen 앞에서 여성으로 변화된다. 여기서 주목할 것은 그의 변화가 그 어떤 것도 아닌 의상에서부터 일어난다는 점이다. 벨라 혹은 그녀의 새로운 남자이름인 벨로Bello는 등산가의 복장을 하고 있고 블룸은 창녀의 비단 옷을 입은 모습이 된다. 그리고 잠시 후 블룸은 루비 반지를 끼고 여자용 팔찌를 낀 채 나타난다. 헐의 주장대로, "성sexuality이란 순전한 연극이다"(154)라고 하지 않을 수 없다. 사실상 「키르케」장은 일종의 심리극으로서 펼쳐진다.

따라서 성적인 실체란 역할이고 본질이란 가면에 불과한 것으로 나타난다. 블룸은 단지 의상을 바꾸어 입음으로써 그의 성적인 역할을 변화시키는 듯이 보인다. 벨로는 블룸의 변신을 보고 "네가 갈망해 왔던 일이 일어났다. 이제부터 너는 남자가 아니다"(*U*15.2964-65)고 말한다. 실제로 블룸은 자신이 여성의 옷을 장난으로 입어본 적이 있음을 고백한다(*U*15.2986). 그리고 고등학교 연극에서 여성으로 분장했을 때 "진정한 코르셋 애호가"(*U*15.3010)가 되었다고 말하기도 한다.

옷과 더불어 일어나는 성적 정체성의 변화는 대명사의 변화를 통해서도 감지된다. 조이스는 성적 변화가 일어난 후 벨로/벨라에게는 남성적 대명사를 블룸에게는 여성적 대명사를 사용한다. 라깡은 대명사를 언어에서 가장 불안정한 것, 즉 "바꾸는 장치"shifter라고 본다(Rose 31). 왜냐하면 문법적 주체 "I"는 말하는 사람이면 누구든지 가리킬 수 있으므로 정체성을 변화시킬 수 있기 때문이다. 다시 말해서, 대명사는 특정 주체가 언어, 상징의 세계에 자신을 끼워 넣는 슬롯slot이자 그것을 통해 그 세계에 자신의 자리 혹은 위치를 차지하는 슬롯이다. 블룸의 변화된 성은 "she"와 "her"같은 대명사에 의해서 확인된다.

하지만 이 장의 이야기가 진행되면서 대명사가 일관성 없이 사용되는 것을 알 수 있다. 예를 들면, 블룸을 가리키는 대명사가 "her"와 "him" 사이에서 흔들리고 있는 것이다.

> 벨로
>
> ....자 나를 기다리게 하지 말란 말이야, 빌어먹을. (그는 그녀의 얼굴을 찰싹 때린다)
>
> 블룸
>
> (흐느껴 울며) 저를 때리시다니요. 말해야겠어요. . . .
>
> 벨로
>
> 얘들아 내가 올라탈 때까지 그를 붙잡고 있어.
>
> (*U*15.2910-16, 필자의 밑줄)

이처럼 블룸이 여성화된 후에도 그를 지칭하는 대명사는 남성과 여성을 넘나들 뿐만 아니라 여성형과 남성형이 같은 단어 속에 합쳐진 형태로 나타나기도 한다. 예를 들면, "his"와 "she"가 결합되어 "shis"(*U*15.3103)가 되고 "him"과 "her"가 결합되어 "hrim"(*U*15.3103)이 된다. 이처럼 이분법적 성별구분을 허무는 현상은 일반 명사에서도 목격된다. 예를 들면, 그는 블룸을 "old son"(*U*15.2868)이라고 부른 후 잠시 후에는 "good girly"(*U*15.2884)라고 부르기도 한다. 또한 그는 창녀로 변신한 뒤 이어서 "남창"(*U*15.3177)이 되기도 한다.

이처럼 평소에 여성적 성향을 보일 뿐만 아니라 「키르케」장에 이르러서는 여성으로 변하기까지 하는 블룸을 두고 남녀양성 소유자라고 정의내린 비평가들이 적지 않았다. 예를 들면, 헤일브런Carolyn Heilbrun은 그가 "남성이기도 하고 동시에 여성이기도 하다"(95)라고 말한다. 그러나 좀 더 정확하게 블룸의 증상을 진단한다면 데블린Kimberly J. Devlin의 표현대로 "젠더 결정 불가능성"gender indecidability (126)이 더 적절할 것으로 보인다. 이와 같은 "결정 불가능성"은 그의 성적인 정체성뿐만 아니라 그의 다른 정체성에서도 간파되기 때문이다. 위에서 블룸을 가리키는 대명사가 남성형과 여성형이 결합된 형태로 나타났듯이 그의 이름도 다른 이름과 결합되는 현상을 보인다. 예를 들면, "Bloom"과 "Stephen"이 결합되어 "Stoom"(*U*17.549)과 "Blephen"(*U*17.551)이 된다. 나아가서, 그의 이름은 "greaseabloom" (*U*11.1284), "Bloomusalem"(*U*15.1548) 등의 예에서 보듯이 다른 단어들과 합쳐지기도 한다. 이러한 언어들은 블룸의 포착하기 어려운 정체성을 암시한다고 할 수 있다. 그는 아일랜드인인지 아닌지, 가톨릭 신자인지 아닌지에 대해 의심을 받고 있을 뿐만 아니라 남자인지 아닌지에 대해서도 의심을 받고 있다. 이와 관련하여 식수Cixous는 "그는 현재의 그가 아니다"(he is what he is not [719])라는 표현으로 요약한다.

이처럼 블룸을 이분법적인 성 구분으로 분류한다는 것이 어렵지만 「키르케」장에서 벨라/벨로는 블룸의 성을 어느 한 쪽으로 강요하는 역할을 한다. 이러한 벨라를 가리켜 데블린은 "젠더 경찰"gender police (126)이라고 부른다. 그는 블룸에게 "더 이상 변덕스럽게 굴지 말라"(*U*15.2964)고 명령하면서 "남성의 의상"(*U*15.2966)을 벗어던질 것을 요구한다. 그것은 아마 벨로가 포주로서 그녀의 직업이 이분법적인 성의 존재에 의존하고 있기 때문일 것이다. 여기서 라깡의 이론에 영향을 받은 바 있는 알뛰서Louis Althusser가 "이데올로기의 존재와 [경찰이] 개인을 주체로 부르는 것은 동일한 것이다"(175)라고 하면서, 이데올로기를 경찰에 비유했다는 점을 상기할 필요가 있다. 경찰과 이데올로기는 둘 다 사회적 질서를 유지하기 위해 존재하고 주체는 두려움에 떨며 그 명령에 순응해야 한다. 벨라가 어떤 특정한 이데올로기를 대변한다고 할 수는 없지만 그녀는 "젠더의 경찰"로서 이분법적인 성 구분이라는 상징적 질서를 유지하려 하고 있다. 상징적 질서 내에서는 문화적 규범 등이 경찰의 역할을 하지만 이 규율로부터 자유로운 환상의 세계인 「키르케」장에서는 새로운 경찰이 필요했을 것이다.

지금까지 살펴보았듯이, 식민 상태에 있는 아일랜드의 정치적 상황, 인종적 편견, 그리고 당시의 음주문화 등은 블룸의 남성성의 가면을 벗기는 구실을 한다. 특히 남성적인 힘을 과시하고자 하는 시민은 언어를 통해 노골적으로 블룸의 여성성을 지적하고 있다면, 블룸 대신 그의 아내 몰리와 정사를 벌이는 보일런Boylan은 행동을 통해 블룸의 남성성을 부인하고 있다고 할 수 있을 것이다. 또한 호머Homer의 남성적인 영웅 오딧세우스가 아내 퍼넬로피Penelope의 구혼자들을 무력으로 물리치는 것과 대조적으로 블룸은 물리적인 힘보다는 여성적인 "사랑"(*U*12.1485)에 호소하는 것도 같은 맥락에서 이해될 수 있다. 이처럼 1906년 6월 16일 아일랜드라는 구체적인 시공간에서 밝혀지는 블룸의 허구적인 남성성은 라깡의 추상적인 이론을 잘 예시해 주는 듯이 보인다.

더블린의 남성들의 남성성은 결코 본질에 토대를 두고 있지 않다. 그것은 더 여성적인 존재와 비교됨으로써 상대적인 남성성을 주장할 수 있는 가면에 불과하다. 그들은 이미 영국에 의해 타자화되고 여성화된 식민지인 남성들로서 자신들의 남성성이 위태로워졌음을 걱정스럽게 감지하고 있다. 여성화된 남성성에 대한 염려는 민족주의적, 문화적 측면에서의 국외자와의 대조를 통해 자신들을 더 남성적으로 보이게 하려는 열망으로 이어진다. 이와 관련하여 이들의 남성성뿐만 아니라 블룸의 여성성이 그 당시의 문화 혹은 이데올로기와 밀접한 관련이 있음을 알 수 있다. 예를 들면, 블룸이 민족주의자가 아니라는 점, 유대인이라는 점 등이 그를 여성이라는 시니피앙 밑에 분류되도록 하고 있는 것이다. 아일랜드의 남성들은 그렇게 함으로써 남근을 소유하고 있는 체 하고 있지만 그것은 시민의 경우에 단적으로 드러나듯이 허구에 불과하다. 남성성이 본질이 아닌 한 그들은 끊임없이 그것을 증명하지 않으면 안 될 것이고 블룸은 항상 주변인으로서 그들의 공격으로부터 자유롭지 않을 것이다.

3

부활절 봉기와 조이스 — 「키클롭스」 장을 중심으로

3

부활절 봉기와 조이스 — 「키클롭스」장을 중심으로

1916년 4월 24일 부활절에 더블린의 중앙 우체국General Post Office 계단에서 임시정부 대통령인 피어스Patrick Pearse는 독립선언서를 읽었다. 이렇게 시작된 부활절 봉기는 많은 희생자를 내었고 방법이나 효과 등에 있어서 적지 않은 논란을 불러일으킨 것이 사실이지만 아일랜드가 독립을 이루기까지의 여정에서 큰 이정표가 되었다고 할 수 있다. 그것은 아일랜드의 많은 문인들이 앞 다투어 형상화할 만큼 중요한 역사적 사건이었다. 예를 들면, 예이츠W. B. Yeats는 「1916년 부활절 봉기」Easter 1916 등의 시에서, 오케이시Sean O'Casey는 「쟁기와 별」*The Plough and the Stars*에서, 러셀George Russell은 「경례—1916년의 아일랜드 봉기에 대한 시」A Salutation: A Poem on the Irish Rebellion of 1916에서,

스티븐스James Stephens는 『더블린의 반란』(*Insurrection in Dublin*, 1916)에서, 그리고 도일Roddy Doyle은 소설 『헨리라 불리는 별』(*A Star Called Henry*, 1999)에서 각각 이 봉기를 다루고 있다. 이 중에서 스티븐스처럼 현장을 직접 목격한 후 목격담을 쓴 사람이 있는가하면, 도일처럼 출생 전의 역사적 사건을 상상력을 통해 생생하게 현실로 재현해낸 작가도 있다. 부활절 봉기는 당시에 더블린에 살고 있었느냐의 여부에 상관없이 모든 아일랜드인들에게 큰 영향을 미친 사건이었음에 틀림없다. 부활절 봉기가 일어났을 때 조이스는 현장으로부터 멀리 떨어진 이탈리아에서 『율리시스』를 집필하고 있는 중이었다. 그 때 그리고 그 이후에도 그는 봉기에 대해 직접적인 언급을 자제하였고 위에서 나열한 문인들과 달리 이를 노골적으로 작품 속에서 다루지도 않았다. 다만, 그는 이 사건을 두고 "쓸데없는"useless(Ellmann, *James Joyce* 399), "어리석은"absurd(Manganiello, *Joyce's* 163) 일로 단순하게 언급하고 지나쳤던 것으로 전해진다. 조이스는 한번은 봉기에 대해 언급하면서 아들과 함께 "독립된 아일랜드"에 돌아가 성패트릭 기념일 혹은 아일랜드를 상징하는 토끼풀을 달 것이라고 긍정적으로 말하기도 하였지만, 독립된 아일랜드를 방문할지의 여부를 묻자 "내가 독립된 아일랜드의 첫 번째 적the first enemy임을 선언할지도 모르겠다"는 알쏭달쏭한 응수를 하였다(Ellmann, *James Joyce* 399). 이는 그가 봉기와 관련하여 친구들에게 "아일랜드여 영원하라!"라고 아이로닉하게 말한 것(Duffy 15 재인용)과 마찬가지로 봉기에 대한 그의 숨겨진 불만을 보여주는 것일 수도 있지만 역시 분명하지는 않다. 신 페인 당의 격렬한 활동이 세계뉴스를 장식하던 때이며, 동시에 그가 「키클롭스」의 집필을 마치던 때인 1919년 초에 친구인 버전Frank Budgen이 조이스의 정치적 입장을 묻자 조이스는 "아일랜드와 나에게 현재의 고정된 형체와 운명을 제공한 상황을 왜 내가 바꾸고 싶어한다고 생각하는지 말해보세요?"라는 수사학적 질문을 되던짐으로써 역시 명쾌한 입장을 밝히기를 거부했다(Budgen 155). 이처럼 조이스는 예민한 정치적 사안에 대해 불쑥 거친 논평을 하기 보다는 "예술이라는 매개체"를 통해 자신의 견해를 암시하는 편을 택한 듯이 보인다(Mcgee 198). 따라서 그의 몇몇 단편적인 언급들이 그의 정치적 입장을 대변한다고 말하기는 어렵고 봉기에 대한 그의 좀 더 복합적인 생각과 평가는 그의 작품 속에 녹아들어 있다고 보는 것이 올바른 판단일 것이다.

조이스는 비록 신체적으로 사건의 현장인 더블린으로부터 멀리 떨어져 있었지만 이 사건이 그와 개인적인 관련이 없는 것은 아니었다. 무엇보다도 사건의 주동자인 피어스는 그의 아일랜드어 선생님이었다. 게다가 봉기에서 학창시절 친구인 쉬히-스케핑턴Francis Sheehy-Skeffington이 영국군의 총에 맞아 죽는 일이 일어났고 같은 해 9월에는 1차 대전에 영국군으로 참가한 친구 케틀Kettle이 죽었다. 더구나 케틀은 조이스가 청소년기에 사랑의 감정을 품었던 메어리 쉬히Mary Sheehy와 결혼한 친구였다. 그래서 페어홀James Fairhall은 고국에서 들려오는 이러한 일련의 소식을 접하고 조이스가 무관심을 가장하기가 힘들었을 것이라고 주장한다(163). 그렇다면 부활절 봉기에 대한 조이스의 반응과 평가는 작품, 특히 그가 그 당시 이러한 소식을 들으며 집필하고 있던 『율리시스』에 숨겨져 있다고 보아도 무리는 없을 것이다. 많은 수수께끼를 숨겨 놓아 "교수들을 바쁘게 하겠다"고 공언한 바 있던 조이스가 교수들로 하여금 또 다른 보물찾기를 하도록 준비해 두지 않았을까? 이제 역사나 정치에 대한 조이스의 무관심의 포즈가 꾸밈에 불과하다는 것을 그의 텍스트가 조금씩 드러내주고 있다. 『율리시스』의 허구적 시간은 1904년이지만 텍스트에는 집필기간인 1914-21의 현실이 은연중에 이런저런 형태로 반영되어 있을 것이라는 것을 추측할 수 있다. 1904년은 조이스에게 분리 가능한, 고정된 '과거'가 아니었다. 집필 당시의 '현재'가 침투되어 있기 때문이다. 이런 현상과 관련하여 스푸Robert Spoo는 『율리시스』가 "초역사적"transhistorical ("Nestor" 119)인 작품이라고 말하기도 한다. 특히 폭력적인 에피소드로 알려져 있는 「키클롭스」장은 1918년에 주로 집필된 것으로, 작품의 배경이 되고 있는 1904년부터 집필년도 사이에 일어난 대표적인 폭력적 사건이 1916년의 부활절 봉기라는 점에서 이 사건이 에피소드에 반영된 폭력에 어떤 형태로든 영향을 미쳤다고 볼 수 있을 것이다.

학계에서 이런 현상에 주목한 것은 비교적 최근의 일이었다.[1] 작품 속의 시간적 배경이 되고 있는 과거와 집필당시의 시대인 현재가 뒤섞인 현상에 아마 최초로 주목한 연구서는 페어홀의 『제임스 조이스와 역사의 문제』(*James Joyce and the Question of History*, 1993)일 것이다. 그

---

1 물론 일찍이 맨가니엘로Manganiello가 '정치적인' 조이스를 부각시킨 획기적인 연구서 『조이스의 정치학』(*Joyce's Politics*, 1980)에서 부활절 봉기에 대한 조이스의 반응을 어느 정도 다루고 있기는 하다. 하지만 그의 연구는 조이스의 전기적인 사실에 토대를 두고 실제로 조이스가 봉기에 대해 어떤 반응을 보였는지를 조사하고, 조이스 작품에 등장하는 주요인물이라면 부활절 봉기에 대해 어떤 반응을 보였을 것인지를 추측하는 차원에 머무르고 있다. 그리하여 놀란Emer Nolan은 맨가니엘로가 "조이스는 이렇게 생각했음에 틀림없다"라는 공식으로 조이스의 정치적 입장을 평가하고 있음을 비판하기도 한다(122).

는 이 책에서 "『율리시스』가 불가피하게 집필당시의 시대와 상황을 반영하고 있다"고 쓰고 있다(164). 페어홀의 설득력 있는 주장이 출발 신호탄이라도 된 듯, 조이스 학자들의 보물찾기는 시작되었다. 이 작업에 가장 먼저 뛰어든 학자는 스푸로서 그는 "'Nestor' and the Nightmare: The Presence of the Great War in *Ulysses*"(1996)라는 논문에서 『율리시스』의 두 번째 장이자 역사를 다루고 있는 「네스토르」Nestor장을 분석하여, 이 에피소드에 "전쟁이 광범위하게 확산되어 있음"을 발견한다(106). 보물찾기의 두 번 째 대상은 「네스토르」장과 쌍둥이라 할 수 있고 역시 역사를 다루고 있는 「이타카」Ithaca장이다. 로코John Rocco는 "'Time Travel on Wings of Excess': 'Ithaca' and a Message in a Bottle"(2004)이라는 논문에서 역시 이 주제를 다루고 있다. 그 외에도 놀란이 『제임스 조이스와 민족주의』(*James Joyce and Nationalism*, 1995)에서 「키르케」장을 부활절 봉기와 연결시키는 등 조이스에 대한 부활절 봉기의 영향이 다양한 에피소드에서 드러나고 있다. 「키클롭스」장도 위에서 언급한 연구들에서 언급되며 지나갈 정도로 이 연구주제와 밀접한 관련이 있지만 깊이 있게 논의되지 않았다. 아마 「키클롭스」장이 빈번하게 언급되는 이유는 이 장이 다루고 있는 민족주의, 문예부흥운동 등이 부활절 봉기에 대한 논의와 밀접한 관련을 맺고 있기 때문일 것이다. 본 연구의 목적은 「키클롭스」장에 부활절 봉기에 대한 조이스의 입장이 어떻게 드러나 있고 이러한 관점이 이 에피소드의 이해 및 해석을 어떻게 조명할 것인지를 살펴보는 데에 있다.

뒤에서 자세히 논의하겠지만 부활절 봉기는 문예부흥운동 및 게일 민족주의와 밀접한 관련이 있으므로 조이스가 이 둘에 대해서 어떤 태도를 보였는지를 먼저 살펴보는 것이 중요하다. 일단 조이스가 이 둘에 찬동하지 않았다는 것은 논란의 여지가 없을 정도로 널리 알려져 있다. 하지만 놀란은 이 두 운동을 엄격하게 구분하여 켈트 문화를 부각시키고자 하는, 주로 영국계 아일랜드 문인들에 의한 문예부흥운동과, 게일 연맹Gaelic League과 게일체육회Gaelic Athletic Association 등의 조직에 속한 민족주의자들이 주도하는 소위 게일 민족주의로 나눈다. 다시 말하면 놀란은 개신교/영국계와 가톨릭/아일랜드계에 의한 운동으로 구분하고 조이스는 출생 및 성장 배경으로 보았을 때 후자에 속하므로 영국계 아일랜드 문화를 배재하게 된다는 것이다(47-48). 또한 놀란은 조이스가 문학은 운동이나 정치 등을 초월하여야 한다고 생각하기 때문에 "예이츠Yeats의 문화민족주의와 문예부흥운동을 완전히 거부한 것"을 인정하면서도(23), 조이스가 게일 문화주의를 거부했다는, 지금까지 받아들여져 온 입장에 대해서는 의문을 제기한다(52). 필자는 당시의 역사적 문화적 맥락을 바탕으로 한 놀란의 이러한 세밀한 구분은 중요한 학문적 업적으로 인정받을 만한 가치가 있다고 보지만 이 둘에 대한 조이스의 입장이 동일하지 않다는 그의 주장에는 쉽게 동의하기 어렵다. 왜냐하면 이 두 운동이 차이가 없는 것은 아니지만2 둘은 또한 공통점을 많이 지니고 있고, 특히 조이스는 둘

2 예이츠의 문예부흥운동은 사실 나중에 창설된 게일 연맹의 게일어 부활운동에서 많은 영감을 받았다. 그리고 이 두 운동은 1916년의 부활절 봉기에 영향을 미쳤다(Martin 5). 물론 모란D. P. Moran같은 이상주의자가 1901년 「두 문화의 전쟁」The Battle of Two Civilization에서 아일랜드는 "게일의 가톨릭 국가"라며 영국계 개신교인들을 배제하는 주장을 하였지만 그의 공격의 화살은 심지어 게

을 자주 같은 범주 안에 넣고 비판했기 때문이다. 조이스는 무엇보다도 이들 운동가들이 과거 지향적이고 지방주의적인 것을 문제 삼았고 이에 대해서 단호한 거부의 의사를 밝힌 바 있다:

> 만약 이처럼 과거에 대해서 호소하는 것이 유효하다면 카이로의 노동자는 영국 관광객들의 짐꾼 노릇을 하는 것을 경멸할 만한 모든 권리를 가지고 있을 것이다. 고대 이집트가 죽은 것과 마찬가지로 고대 아일랜드는 죽었다. 만가는 이미 불렀고 묘비는 이미 봉인되었다. 전설적인 예언자들, 방랑 음유시인들, 그리고 제임스 2세파 시인들Jacobite poets의 입을 통해서 수세기 동안 노래해 왔던 예전의 민족적 영혼은 제임스 클러렌스 망간James Clarence Mangan의 죽음과 함께 세상에서 사라졌다. 이 시인과 함께 고대 켈트 시인들의 3중 질서의 오랜 전통도 끝이 났다. (*CW* 173-74)

위에서 "제임스 2세파 시인들"이란 가톨릭 신자인 영국왕 제임스2세의 왕위 복귀를 주장하는 민족주의자들로서 정치적인 게일문화 시인들을 가리킨다. 조이스는 이러한 가톨릭/게일 시인들과 켈트 시인들을 함께 아우르면서 이들의 전통이 이미 끝났음을 분명하게 선언하면서 사망선고를 내린 전통을 부활시키려고 하는 것은 무모하다는 점을

일 연맹의 창시자인 하이드Douglas Hyde에게까지 향해 있었고 이것은 게일연맹 창단 시부터 존재해 왔던 온건파와 급진파 간의 갈등이 표면화 된 것이었다(Mays 69). 뿐만 아니라 켈트 문화와 게일 문화를 엄밀히 구분해서 말하기도 어렵다는 점도 고려해야 한다. 예컨대 영웅 쿠훌린Cuchulin을 켈트의 영웅(Gifford, *Ulysses* 320)이라고 하기도 하고 게일의 영웅(Mays 70)이라고 한다. 또 놀란이 캘트문화 쪽이라고 말한 예이츠의 희곡 『캐슬린 니 훌리한』에 나오는 가련한 노파는 게일 아일랜드의 전설적인 기사들과 관련이 있다.

밝히고 있다.

조이스가 이러한 운동을 풍자하고 있는 작품인 「어떤 어머니」A Mother에서는 문예부흥운동이 대중적인 인기를 얻기 시작하자 어머니는 딸이 캐슬린Kathleen이라는 아일랜드적인 이름을 가지고 있는 것을 최대한 이용하려 한다. 공교롭게도 "캐슬린"이라는 이름은 예이츠의 희곡 『캐슬린 니 훌리한』과 『캐슬린 공작부인』*Countess Cathleen*의 여주인공 이름이다. 그녀는 게일어를 공부하고 미사가 끝난 후 게일어로 인사하는 등 게일어 부활 운동의 신봉자인 것처럼 보인다. 그녀는 문화민족주의자들이 주최하는 음악회에 초대되는데 그 단체의 이름이 아일랜드 승리 협회Eire Abu Society라는 게일어로 되어 있다. 그렇다면 이 이야기에서도 예이츠의 켈트적인 요소와 게일문화 민족주의자들의 요소가 섞여 있고 조이스는 이 혼합체를 대상으로 풍자하고 있다고 보아야 할 것이다.

또한 조이스의 작품에서 이들 운동가들이 신화화하고 이상화한 순종 아일랜드인 농부가 그의 작품 속에서 "탈신화화"되기도 한다. 예를 들면, 「텔레마코스」Telemachus 장의 시작부분에 나오는 우유 배달 노파는 아일랜드를 상징하는 가련한 노파Poor Old Woman가 되는 대신에 우유 값을 약삭빠르게 계산할 줄 아는 초라한 노파로 전락한다. 『젊은 예술가의 초상』*A Portrait of the Artist as a Young Man*에서 스티븐Stephen의 친구 데이빈Davin이 들려주는 이야기 속에 등장하는 또 다른 시골 아낙네, 즉 부흥운동가들이 이상화한 대상은 외로운 방으로 외간 남자를 유혹하는 천박한 여자로 그려져 있다. 결국, 조이스의 작품에서 나오는 농부는 게일문화 부흥운동이나 문예부흥운동의 이상理想

보다 "단연코"decidedly 훨씬 못하게 그려져 있다고 할 수 있다(Cairns 85). 이와 관련하여 「키클롭스」장의 무명의 서술자가 소변을 보러 가며 하는 말, "아일랜드여 잘 있어. 나는 고트Gort로 가련다" (*U*12.1561)를 주목할 필요가 있다. 이는 원래의 표현, "더블린아 잘 있어. 나는 고트로 가련다"가 변형된 것으로 원래 시골사람의 도시에 대한 불만을 나타낸 것이다(Gifford, *Ulysses* 366). 하우스Marjori Howes는 고트가 문화민족주의 운동의 중심인물인 그레고리 부인Augusta Gregory의 쿨 호수 근처, 다시 말해서 문화 민족주의자들이 이상화한 서부 아일랜드에 있다는 점과 "더블린"이 "아일랜드"로 바뀌었다는 점에 착안하여, 이 표현이 조이스가 그들에 의해서 이상화된 서부는 아일랜드 어디에서도 발견될 수 없는 허구에 불과하다는 점을 나타낸다고 말한다(60).

부흥운동에 대한 조이스의 풍자는 「키클롭스」장에 집중되어 있다고 할 수 있을 것이다. 이 에피소드의 중심인물인 시민은 아일랜드 스포츠의 부활을 위해 헌신적으로 활동한 게일 체육회의 창시자인 마이클 쿠색Michael Cusack과 호머Homer의 서사시에서 한쪽 눈만 있는 키클롭스Cyclops를 모델로 하여 그려진 인물이다(Gifford, *Ulysses* 316). 이 두 인물들의 공통된 특징은 단 하나의 제한된 관점을 폭력적으로 강요하는 국수주의자 시민에게서 결합되어 나타난다. 물론 그 동안 많은 비평가들이 폭력적인 시민 대 합리적인 블룸으로 이분화 함으로써 시민은 독선적이고, 야만적이며, 폭력적인 인물로 매도하고 블룸은 이 에피소드의 배경 장소인 술집에서 유일하게 이성적인 인물로 과대평가된 면이 있는 것은 사실이다. 놀란은 그 동안 시민이 「네스토르」장의 합병주의자 데이지 교장Mr Deasy과 같은 유형의 인물, 무지하고 진지하지 않은 인물로 평가받은 것에 대해 이의를 제기하면서 그의 역사적 지식의 정확성을 강조할 뿐만 아니라 나아가서는 그의 역사관이 조이스의 견해와 일치한다고 까지 주장한다(99). 물론 시민이 주장하듯이 1840년대 아일랜드의 감자 기근potato famine 동안 영국이 수수방관한 것을 인종적인 대학살로 보는 것(*U*12.1364-75)은 아일랜드의 민족주의자의 견해와 일치한다. 그리고 영국제국주의 하에서 무너진 아일랜드의 산업과 감소된 인구에 대한 시민의 울분(*U*12.1239-57)은, 놀란이 지적하다시피, 1907년에 조이스가 「아일랜드, 성인들과 현인들의 섬」Ireland, Island of Saints and Sages이라는 에세이에 쓴 내용과 별로 다르지 않다(100). 하지만 이러한 내용은 조이스나 시민만이 주장하는 독특한 것이 아니고 그 당시 민족주의자들이라면 누구나 토로할 수 있는 것이라는 점, 그리고 조이스가 이 에피소드를 집필한 것은 에세이를 쓴 지 11년이 지난 뒤이고 이때는 1916년의 봉기를 경험한 후이기 때문에 조이스의 생각이 달라졌을 수도 있다는 점도 고려해야 한다. 무엇보다도, 조이스가 영국의 압제에 반대한다는 것과 "아일랜드 지도자들을 목매단 영국 개들의 목을 따기 위해"(*U*15.4528-30) 폭력적인 선동을 하는 시민에게 동조하는 것은 다르다. 다시 말해서, 조이스가 시민의 반영적인 입장에 동의한다고 해서 반드시 폭력에 호소하는 그의 태도를 지지한다고 할 수는 없다는 것이다.

한편 조이스는 거의 항상 주위에 존재하는 실제 인물들을 모델로 해서 작품의 인물을 만들어 내었지 상상을 통해 허구적인 인물을 창조해내지는 않았다. 그렇기 때문에 그의 인물들을 악, 폭력 등의 화신으로 그려진 커리커쳐 같은 인물로 보는 것은 옳지 않다고 본다. 따라서 놀란이 비판하듯이 엘만처럼 이 장에서 블룸을 유일한 이성적인 사람으로 미화하는 것도 문제가 있고(96), 시민에 대한 그 간의 평가도 어느 정도 균형을 잃은 것은 인정해야 한다고 본다.[3] 그렇다고 시민을 조이스의 역사관을 대변한다거나 바람직한 탈식민적 인물에 근접한다고 보는 것도 그를 지나치게 미화하는 것일 것이다. 왜냐하면 "그의 말은 모두 허풍"(*U*12.1311-12)이고 그는 토지개혁 운동land reform이 있을 당시에 "쫓겨난 소작인의 땅을 차지해"(*U*12.1315-16) 이익을 챙긴 비열한 짓을 한 것으로 묘사되기 때문이다. 대표적인 시민 옹호론자인 놀란은 심지어 시민이 블룸을 아일랜드 국민으로부터 배제시키는 태도(*U*12.1419-32)를 두고도 배타적이라기보다는 내분된 민족의 "민족주의적 단합national unity을 위한 것이라고 하지만(52), 이는 시민을 지나치게 우호적으로 평가하고 있지 않은지 의심하게 한다.[4]

시민에 대한 묘사만 보더라도 조이스가 부흥운동에서 이상화시키고 있는 아일랜드의 영웅들의 모습을 그러모아 서사시의 문체로 우스

3 더피도 버전(Budgen)이 블룸을 사악한 민족주의자들 가운데 잘못 붙잡힌 점잖은 남자로 평가함으로써 이 에피소드가 집단에게 괴롭힘 당하는 개인의 비극적 이야기로 평가되도록 하는데 앞장섰다고 비판한다(109). 더피는 시민과 블룸을 제국주의의 시선에서 각각 야만인과 문명인의 유형으로 그려져 있다고 본다(112). 그가 블룸을 문명인 영국인에 가깝게 보는 것은 놀란이 그를 제국주의 옹호자에 가까운 인물로 보는 것과 유사하다.

4 시민과 마찬가지로, 「죽은 사람들」The Dead에서 열렬한 민족주의자인 아이버스 양Miss Ivors도 간접적으로 조이스의 비판을 받는다고 볼 수 있다. 그녀는 게이브리엘Gabriel이 보수적인 신문에 기고한다는 이유로 그를 친영파로 몰아 세우며 날카롭게 공격한다. 이에 게이브리엘은 "문학은 정치를 초월한다"(*D* 188)는 말로 응수하고 싶어 하는데, 이러한 그의 입장은 조이스의 것과 일치한다.

꽝스럽게 제시함으로써 문화민족주의자들의 노력을 풍자하고 있음을 알 수 있다.

> 원형 탑 발치의 커다란 바위 위에 앉아 있는 인물은 넓은 어깨의, 폭넓은 가슴의, 강인한 사지의, 솔직한 눈의, 붉은 머리칼의, 주근깨가 만발한, 덥수룩한 수염의, 커다란 입의, 큼직한 코의, 기다란 머리의, 저음의, 살이 드러난 무릎의, 억센 손의, 혈색 좋은 얼굴의, 튼튼한 팔의 영웅이었다. (*U*12.151-55)

이 영웅의 허리로부터 한 줄의 바닷돌들이 매달려 있는데 이 돌들 위에는 고대의 많은 아일랜드 영웅들의 상이 조각되어 있다. 영웅들의 목록에는 공자, 세익스피어, 콜럼버스 등 터무니없는 이름들이 들어 있어서 세계의 모든 위대한 인물들을 아일랜드의 영웅이라고 우기는 형국이 된다. 또한 이처럼 수많은 돌을 한 줄에 메어 단다는 것도 현실적으로 불가능한 일이어서 당시 문예부흥운동이나 게일문화운동에서 무리하게 너무 많은 전설적 영웅들을 우상화하고 있음이 풍자되고 있음을 알 수 있다. 이는 시민의 개의 으르렁거리는 소리가 게일어로 씌어진 "고대 켈트 음유시인들의 시와 "현저한 유사성"을 가지고 있다고 말함으로써(*U*12.722-23) 부흥운동을 풍자하는 것과 마찬가지이다.

한편 이 고대 영웅들 중에 맨 먼저 등장하는 얼스터Ulster 지역의 쿠홀린(Cuchulin 혹은 Cú Chulainn)은 죽음을 무릅쓰고 조국을 지켰던 전설적인 영웅으로 19세기 후반에서 20세기 초반에 이르는 부흥운동 시기에 '쿠훌린 숭배' 열풍을 불러일으킨 사람이다. 가장 오래된 게일 서사 이야기에 보면 그는 적들과 맞서 싸우다 치명적인 상처를 입은 채 마지막으로 남은 사람이 되지만 자신을 돌기둥에 묶고 칼을 든 채 서서 적들을 만난다(Martin 1). 그리고 민족을 지키기 위해 기둥에 자신을 묶은 채 마지막 한 방울의 피가 남을 때까지 싸웠던 그는 1916년의 부활절 봉기 지도자들의 "피의 희생"blood sacrifice 정신을 고취시키는 데 지대한 공헌을 하였다(McCartney 45). 따라서 1936년에 부활절 봉기로 인해 처형당한 사람들을 위해 기념상을 중앙우체국 앞에 세울 때 손에 칼을 들고 돌기둥에 자신을 묶은 채 죽어가고 있는 쿠훌린 상을 선택한 것은 당연한 것이었다. 왜냐하면 그것은 아일랜드 민족의 불굴의 정신을 상징하는 것이었고 특별히 우체국에서 싸웠던 봉기의 주역들을 나타내주는 것이었기 때문이다(Martin 2). 쿠훌린 숭배는 "1798년의 반란이 일어난 이래로 울프 톤Wolf Tone — 로버트 에멧Robert Emmet — 젊은 아일랜드Young Ireland — 피니언Fenian"으로 이어지는 물리적인 힘force 혹은 폭력에 의한 저항이라는 전통, 다시 말해서 아일랜드를 위하여 처형당하여 죽거나 중죄인 감방에서 고통을 겪는 전통과 밀접한 관련이 있었다(McCartney 45). 그런데 「키클롭스」 장의 시민이 쿠훌린의 상을 (목록의 첫 번째로) 지니고 다닌다는 점에서 그가 이 영웅과 자신을 동일시하고 싶어 한다는 점을 알 수 있고 또 시민이 물리적 힘에 의한 저항을 주장한다는 점에서도 자연스럽게 그를 쿠훌린, 그리고 나아가서 부활절 봉기의 지도자들과 연결시킬 수 있을 것이다.

> —힘force에는 힘으로 맞서야지, 시민이 말한다 . . . . 하지만 나라에 곡식이 넘쳐나서 영국 하이에나들이 리오데 자네이로에서 매

매를 할 정도였는데 영국 정복자들은 이 땅의 민족을 굶겨 죽이려고 애를 썼단 말이지. 정말, 농부들을 떼로 몰아냈단 말이야. 그들 중 이만명이 관이나 다름없는 배에서 죽었지. 그러나 자유의 땅에 도달한 사람들은 구속의 땅을 기억할 거야. 그리고 그들은 복수심을 품고 돌아 올 거야. 비겁자들이 아닌, 그라뉴에일의 아들들로, 그리고 캐슬린 니 훌리한의 투사들로. (*U*12.1364-75)

여기서 시민이 감자 기근 사건을 두고 분개하며 물리적 힘으로 영국에 대항해야 한다고 주장하는 점은 말할 것도 없고 캐슬린 니 훌리한의 투사가 되어야 한다는 점 또한 그가 위에서 말한 전통과 매우 가깝다는 것을 알 수 있게 해준다. 왜냐하면 문예부흥운동의 대표자인 예이츠의 작품 『캐슬린 니 훌리한』에서 아일랜드를 상징하는 가련한 노파 캐슬린은 아일랜드의 독립을 위해서 젊은이들에게 '피의 희생'을 요구하기 때문이다. 시민이 캐슬린의 정신을 내재화하고 있다는 또 다른 증거는 그가 예이츠의 이 희곡에서 캐슬린이 영국인을 가리키기 위해 사용한 것과 동일한 표현, 즉 "우리 집의 낯선 사람들"(*U*12.1150)을 사용한 후, 곧 이어서 이들을 "색슨족 강도들"(*U*12.1157-58)이라는 좀 더 노골적인 호칭으로 부르고 있기 때문이다.

이와 관련하여 부활절 봉기 지도자 중의 한 사람이었던 피어스가 아일랜드를 사슬에 묶여 있는 캐슬린 니 훌리한으로 보았다는 점을 주목할 필요가 있다(Martin 14). 한 때 조이스의 게일어 스승이기도 했던 피어스는 그가 1908년에 세운 성 엔다St Enda 학교의 프레스코화 주위에 모든 학생들이 볼 수 있도록 쿠훌린의 말, "내 명예와 행동이 계속 살 수만 있다면 내가 단 하루 낮, 하루 밤만을 산다 하더라도 개의치 않는다"는 말로 장식하였다고 한다. 이것은 피어스 자신이 쿠홀린의 입을 통하여 말하는 것이고(Martin 1), 피의 희생을 암시하고 있다고 할 수 있다. 실제로 그는 1913년에 "유혈bloodshed은 정화시키고 신성하게 해 주는 것이다"라고 하여 피의 희생에 대한 확신을 보여주고 있다(Edwards 179 재인용). 그에게 민족주의 혹은 애국심은 "모든 것을 다 주어야 한다는 인식, 항상 기꺼이 궁극적인 희생을 해야 한다는 인식"에 토대를 두고 있었기 때문이다(Mays 71 재인용).

사실 부활절 봉기의 대부분의 지도자들은 게일 연맹의 회원들이었고(Garvin 78), 또한 봉기 때 영국에 대항하여 싸운 많은 사람들은 게일체육회 소속이었다. 영국당국이 무기소지를 금지했기 때문에 이들의 공적인 모임은 헐리를 무기처럼 손에 든 젊은이들의 보호를 받았다(Martin 7-8). 봉기의 또 다른 지도자인 코널리Connolly는 사회주의자로 많이 알려져 있지만 게일문화 부흥운동을 받아들인 사람이었다. 자본주의에 적대적인 그는 공동소유 등의 문화가 유지되었던 초기 게일 사회로의 복귀를 사회주의 혁명과 유사한 것으로 여겼다(McCartney 46). 게일 부흥운동의 공동소유 정신은 부활절 봉기 때 낭독되었던 선언문에 반영되어 있다(47). 이처럼 부흥운동은 1916년의 부활절 봉기와 불가분의 관계에 있고 특히 게일체육회의 창시자를 모델로 해서 그려진 시민은 더욱 그러하다.5 시민은 실제로 작품에서 "게일 스포츠를 창시한 사람"(*U*12.880)으로 지칭되기까지 하며 그 입장에서 그들은 헐리같은 아일랜드 스포츠와 민족을 다시 일으키는 일에 대해서 토론한다(*U*12.889-91). 특히 "고대 범켈트족 조상들의 고대 게임과 스

5 페어홀은 시민과 피어스의 국가관이 거의 동일함을 지적하기도 한다(180).

포츠 부활의 바람직함"(*U*12.906), 그리고 "고대 게일 스포츠의 소생"(*U*12.909)에 대한 논의가 이어진다. 토론장이라기보다는 단합대회 같은 분위기인데 국외자 블룸만이 부정적인 견해를 제시하여 참석자들로부터 "뒤섞인 반응"(*U*12.912)을 얻는다. 또 한 가지 주목할 점은 마이클 쿠색이 피니언 단원이었다는 상당한 증거가 있다는 점에 비추어 볼 때(Gifford, *Ulysses* 342), 시민도 공식적으로 이 물리적 힘에 의한 저항의 전통을 이어받고 있다는 것이다. 시민이 피니언 당원이고 게일연맹에도 관여하고 있다는 것은 시민이 실제로 "신 페인! . . . . 오로지 신페인! 우리가 사랑하는 친구들은 우리 곁에 우리가 증오하는 적들은 우리 앞에 있다"(*U*12.523-24)라고 외치는 부분에서도 추측할 수 있다. 왜냐하면 "신 페인! 오로지 신 페인!"은 게일연맹의 모토이자 애국적인 건배이고 뒤에 이어지는 문장은 피니언단의 구호이기 때문이다(Gifford, *Ulysses* 333). 시민은 또한 게일어의 부활문제에도 적지 않은 관심을 보임으로써(*U*12.679; *U*12.1182; *U*12.1189) 게일연맹이 수행하고 있는 가장 중요한 임무의 실천에 앞장서고 있다.

앞에서 언급한, 쿠훌린으로부터 시작된 물리적 힘에 의한 저항의 전통은 「키클롭스」 에피소드에서 끊어지지 않은 수맥처럼 연결되어 흐르고 있다. 시민은 기회가 오자 기다렸다는 듯이 1798년의 봉기를 언급하며 잉그램John Kells Ingram의 시 「고인들에 대한 추모」The Memory of the Dead에 나오는 "누가 98년에 대해 말하기를 두려워하는가?"Who fears to speak of Ninety-Eight를 자랑스럽게 쏟아낸다(*U*12.481). 당연히 이 봉기의 지도자였고 사형을 선고받은 후 죽은 울프 톤(*U*12.499)과 1803년 봉기에서 처형당한 영웅 에멧에 대한 언급으로 이어진다(*U*12.499-50). 에멧의 교수형에 대한 묘사는 3쪽 이상이나 되는 긴 분량을 차지하는 것으로(*U*12.525-678), "아일랜드의 모든 교수형 드라마의 합성물"(Kenner, *Ulysses* 93)이라 할 수 있다. 피어스 등 부활절 봉기의 지도자들은 에멧의 "정치적 후손"(페어홀 178)이라 할 수 있기 때문에, 봉기가 일어난 지 겨우 2년 뒤에 이 에피소드를 쓴 조이스는 아마 더 먼 과거인 1803년의 일 보다는 부활절 봉기를 생각하지 않을 수 없었을 것이다. 그래서 케너도 이 두 봉기를 연결시키며 부활절 봉기에 대한 조이스의 입장은 예이츠의 아버지의 태도와 같았을 것이라는 추측을 한다. 시인의 아버지는 만약 영국이 봉기의 주역들을 살려두었다면 아일랜드는 그들을 "미친 바보들"mad fools로 알고 동정하고 사랑하고 미소를 보냈을 것이라고 말했다고 한다(93). 이어서 케너는 "한 미친 바보[시민]가 주도권을 잡고 있는 어두운 술집은 봉기가 일어나기 12년 전의 아일랜드 애국심의 상태에 대한 제유"(93)라고 함으로써 시민과 부활절 봉기 주동자들, 나아가서는 에멧을 직접적으로 연계시킨다. 이와 관련하여 영국인 교수형 집행인hangman이 더블린의 영국 당국에 보낸 편지에 대해 얘기하는 부분을 살펴 볼 필요가 있다. 그는 그 동안의 경력을 내세우면서 킬마인햄 감옥Kilmainham jail의 교수형을 자신이 맡을 수 있다고 한다(*U*12.419-431). 그런데 이 감옥은 에멧이 수감되어 있다가 교수형을 당한 곳일 뿐만 아니라 공교롭게도 피어스등 1916년 부활절 봉기의 주역들이 처형된 곳이기도 하다는 점에서 집필 당시보다 2년 전의 사건을 암시하고 있다고 할 수 있을 것이다. 한편 이 영국인 교수형 집행인이 아일랜드인을 처형하겠다고 제의하는 편지를 읽은 시민은 그를 가리켜 "야만적인 잔인한

야만인"a barbarous bloody barbarian(*U*12.432)이라며 분노하면서 제국이 식민지인에게 강요하는 "야만인"이라는 정체성을 상대편에게 되돌려주는 데, 이는 부활절 봉기 주역들의 처형 소식을 접한 아일랜드 민족주의자들의 반응을 대변하고 있다고 볼 수 있을 것이다.

시민은 그 동안 언어의 폭력을 보여 왔지만 실제로 '물리적 힘'의 방법을 쓰는 것은 이 에피소드의 끝 부분에서 그가 블룸을 향해 비스킷 통을 던질 때이다. 이 통은 지진을 일으키며 도시를 폐허로 만든다.

> 재판소 인근의 모든 훌륭한 저택들이 파괴되었고 재앙이 일어난 시각에 중요한 법률토론이 진행 중이었던 저 고귀한 건물 자체도 글자 그대로 폐허더미로 변하여 건물 안에 있던 모든 사람들이 더미 밑에 생매장당하지 않았는지 걱정될 지경이었다. (*U*12.1865-69)

더피는 비스킷 통을 던진 후 생긴 지진의 묘사는 부활절 봉기 직후 폐허가 되다시피 한 더블린의 모습을 강하게 암시한다며 그 당시의 더블린 사진까지 제시한다(123). 그 때 영국포함은 리피강으로부터 더블린 시내를 향해 포탄을 발사하여 시내는 거의 폐허가 되다시피 했기 때문이다. 더피는 여기에 몇 가지 흥미로운 자료를 더 제시하며 부활절 봉기와의 관련성에 신빙성을 더 해 주려고 애를 쓴다. 예를 들면, 마틴 커닝햄Martin Cunningham의 신의 축복에 대한 기도와 시민의 "아멘"에 이어 삽입된 종교의식에서 성인들이 행진하는 장면이 나오는데, 그들의 행진 코스가 정확하게 부활절 봉기의 중심지였던 중앙우체국에서 「키클롭스」의 배경이 되고 있는 바니 커난 주점까지라는 점을 주목할 필요가 있다. 공교롭게도 성인들은 "넬슨 기념비, 헨리 가, 메어리 가, 케펄 가, 리틀 브리튼 가"를 찬양하며 지나는데(*U*12.1720-21), 그들이 중간에 거치는 이 지역들은 봉기 당시 영국의 폭격을 가장 심하게 받은 지역이다. 한 가지 예를 더 든다면, 시민이 무기로 사용하는 비스킷 통은 제이콥 앤 제이콥 회사Messrs Jacob agus Jacob (*U*12.1825)에서 나온 것인데 이 회사는 부활절 봉기 당시 봉기군이 점령한 거점 중의 하나였다(더피 123-24). 이러한 세밀한 자료들은 언뜻 사소한 듯 보일 수도 있지만, 「키클롭스」에 반영된 부활절 봉기의 다소 추상적인 흔적에 구체성을 더해준다는 점에서 의미가 있다고 할 수 있을 것이다.

지금까지 살펴보았듯이, 「키클롭스」장에서 조이스가 직접적으로 부활절 봉기를 언급하거나 평가한 부분을 찾을 수 없는 것은 사실이다. 하지만 봉기가 일어난 후 2년 후에 쓰인 이 에피소드에는 이 거사를 암시하는 부분뿐만 아니라 그에 대한 조이스의 태도를 유추해 볼 만한 대목이 많이 보인다는 것은 부인하기 어렵다. 먼저 문예부흥운동과 게일문화운동이 부활절 봉기와 불가분의 관계에 있고 조이스는 이 에피소드에서 이 운동을 풍자하고 있으므로 일단 봉기도 풍자의 대상에 포함된다고 해도 무리는 없을 것이다. 특히 '물리적 힘'에 의한 저항, 더 좁히자면, '피의 희생'의 전통 안에 있는 에멧과 봉기 지도자들을 오버랩시킨 것은 이러한 주장을 더욱 설득력 있게 한다. 더욱이, 에멧이 주도한 봉기는 조이스가 1907년에 쓴 「피니안주의」라는 에세이에서 "어리석은"foolish 것이었다는 평가를 받았고(*CW* 189), 에멧이 순교자로 생을 마감하면서 마지막 남긴 말은 부활절 봉기의 지도자 피어스에 의해서 "아일랜드인이 지금까지 한 말 중 가장 기억할만한 말"로 거의 신성시되었지만(Pearse 70), 「사이렌」Sirens장의 끝부분에서 블룸의 방귀와 혼합되어 제시됨으로써 피어스의 시각이 패러디된다는 점에서 더욱 그러하다(맨가니엘로 145).[6] 또한 시민이 비스킷 통을 던진 후 파괴된 도시에 대한 묘사가 나타나는 것도 주목할 필요가 있다. 실제로 부활절 봉기 때 도시를 폐허화시킨 것은 영국의 포함이었는데 시민이 던진 통이 지진과 관계가 있는 것처럼 암시한 것은 다분히 많은 사상자를 내고 시내를 파괴한 무모한 '힘'에 대한 풍자일 수도 있을 것이기 때문이다. 그것은 조이스가 에멋과 '젊은 아일랜드'Young Ireland 운동가들 등이 일으킨 열정만 앞선 봉기의 성격을 "잠시 그늘을 밝히다 전보다 더 진한 어두움을 남기는 켈트 기질의 섬광" 같은 것으로 평가한 것과 다르지 않다고 할 수 있을 것이다(*CW* 189).

6 에멋의 마지막 말에 대한 조이스의 태도에 대해서는 아직도 논쟁이 진행 중이다. 참고로 놀라(67-68)과 더피(88-89) 등은 조이스의 풍자의 대상이 에멋의 말이 아니었을 것이라는 주장을 펴기도 한다.

4

「태양신의 황소」에서 제국의 위대한 전통 허물기

4

「태양신의 황소」에서 제국의 위대한 전통 허물기

제임스 조이스의 『율리시스』 제14장 「태양신의 황소」Oxen of the Sun 에피소드는 퓨어포이 부인Mrs. Purefoy의 출산이 임박해 있는 국립 산부인과 병원National Maternity Hospital을 배경으로 하여 일어난다. 스티븐과 블룸을 포함해서 의대생들이 토론을 벌이고 있다. 이 에피소드는 태아단계부터 탄생에 이르기까지 태아의 발달과정과 고대부터 19세기 후반에 이르기까지 영국 산문 문체의 발달과정이 평형관계를 이루는 구조로 되어 있다고 알려져 있다. 태아의 발달과정에 대해서는 탄생까지 아홉 단계로 나누어 각 단계가 정확하게 텍스트의 어떤 부분에 해당되는지 연구되기도 했다. 이처럼 영문학의 유기적 발전과 태아 성장의 유사성을 다룬 연구서로는 재너스코Janusko의 『제임스 조이스의 「태양신의 황소」의 출처와 구조』(*Sources and Structures of James Joyce's "Oxen"*, 1959)를 들 수 있다. 또한 고대부터 빅토리아 시대까지의 다양한 작가의 문체를 다루다 보니 난해할 수밖에 없는 이 에피소드를 자세히 읽기close reading를 통해 해독하려는 시도도 또 다른 연구의 방향이었다. 예를 들면, 특히 이해하기 어려운 시작부분과 끝 부분에 대한 연구, 또한 취중 대화의 화자가 누구인지를 찾아내는 연구 등이 있었다. 벤스톡Bernard Benstock의 「태양신의 황소에 대한 암중모색」(Decoding in the Dark in 'Oxen of the Sun', 1991)이 이러한 연구의 범주에 속한다고 할 수 있다.

하지만 영국 산문 문체의 발달사 관련 논의는 피상적으로 보이는 것만큼 단순하지 않다. 왜냐하면 조이스는 대표적인 작가들의 글을 단순히 모방하는데 그치지 않고 다양한 방법으로 변형시켜 제시하고 있기 때문이다. 초기의 많은 비평가들은 조이스가 각 시대의 대표적인 산문들을 연속적으로 병치하여 제시함으로써 영국문학사의 흐름을 보여주고 있다고 보았다. 연구가 축적되어 감에 따라, 조이스의 앤쏠로지anthology를 원문에 대한 패러디로 보는 학자들이 많아졌고 이제 이는 학계의 정설이 되었다고 할 수 있을 정도이다. 물론 「태양신의 황소」와 영국 작가들의 글 사이에 존재하는 상호텍스트성에 대해서는 의문의 여지가 없다. 예를 들면, 헤링Philip Herring은 "조이스가 영문학의 저명작가들을 연대기 순서대로 패러디하고 있다는 것은 명백하다"고 말하고 있다. 그런데 여기서 주목할 점은 헤링이 바로 이어서 조이스가 "명백한 풍자적 악의(혹은 적의?)가 없이"without any apparent satirical malevolence 패러디하고 있다는 말을 덧붙인다는 것이다(30). 이는 헤링

외에도 많은 비평가들이 주장해 왔던 것으로 패러디는 부인할 수 없지만 패러디의 의도가 무엇인지 알 수 없다는 것이다(Bazargan 273). 그렇다면 왜 조이스가 일부러 영국문학 앤쏠로지[선집]의 편집자가 되려고 했을까? 우리가 알기로 조이스는 "문학적인 것이든 다른 것이든 영국적인 전통/관습에 대한 저항"을 보여 왔기 때문이다(O'Connor 107). 필자가 보기에 이 의문에 대한 실마리는 최근에 시작된 조이스에 대한 역사적 · 정치적인 측면의 분석에 의해 제공된다. 조이스의 앤쏠로지를 영국문학사 혹은 영국 산문사와 관련하여 연구한 대표적인 학자인 스푸Robert Spoo는 『율리시스』 제2장 Nestor의 역사론과 이 에피소드에서 보여주는 역사적 관점을 비교 및 대조하고 있다. 더 나아가서, 깁슨Andrew Gibson은 『조이스의 복수』(*Joyce's Revenge: History, Politics, and Aesthetics in Ulysses*, 2005)에서 이 장을 정치적인 시각에서 분석함으로써 패러디의 의도가 부재하다는 비평가들의 생각에 도전하고 있어 주목할 만하다. 그는 앤쏠로지의 정치학이 이 장을 해석하는 데 중요한 주제가 되는 것으로 보고 있다. 즉 그는 그 당시 앤쏠로지가 정치적으로 어떤 의미가 있었는지를 논의하면서 조이스가 이 에피소드에서 제시한 앤쏠로지는 영국인의 주류 앤쏠로지에 저항하는 "반 앤쏠로지" anti-antholoy(173)로 간주한다. 필자도 조이스의 패러디의 의도가 영국의 위대한 문학 전통에 대한 도전이라는 데에 동의하며, 구체적으로 어떻게 교묘하게 조이스가 그러한 전통을 허물고 있는지를 살펴보는 것이 이 연구의 목표이다. 특히 제국주의 시대의 대표적인 문필가이었던 카알라일Thomas Carlyle 및 머콜리Thomas Babington Macaulay의 원문과 이를 모방한 조이스의 글을 비교분석함으로써 조이스의 교묘한 도전을 조명해 보고자 한다. 식민자에 대한 피식민지인의 모방과 관련해서는 호미 바바Homi Bhabha의 모방 이론의 도움을 받게 될 것이다.

「태양신의 황소」에서 조이스는 영국의 위대한 산문작가들의 문체와 어휘 등을 대략 역사적인 순서대로 모방 혹은 패러디한다. 조이스 학자들은 그 동안 조이스가 주로 두 권의 앤쏠로지, 즉 피콕William Peacock이 편집한 『영국 산문: 맨더빌부터 러스킨까지』(*English Prose: from Mandeville to Ruskin*, 1903)와 세인츠베리George Saintsbury가 편집한 『영국 산문 리듬의 역사』(*A History of English Prose Rhythm*, 1912)를 참고해서 자신의 앤쏠로지를 만들었다고 보고 있다(Janusko 93). 이 둘을 포함해서 19세기와 20세기 초 영국의 앤쏠로지는 자주 영국의 장점과 자랑스러운 역사를 찬양하며 애국심을 함양하였다(Spoo, *James Joyce* 139). 퀀트릴Esther Quantrill은 이 시기에 민족적 정체성이 얼마나 문학적 전통과 점점 더 깊은 관련을 맺게 되었는지를 지적한다(215). 또한 앤쏠로지는 당시 세계 곳곳의 식민지에 흩어져 있는 영국인들뿐만 아니라 식민지인들까지를 하나로 통합할 목적으로 씌어졌다. 왜냐하면 앤쏠로지는 "외견상 단일한 전통을 제시해 주었고 다양한 배경과 믿음을 가진 독자들을 겨냥했기 때문이다"(Gibson, *Joyce's Revenge* 174). 1880년부터 1920년 사이의 영국 문화민족주의는 19세기 전반에 두드러졌던 정치적·종교적 분열을 극복하고 문화적 동질성을 확보하기 위한 것이었다. 산문 앤쏠로지는 이데올로기의 전달에 좀 더 효과적이었고 조이스가 사용한 앤쏠로지에는 영국 문화민족주의의 이데올로기적인 형성이 분명하게 드러나 있었다(Gibson, *Joyce's Revenge* 175). 조이스가 「태양신의 황소」에서 보여주고 있는 앤쏠로지도 외견상 이러한 흐름을 따라가고 있는 듯이 보인다. 왜냐하면 영국의 대표적인 작가들의 문체를 자랑하듯이 전시함으로써 그 위대함을 과시하는 듯이 보이기 때문이다.

위대한 문학은 위대한 제국의 표현이었다. 조이스가 특히 많이 참조했던 피콕의 앤쏠로지는 제국의 위용을 보여주는 작품들을 많이 싣고 있다. 깁슨은 이러한 산문들이 "민족주의적이고, 군사주의적이며, 열정적으로 왕정주의적이고, 계급주의에 기반을 둔, 반 민주적인 것"으로 평가한다(*Joyce's Revenge* 175-76). 작품들의 면면을 살펴보았을 때 이러한 평가는 설득력이 있다고 하겠다. 예를 들면, 말로리Sir Thomas Malory의 "Of King Rience"에서 영국의 아더 왕은 11명의 왕을 굴복시켰다면 위협하는 아일랜드 왕을 무시하고 오히려 그가 굴복하지 않으면 처형할 것을 선언함으로써 대영제국의 왕은 여러 왕들 위에 군림하는 통치자임을 암시하는 듯이 보인다(Peacock 8-9). 또한 버크Edmund Burke는 "Nature of England's Hold of her Colonies"에서 영국인 조상들이 "미개한 황무지를 영광스러운 제국으로 변화시켰다"고 함으로써 민족주의적인 자긍심을 심어줄 뿐만 아니라 제국주의를 미화하고 있다(Peacock 236). 나아가서, 영국인들이 "파괴대신 인류의 부, 숫자, 행복을 증진함으로써 유일한 명예로운 정복"(236)을 했다며 제국의 식민지 정책을 정당화하고 있다.

조이스가 군국주의, 민족주의, 제국주의 등에 대해 보인 비판적 태도는 이미 많이 알려져 있다. 그럼에도 불구하고 조이스가 이러한 정신을 고취시키는 듯이 보이는 앤쏠로지의 산문들을 모방한 이유는 무엇일까? 우선 그 날 태어난 퓨어포이 아이는 아일랜드 태생이므로 아일랜드인이 분명하지만 감리교 신자 집안의 영국계라는 사실에 주목할 필요가 있다. 영국 정부는 신생아가 위대한 영국문화를 내재화한 명실상부한 영국인의 후손이 되기를 바란다. 비록 식민지 변방에서 태어났고 거기에서 거주하게 되지만 정신적으로만은 고대부터 카알라일에 이르기까지 발전되어 온 찬란한 영국 산문의 전통을 이어받기를 바라는 것이다. 조이스가 영국의 문필가들의 문체로 영국계 아이의 출생을 서술한 이유는 일차적으로 이러한 제국의 의도를 노정하기 위한 것이 아닐까? 이와 관련하여 아이가 국립 산부인과 병원에서 태어났다는 사실도 주목할 만한 가치가 있다. 그 산부인과 병원은 주로 영국계의 기부금으로 세워졌고 이사장은 항상 영국총독이었기에 영국의 아일랜드 통치와 밀접한 관련이 있다(Harris 376). 이처럼 탄생부터 시작되는 식민지인에 대한 "통제와 억압의 역사"를 나타내는 산부인과 병원에서(Harris 376)의 신생아 출생은 영국계 여부와 상관없이 식민지인에 대한 제국의 철저한 관리를 상징적으로 보여준다. 한편 이 병원이 가난한 분만환자들을 위한 곳이었다는 점을 고려해 보았을 때(Harris 375), 퓨어포이 부모는 전형적인 영국계 아일랜드인과 달리 권력과 돈으로부터 멀찌감치 떨어져 있는 평범한 아일랜드인들이었음을 추측할 수 있다. 뒤에서 자세히 살펴보겠지만 영국 산문 전통에 대한 조이스의 모방이 불완전하다는 것은 그 전통에 대한 이 아이의 내재화 역시 불완전하다는 것을 암시하는 것이고, 나아가서 영국계이면서도 제국에 맞서 저항했던 톤Wolf Tone, 에멧Robert Emmet, 파넬Charles Stewart Parnell등 아일랜드 민족주의자들처럼 그 아이가 영국의 간섭에 대항할 수 있는 식민지인이 될 수 있는 가능성을 열어두는 듯이 보인다. 아이는 영국 고유의 전통과 그 언어가 아니라 그것을 패러디하는 언어를 말하게 될 수 있기 때문이다. 이 날 탄생한 식민지의 아이는 비록 지연적으로는 아일랜드인이지만 형식적으로는 영국이 원하는 대로 바로 영국문화 안으로 편입된다. 가이파Gaipa는 이를 두고 식민지인의 영국인으로의 "귀화"nationalization에 해당한다고 보고, 이러한 위대한 전통 속으로 태어난 신생아에게 "영국문화의 상속자"라는 지위를 부여하지만(202), 이는 다분히 영국 정부의 희망을 반영한 것으로 사실과는 거리가 있다고 할 수 있을 것이다. 아이의 성 "Purefoy"는 어원적으로 "순수한 믿음"pure faith이란 뜻인데 그가 영국의 문화에 대해 철저하게 충성스러운 태도를 취할 것인지에 대해서는 회의적일 수밖에 없다. 왜냐하면 조이스는 패러디 혹은 불완전한 모방을 통해 영국의 위대한 문화의 순종성purity을 훼손하고 있고 그러한 언어로 이 아이의 탄생을 서술하고 있기 때문이다. 앞으로 논의하겠지만, 아일랜드인인 그의 문화는 혼종성hybridity을 특징으로 할 것이고 이는 저항의 요소를 내포하게 될 것이다.

이와 관련하여 조이스가 프랭크 버전Frank Budgen에게 이 에피소드를 설명하여 보낸 편지에 나오는 한 문장에 주목할 필요가 있다. 그는 위대하고 풍요로운 영국의 문학적 전통을 설명한 후에 "How's that for high?"(*L* I 139)라고 묻는다. 깁슨의 주장대로 여기서 조이스는 "high"를 부분적으로는 "high class"의 의미로 사용했을 것이고 아이로니컬한 어조로 말하고 있다고 할 수 있다(*Joyce's Revenge* 166). 피상적으로는 "그야말로 높은 수준 아닌가?"의 의미이겠지만, 이러한 문화적 풍요는 고위층, 지배계층에 속한 것이고 퓨어포이를 포함한 가난한 평민들에게는 해당되지 않는다는 것이 암시되어 있는 듯하다.

공교롭게도 앤쏠로지는 주변인이 주류사회에 진입하기 위해 고급 문화를 받아들이기 위한 통로였다. 크로포드Robert Crawford는 영문학의 제도적 연구는 애초에 식민지인들과 같은 문화적 국외자들이 자신들의 방언으로 인해 받게 되는 사회적 제약들을 극복하기 위해서 필요하게 되었다고 말한다(38). 앤쏠로지는 식민지인들이 문화적인 동질성을 추구하는 데 필요한 도구였을 것이다. 특히 아일랜드에서는 영국인 대접을 받아도 영국에서는 아일랜드인 취급을 받는 영국계 아일랜드인으로서는 영국문화를 완벽하게 받아들이는 것이 절실했을 것이다. 영국계 아일랜드인은 영국인들과 아일랜드인들 사이의 중재자로서 식민자이면서 동시에 피식민지인이고(Wells-Lassagne 451), 또한 "아일랜드의 타자"Irish other로서 "영국인들과 근본적으로 다르기 때문이다"(Wells-Lassagne 452). 제국 편에서도 앤쏠로지는 중요한 수단이었다. 앤쏠로지로 대변되는 영국의 문화를 내재화한 사람은 영국의 가치관을 수용하게 될 것이고, 따라서 앤쏠로지는 대영제국의 지배를 공고히 하는 데 공헌하게 될 것이기 때문이다. 결국 앤쏠로지는 순종적인 식민지인을 형성하고 대영제국 내의 모든 사람들의 단결을 위해 필수적인 것이었다고 볼 수 있을 것이다. 「태양신의 황소」에서 유아의 탄생이 앤쏠로지의 언어로 서술된다는 것은 그가 주변부의 저항을 막으려는 제국의 전략으로부터 자유롭지 않다는 것을 암시하는 것이다.

아이의 부모가 현재 주변인으로서 얼마나 주류에 편입하기를 원하는지는 아이의 이름에서 암시된다. 그의 이름은 "총독부의 징수관이

자 퓨어포이씨의 영향력 있는 팔촌의 이름을 따서 모티머 에드워드로 지어질 것"이었다(*U*14.1334-36). 부모들은 주류의 권력에 가까이 있는 친척의 이름으로 아이의 이름을 지음으로써 그 친척에게 아부하고 그렇게 함으로써 주류에 한 발짝이라도 가까이 가고 싶어 한다. 그것은 보어전쟁의 영웅 이름을 따서 지은 또 다른 아이인 밥시Bobsy의 경우도 마찬가지이다(*U*14.1331-32). 로버츠 경Sir Frederick Sleigh Roberts은 아프가니스탄 등에서 뛰어난 무공을 세웠을 뿐만 아니라 보어전쟁 당시 사령관으로 활약하였다. 그는 식민지인 인도에서 태어났지만 자신을 영국계 아일랜드인으로 간주하였고 제국을 방어하고 확장시키는데 공을 세움으로써 제국의 인정을 받은 사람이었다(Gifford, *Ulysses* 438). 이처럼 아이의 이름에서라도 영국계의 신분을 드러내려 안간힘을 쓴다는 것은 비록 명색은 영국계이지만 현재의 사회적 위치가 낮다는 것을 반증하는 것이고, 또 다른 관점에서 보면 부모는 신생아를 "사회적 신분 이동의 도구"로 사용하고 있다고 할 수 있다(Osteen 236). 어쨌든 퓨어포이 아이는 이름/무늬만 영국계 아일랜드인일뿐 실제는 가난한 식민지인일 뿐이다.

대부분의 식민지인들은 아무리 노력한다 하더라도 제국주의자의 위치를 차지할 수 없다. 그들이 안간힘을 쓰면 쓸수록 영국인들은 그들의 우월성이 침해되지 않도록 "영국인인 것과 영국인화 되는 것 사이의 차이"the difference between being English and being Anglicized를 더 분명하게 보여주려 할 것이기 때문이다(Bhabha 89-90). 그것은 완벽하지 않은 모방으로서 "영국인화 하는 것은 *명백하게* 영국인 인 것과 다르기 때문이다"(Bhabha 87, 이탤릭체는 원문의 강조). 호미 바바는 식민지인의 모방에 대한 이론을 설명하기 위해 식민지 인도의 예를 든다. 머콜리 경Lord Macaulay이 1835년 언급한 이래로 식민지의 영국 행정가들은 인도인들이 영국의 언어, 태도, 예의, 관습 등을 모방하기를 기대하였다. 바바에 의하면, 이러한 제국의 지식은 원주민과 영국인 사이에 있는 교육받은 식민지인, 즉 통역자interpreter를 통해 전달되어야 한다. 이러한 통역자는 "혈통과 피부색"은 원주민이지만 "취향, 의견, 도덕, 지성에 있어서는 영국인"인 혼종적인 계층이었다. 바바는 머콜리 경의 방법에 의해 나다나게 되는 식민지인은 "거의 동일하지만 완전히 같지는 않은"almost the same, but not quite 존재가 되는 것으로 보았다(86). 그렇지 않으면 식민자의 우월성에 대한 이데올로기적인 정당성이 확보되지 않기 때문이다. 결국 식민지인들은 식민자의 요구, 즉 동일하면서도 동일하지 않은 타자가 되어야 하는 요구를 결코 충족시킬 수 없다. 식민지인은 모방을 하지만 그 과정에서 모방의 대상과는 질적으로 다르고 오히려 분열을 시킬 수 있는 "혼종"hybrid이 된다. 또한 식민지인은 식민자의 문화에 대한 나르시즘적인 환상을 가지고 있으면서도 타자로서의 인식에서 오는 저항감, 이러한 상반되는 감정이 역설적으로 병존하는 상태에 있게 될 것이다. 뿐만 아니라 "흉내내는 사람"은 식민자의 문화를 불완전하게 모방함으로써 암암리에 식민주의 담론의 권위에 의문을 제기하게 될 것이다. 결국 "완전히 같지는 않은" 식민지인의 정체성은 제국에 위협적인 요소가 된다. 왜냐하면 제국의 문화를 모방한다는 것은 "조롱과 위협"을 내포하기 때문이다(Ashcroft 125). 특히 중요한 것은 이러한 교육결과 나타나는 식민지인의 글쓰기이다. 흉내내기 혹은 모방의 위협은 가면 뒤에 신성한 정체성을 숨기는 데 있는 것이 아니고 "이중적인 시각"double vision으로부터 오는데, 이 시각이 제국의 권위를 붕괴시키기 때문이다. 이러한 모방에 내재된 "위협은 공공연한 저항에서 온다기 보다는 식민자와 완전히 같지 않은 정체성을 끊임없이 암시하는 방법으로 온다"(Ashcroft 126).

"통역자"의 집단에 속하는 이 "흉내내는 사람"mimic man은 분열된 식민지인으로 자아와 타자, 순종과 저항, 모방과 창조의 경계선상에 서 있다고 할 수 있을 것이다. 「태양신의 황소」에서 조이스는 영국의 문학을 능란하게 흉내 낼 수 있을 정도로 그 내용을 잘 이해하고 있었다. 하지만 그에게는 영국인과 "거의 동일하지만 완전히 같지는 않은" 아일랜드인으로서의 정체성이 있었고 그것은 영국문학과 그것이 지지하는 제국에 대한 도전과 위협이 될 수 있었다. 사실상 조이스는 이 에피소드에서 영국인과 그 문화에 대해서 "되받아쓰기"write back를 하고 있다고 할 수 있다(Gibson, *Joyce's Revenge* 171). 이 날 새로 태어난 영국계 아일랜드인 신생아는 조이스가 모방하여 보여주는 "완전히 같지는 않는" 영국문화를 상속하게 될 것이다.

조이스의 "불완전한" 모방의 잠재적 도전이 어떠한 것인지 알기 위해 먼저 영국 제국주의시대의 대표적인 문필가 카알라일의 문체를 모방한 부분(*U*14.1391-1439)을 비교적 상세히 살펴보기로 하자. 조이스는 피콕이 편집한 앤쏠로지에서 카알라일의 많은 단어들을 차용하여 사용하고 있다. 앤쏠로지에서 카알라일은 제국의 현자 혹은 예언자에 어울리는 권위 있는 어조로 노동의 신성함을 설교한다. 하지만 「태양신의 황소」에서 들리는 그의 목소리는 제국의 위대함을 반영하는 어조와는 거리가 있다. 비록 조이스가 카알라일의 단어를 많이 가져왔지만 동일한 단어들이 동일한 어조를 만들어내지는 않는다. 다른 맥락에서 사용되고 있을 뿐만 아니라 거기에 새로운 단어들이 더해졌기 때문이다. 예를 들면, 두 텍스트 모두에서 가족을 위하여 "열심히 일하라"toil on는 것은 단어와 내용까지 동일하다. 하지만 카알라일은 "헤라클레스처럼 일하라"work at it, like a Hercules!(335)고 하는데 조이스는 "꼭 쇠사슬에 메인 개처럼 일하라"labour like a very bandog (*U*14.1414-15)고 함으로써 신화 속의 영웅 대신 개를 비유의 대상으로 삼고 있다. 물론 카알라일도 가족부양은 피할 수 없는 의무로서 땀을 흘려야 하기 때문에 자유가 없음을 말하고 있지만(333), 다른 단어를 선택함으로써 고상한 어조를 유지하고 있는 것이다.

같은 단어를 사용하더라도 그 단어가 가리키는 것이 동일하지는 않다. 카알라일의 경우 좀 더 추상적이고 고귀하며 이상적인 것을 가리키는데 반해 조이스는 그것을 구체적이고 현실적인 것으로 끌어내린다.

> 노동은 생명이다: 노동자의 가장 깊숙한 곳으로부터 신이 주신 힘이 솟아오른다. 그 힘은 전능하신 신이 그에게 불어넣어주신 성스러운 천상의 생명-정수精髓이다. 그의 가장 깊숙한 곳으로부터 그는 모든 고귀함에 눈을 뜨게 된다. 모든 지식, 자아인식 그리고 그 밖의 많은 것에 눈을 뜨게 된다 . . . 지식? 노동할 때 효력을 갖게 될 지식, 그것에 매달리라. (Peacock 336)

여기서 카알라일은 노동자가 노동할 때 받게 되는 신적인 능력을 "성스러운 천상의 생명-정수"the sacred celestial Life-essence라고 하고 있다. 노동이 타락한 인간을 정화시키는 능력을 지니고 있다고 믿는 카알라일은 "노동에는 영원한 고귀함 심지어는 성스러움이 있다"고 말한다(Peacock 189). 이에 반해 조이스는 "비이슬의 습기"raindew moisture를 "천상의 생명 정수"life essence celestial(*U*14.1407)라고 함으로써 성스러운 것을 자연현상으로 전락시킨다. 마찬가지로, 카알라일은 지식에 매달리라고 한 반면, 조이스는 퓨어포이에게 자신의 아내에게 매달리라Cleave to her!(*U*14.1414)고 함으로써 추상적인 지식을 구체적인 인간으로 대체한다. 성스러운 지식과 달리 아내는 "빨간색의, 설익은, 피가 흐르는 소고기 스테이크"(*U*14.1424)로 보신해야 하는 연약한 산모이다. 그녀는 또한 "온갖 질병의 복마전"pandemonium of ills(*U*14.1425) 같은 부실한 몸을 하고 있다.

여기서 조이스가 "아내를 섬기라"Serve!(*U*14.1414)는 말을 덧붙이고 있다는 점을 주목할 필요가 있다. 이렇게 함으로써 조이스는 카알라일의 사상에 반기를 들고 있다고 볼 수도 있기 때문이다. 카알라일은 남녀의 본질적 차이를 강조하면서 남자는 가정의 주인으로서 명령을 내리고 여자는 순종하도록 태어났다고 믿기 때문이다(Hall 175). 바로 앞에 나온 "그녀에게 매달리라"는 것도 여성의 주변성을 문제 삼는 것이지만, 뒤에 "나이든 가부장이여 그녀에게 (매달리라)"To her, old patriarch! (*U*14. 1438-39)고 하는 것은 더 분명하게 가부장제에 대한 화자의 도전을 보여준다고 할 수 있다. 따지고 보면 카알라일이 주로 남성적인 노동labor을 찬양하는데 비해 조이스는 다산, 나아가서는 퓨어포이 부인의 산고labor를 찬양하는 것도 이런 맥락에서 눈여겨볼 필요가 있다. 카알라일은 노동으로 거칠어지고 더러워진 손과 얼굴, 그리고 그 소유자인 남성 노동자를 찬양한다(333). 조이스의 경우에 물론 많은 아이들의 아버지가 된 퓨어포이의 "용감한 행동"(*U*14.1410)을 칭찬하고 있지만 실제로 육체적인 고통을 겪고 그로인해 온갖 육체적인 병을 영광의 상처인양 안고 있는 여성을 부각시키고 있기 때문이다.[1] 이런 맥락에서 앞에서 출산에 성공한 아내를 두고 "용감한 여자가 씩씩하게 협조했다"(*U*14.1312)고 하는 표현은 주목할 만하다. 여자에게 "씩씩하게"manfully라는 단어를 적용시킴으로써 남성과 여성의 경계를 무너뜨리면서 남성의 전통적/제국주의적 권위를 약화시키고 있기 때문이다.

카알라일은 "제국주의에 대한 강한 지지자"이었고, 영국민을 "선택된 백성"으로 간주하였다(Schapiro 106). 또한 영국이 우월한 인종과 민족으로서 열등한 인종들을 다스리는 것은 당연한 것으로 보았다(Schapiro 106-7). 아일랜드인들도 예외가 아니어서 카알라일에게 이웃 식민지인들은 "타락하고 혼란스러우며 . . . 질서가 없고, 무분별하고, 폭력적이고, 부정직한"(Schapiro 106 재인용) 민족이었다. 그는 개인간, 인종간의 불평등을 믿었기 때문에 유색인종을 열등하게 보고 영웅을 신과 같은 존재로 찬양하였으며(Schapiro 101), 평민을 경멸하였다. 카알라일만큼 평민을 멸시하고 상류층을 찬미한 사람은 거의 없었다고

---

1 조이스는 17회의 임신과 과도한 출산 때문에 45세의 나이에 세상을 하직한 어미니를 목격하였기 때문에 이 부분에서 지나치게 많은 출산에 대한 그의 잠재된 부정적인 시각을 숨기지 못하고 있는 듯이 보인다(Lowe-Evans 26, *L* II 48). 이데올로기적으로는 다산을 축복이라고 주장하면서도 잠재의식적으로는 유보적인 태도를 취하는 있다고 볼 수 있는 이유이다.

할 지경이었다(Schapiro 102). 그런데 흥미롭게도 조이스는 카알라일을 패러디하면서 그가 멸시한 평민이며 그가 통치대상으로 간주한 식민지인 퓨어포이를 찬양하고 있는 것이다. 조이스가 참고로 한 앤쏠로지에서 카알라일은 콜럼버스를 "나의 영웅"으로 찬양하고 있는데(338), 원주민/식민지인의 입장에서 보면 콜럼버스는 제국주의자이며 정복자에 불과하다. 카알라일은 "위대한 인간" 콜럼버스가 "정복자로서" 거의 불가능한 일을 해냈다는 것을 기드온에 비유해 설명하고 있다(Peacock 337-38). 이스라엘의 지도자 기드온은 밤에 내리는 이슬을 표징으로 삼되 양털 뭉치를 타작마당에 두고 양털에만 이슬이 있게 해 달라는 요구를 했고 신이 그 기도를 들어 주었다. 그것은 기드온을 통해 이스라엘을 구원하겠다는 신의 징표였다. 조이스는 기드온/콜럼버스라는 영웅의 자리에 소시민/식민지인 퓨어포이를 대체시킨다.

> 집에서는 푸주한의 청구서에, 직장인 은행에서는 (그대의 것이 아닌) 주형鑄型에 눌려, 그대의 무거운 짐 아래에서 고개를 숙이고 있는가? 고개를 들라! 그대는 각각의 새 아이에 대해서 익은 곡식을 거두게 될 것이다. 보라, 그대의 양털이 이슬에 젖었도다. (*U*14.1416-19)

기드온의 양털과 마찬가지로 퓨어포이의 양털이 이슬에 젖었다는 것은 그가 신의 축복을 받을 것이라는 뜻이다. 각각의 새 아이가 곡식을 가져다 줄 것이라는 생각은 그 당시 영국에 서 널리 알려져 있던 맬서스Thomas Robert Malthus의 이론에 반대되는 것이다. 맬서스에 의하면, 인구는 기하급수적으로 증가하나 식량은 산술급수적으로 증가하므로 인구와 식량 사이의 불균형이 필연적으로 발생할 수밖에 없으며, 여기에서 기근·빈곤·악덕이 발생한다. 맬서스는 식량 공급이 인구 성장을 따라잡을 수 없기 때문에 인구의 증가를 가난으로 억제하지 않으면 안된다고 보고 임금을 최저생계수준으로 하향조정해야 한다고 주장했다(Stein 206). 퓨어포이의 경제적 현실은 맬서스의 이러한 예언으로부터 크게 벗어나지 않는다. 딸린 식구가 많은 그는 "푸주한의 청구서" 등으로 경제적 어려움에 시달리고 있기 때문이다. 그러나 중요한 것은 조이스가 맬서스의 이론에 맞서 퓨어포이가 구원을 받을 것이라고 예언한다는 것이다. 심지어 "맬서스주의자들은 뒈져야 한다"(*U*14.1415)고 외치기까지 하는데, 이것 또한 카알라일에 맞서는 목소리라 하지 않을 수 없다. 왜냐하면 맬서스의 시각을 카알라일은 "어두운"dismal 것으로 보았지만 그렇다고 그 진단이 부정확하다고 생각한 것은 아니었기 때문이다(Stein 206).

조이스가 맬서스의 이론에 정면으로 맞서는 것은 영국에 맞서는 것에 다름 아니다. 영국인들 쪽에서 보았을 때 아일랜드인들the Irish Catholic은 매우 일찍 결혼해서 신속하게 아이를 많이 낳는 관습을 지니고 있기 때문에 인구가 증가하였다고 보았고 그것이 "아일랜드 문제"였다(Gibson, *Joyce's Revenge* 152-53).[2] 빈곤의 탓을 제국의 경제적 착취 대신 인구의 과잉에 돌리는 것이다. "문명인" 영국인의 시각에서 보았을 때 아일랜드인들은 산아제한에 있어서 절제가 결여된 "야만

2 톰슨William J Thompson 의하면, 1852년 감자 기근 이후 시행한 첫 번째 인구조사에서 아일랜드 인구는 약 20 퍼센트 감소하였고 이후 조사에서도 지속저으로 감소를 나타내었지만 출생률은 영국과 달리 꾸준히 증가하였다(481, 483).

인"이었다. 또한 영국계 개신교 인구 대비 아일랜드 가톨릭 인구의 증가는 영국에 위협이 되었다(Gibson, *Joyce's Revenge* 154). 따라서 맬서스의 이론은 결국 영국의 입장을 대변하는 것이었다고 할 수 있다. 반면에 조이스는 감자 기근 이후로 급격히 진행된 인구감소에 대해 좌절감을 나타내었다. 그는 「법정의 아일랜드」Ireland at the Bar에서 영국의 지배이후 아일랜드 인구가 8백만에서 4백만으로 감소한 것에 대해서 불평했고(*OCPW* 146), 유사한 심정을 「자치 성년이 되다」Home Rule Comes of Age에서도 토로하고 있다(*OCPW* 144). 이러한 조이스의 입장은 「키클롭스」장에서 인구감소에 대한 시민의 통렬한 비난을 통해 강조된다. 그는 "4백만 대신에 오늘날 여기에 있어야 할 사라진 2천만 아일랜드인들은 도대체 어디에 있는가? 사라진 종족"이라며 울분을 토한다(*U*12.1240-41). 「태양신의 황소」도 아일랜드의 다산을 장려하는 단락으로 시작한다. 서술자는 두 번째 단락에서 "인구감소의 위협"diminution's menace에 대한 경고를 하면서 "지속적인 인구증가"proliferant continuance를 민족의 번영과 직접적으로 연결시킨다(*U*14.16; *U*14.19). 특히 조이스가 이 에피소드에서 제국의 담론에 저항하여 "다산"을 번영과 연결시키고 있는 것을 주목할 필요가 있다.

> 조안과 함께 살고 있는 다비를 부러워하는가? 자식이라곤 버릇없는 어치와 점막 눈병에 걸린 잡종 개뿐이야. 정말 바보 같으니라고! 그는 기력이나 스태미나가 없고 아무 짝에도 쓸모없는 노새, 죽은 연체동물이야. 번식 없는 생식! (*U*14.1419-22)

50여 년 동안의 결혼생활 동안 자식이 없는 다비와 조안 부부는 다산의 퓨어포이 부부와 대조된다. 또한 이 발라드가 실제의 영국인 부부를 모델로 만들어졌다는 점에서(Cryer 71), 다비 부부는 영국을, 퓨어포이는 아일랜드를 넌지시 가리킨다고 해도 지나치지는 않을 것이다. 맬서스가 인구 증가의 문제에 대한 해결책으로 금욕을 주장했다는 점에서 보았을 때(Stein 206), "번식없는 생식"을 실천하고 있는 이성적인 쪽은 영국이고 통제되지 않는 쪽은 아일랜드라 할 수 있을 것이다. 이런 맥락에서 다산의 퓨어포이 부인은 이성적이지 않은 "불합리의 여신"goddess of unreason (*U*15.4692)이 되는지 모른다. 하지만 조이스는 카알라일의 목소리를 빌어 그가 지지하는 제국을 "바보"와 "노새"와 "죽은 연체동물" 등으로 마음껏 조롱하고 있다.

제국에 대한 모방과 조롱은 머콜리에 대한 패러디에서도 분명하게 보인다. 그의 에세이 "Warren Hastings"에서 발췌한 부분은 재판이 열렸던 곳과 그 재판에 참여한 인사들을 열거하고 있다. 조이스가 아마 세인츠베리나 트레블Treble이 편집한 앤쏠로지에서 인용한 듯하다.

> 위대한, 자유로운, 문명화된, 번영하고 있는 제국의 방방곳곳에서 우아함과 여성적 사랑스러움, 위트와 지식, 모든 학문과 모든 예술의 대표자들이 함께 모였다. . . . 위대한 왕들의 사신들과 식민지들에서 온 사신들은 이 세상의 어떤 다른 나라도 보여줄 수 없는 장면을 감탄하며 응시하고 있었다. (Treble 368)

대영제국은 "위대하고", "문명화되었으며", 부유할 뿐만 아니라, 그 어느 나라도 할 수 없는 일을 성취한다. 이 부분은 곧 제국에 대한 찬양이라 하지 않을 수 없다. 또한 깁슨도 지적하듯이, 이 부분은 대영제국의 중심인물들에 대한 찬양으로 볼 수 있을 것이다(177). 조이스는 머콜리의 문체와 내용을 어느 정도 모방하여 동일성을 보이면서도 타자성을 드러낸다.

> 장소도 인사들도 위엄에 있어서 부족함이 없었다. 토론자들은 그 나라에서 제일 명민했고 그들이 다룬 주제는 가장 고상했고 가장 중대한 것이었다. 혼 저택의 높은 홀은 그처럼 대표적이고 그처럼 다양한 인사들의 모임을 본적이 없었고 그 집의 오래된 서까래는 그처럼 박학다식한 언어에 귀기울여본 적이 없었다. 그것은 참으로 장관壯觀이었다. 크로터스는 테이블 다리 옆에 앉아 있었다 . . . . (*U*14.1199-1204)

둘의 본질적인 차이는 찬양의 대상에 있다. 머콜리의 경우, 제국이 찬사와 찬양의 중심이다. 사실상 거기에 모인 인사들도 찬사를 받고 있지만 그들의 우수함과 훌륭함은 제국의 위대함의 반영일 뿐이다. 그러나 조이스가 모방한 글에서는 이 제국이 제거된다. 또한 머콜리와 마찬가지로 모여든 인사들이 대단하다고 칭찬하고 있지만, 거기 모인 사람들의 면면을 보면 결코 그렇지 않다는 것을 알게 된다. 예를 들면, 린치Lynch의 "얼굴은 이른 나이의 타락과 조숙한 지혜의 표적"을 이미 보이고 있다(*U*14.206-7). 뿐만 아니라 "괴짜"(*U*14.1208) 의대생 코스텔로Costello, 배논Bannon 등 모두가 영국 상류층의 제국주의자들과는 거리가 먼 아일랜드의 젊은이들이다. 조이스는 원문에서 보이는 위엄 있는 인사들의 근엄한 재판 장면 대신에 단점과 실수투성이인 젊은이들의 시끄러운 토론장을 보여줌으로써 제국의 위엄을 비웃고 있는 듯이 보인다. 혹은 제국의 권위를 붕괴시키는 듯이 보인다.

바바가 암시하듯이, 식민주의적 담론은 "거의 같지만, 완전히 같지는 않은 . . . 교정된, 승인할 수 있는 타자"를 증식시키고 싶어 한다(86). 흉내내기를 통해서 새로 교육받은 엘리트들은 동일성도 차이성도 부여받지 못하는 양의성兩義性, ambivalence의 영역에서 존재하게 된다. 식민지인은 모방 혹은 패러디를 하지만 이 과정에서 모방의 대상과 질적으로 다르고 위협적이기까지 한 혼종hybrid이 된다. 식민지에 문화적 동질성을 확산시키기 위해 제작된 앤쏠로지는 식민주의 담론을 가리킨다고 할 수 있는데, 조이스가 패러디해서 보여주는 앤쏠로지는 동질성 대신 혼종성을 담보한다고 할 수 있다. 영국 산문의 위대한 전통을 허물고 있을 뿐만 아니라 영국 문호의 문체에 식민지 아일랜드의 내용을 혼합함으로써 문화의 혈통적 순수성을 저해하고 있다. 이러한 현상이 극단적으로 나타나 있는 부분이 「태양신의 황소」의 마지막 열 개 정도의 단락일 것이다. 그 동안 이어지던 영국의 대표적인 문필가들의 위대한 문체의 흐름이 갑자기 미국인 부흥사의 언어를 포함한 "방언과 속어의 파편들로 붕괴된다"(Gifford, *Ulysses* 441). 조이스 자신은 이 언어를 "피진 영어, 흑인 영어, 런던 사투리, 아일랜드어, 뉴욕(바우어리 지역) 속어, 엉터리 시로 이루어진 소름끼치는 뒤범벅"이라고 쓴 바 있다(*L* I 138-39). 여기서 "뒤범벅"jumble이라는 단어에는 "혼란(상대)"나 "동요"의 의미도 함축되어 있다. 식민주의 담론은 앤쏠로지를 통해 모두가 동질적인 언어를 사용하기를 희망했지만 그와 반대로 혼합된 언어들이 위협적으로 나타난 것이다. 그것은 흉내 내기가 내포하고 있는 위협적인 요소를 보여준 것이라 볼 수 있다. 조이스는 억압되어 온 주변Periphery이 권력의 중심Center 안에 비밀리에 존재할 수 있음을 보여주고 있는 것이다(Gaipa 205). 통합된 영국 문학 전통과 표준화된 영어는 영국인의 민족주의적 자긍심이었을 것이다. 그런데 이 마지막 부분은 그 동안 억눌려온 소외된 주변부의 존재를 드러내는 것이다. 이러한 위협은 카알라일 문체 부분에서 그들의 목적지가 덴질 거리Denzille Street에 있는 버크Burke's 술집이라는 데에서도 암시되어 있다(*U*14.1399). 덴질거리가 이제 피니언 거리Fenian Street로 불리는 것에서도 알 수 있듯이 이곳은 과격한 민족주의 단체인 피니언 단원들이 많이 살고 있는 거리였다. 그들이 민족을 배신한 대가로 영국총독부Dublin Castle에서 고위직을 차지하고 있던 버크Thomas Henry Burke를 암살 대상으로 지목하고 결국 피닉스 공원Phoenix Park에서 행동에 옮겼다는 점에서 보았을 때(Gifford, *Ulysses* 94), 일행이 같은 이름의 주점으로 향하는 것은 주목할 만한 가치가 있다. 또한 소란스러운 거리에서 누군가가 "덴질 거리의 아이들"Denzille lane boys이라고 하는데 이 표현은 버크를 암살한 당사자들인 피니언단의 분파인 무적대Invincibles를 가리킨다. 이런 점에서 이 에피소드의 마지막 부분은 주변화된 식민지인들이 잠재적인 위협적 존재임을 암시하고 있다고 할 수 있을 것이다.

결국 조이스는 영국 문학사의 "위대한" 작가들을 모방하는 듯하면서도 은근히 "되받아 쓰기"를 통해 제국에 저항한다. 조이스는 또한 영국의 작가들을 흉내 내면서 교묘하게 아일랜드 적인 요소를 삽입함으로써 "위대한" 문체를 왜곡시킨다. 마치 트로이의 목마처럼 적진에 들어가 적을 공격하는 것이다. 깁슨은 더글러스 하이드Douglas Hyde의 유명한 표현을 빌어 조이스가 단순한 모방을 넘어 사실상 "영국적인 것의 아일랜드화"Irishisation of things English를 시도하고 있다고 말할 정도이다(*Joyce's Revenge* 179). "흉내내는 사람" 조이스는 제국주의자의 문화를 불완전하게 모방함으로써 식민주의 담론의 권위를 문제시 한다. 이러한 모방은 제국과 식민지인의 관계를 애매하게 만들고 제국의 정체성과 권위를 약화시킬 것이다. 제국은 위대한 문체의 모방을 통해 품위 있는 상류사회의 문화를 이어받은 순종적인 식민지인이 나오기를 기대하지만, 이 에피소드의 마지막 부분이 단적으로 보여주듯이 저항적이고 위협적인 주변부 문화의 분출을 막을 수 없다. 오늘 태어난 영국계 아일랜드인 퓨어포이의 아이도 앤쏠로지의 교육을 통해 위대한 문체를 교육받겠지만 그 안에 있는 아일랜드적인 요소가 그를 영국인과 완전히 같게 하지는 않을 것이다.

5

조이스에게 있어서 민족/민족어와 영어

5

조이스에게 있어서 민족/민족어와 영어

민족주의와 언어적 순수주의linguistic purism 사이에는 밀접한 관계가 있다. 둘 다 민족의 단일성을 해치는 요소들을 제거하거나 최소화함으로써 순수하게 민족적인 것만을 인정하려고 한다. 따라서 민족주의적 의식이 고양된 시기에는 그 나라에서 사용되고 있는 언어들을 최대한 차별화 하려는 경향이 있다(Thomas 136). 그것은 아일랜드의 경우에도 예외가 아니었지만 아일랜드의 민족주의는 독특한 상황에서 시작되었음을 인식할 필요가 있다. 다른 유럽 국가들이 민족을 하나로 묶어주는 민족어national language가 이미 존재하는 상태에서 민족주의 운동을 전개해 나간데 반해 아일랜드의 민족주의는 이 운동에 참여한 중산층 사람들에게 있어서 그러한 언어가 거의 소멸되어 가는 시점에서 시작된 것이다. 게일어 혹은 아일랜드어가 사라지게 된 가장 큰 원인 중의 하나는 1840년대에 있었던 대 기근The Great Hunger이었는데, 그것은 이 기근의 희생자들이 주로 게일어 사용자들이었기 때문이다(Kiberd 21). 이 재난이 일어나기 전에는 아일랜드인들 중 절반가량이 게일어를 말할 수 있었으나 19세기 말에는 단지 15 퍼센트만이 게일어를 말할 수 있었고 그것도 읽고 쓸 수 있는 사람은 거의 없을 정도였다(Cahalan 113). 19세기 중반에 유럽의 민족주의 운동을 모델로 '젊은 아일랜드'Young Ireland 운동을 주도한 데이비스Thomas Davis는 민족어의 상실이 민속주의 운동에 얼마나 큰 문제가 되는지를 다음과 같이 말하고 있다:

> 그런 민족에게 다른 언어를 쓰게 하는 것은 그들의 역사를 번역의 우연accidents 속에 떠돌게 하는 것이다 – 그것은 모든 땅으로부터 그들의 정체성을 뜯어내는 것이고 – 그것은 아름답고 암시적인 이름을 임의적인 기호로 대체하는 것이며 – 그것은 감정의 상속을 단절시켜 사람들을 조상들로부터 멀리 분리시키는 것이며 – 그것은 그들의 . . . 표현력을 감소시키는 것이다. (Davis 304)

다른 나라의 언어를 사용한다는 것은 망명의 삶을 산다는 것이고 조상 대대로 내려오는 민족적 정체성을 잃는 것이며 번역의 삶을 사는 저주를 받게 되는 것이라는 주장이다. 그러나 사실상 데이비스를 비롯한 '젊은 아일랜드' 운동가들은 주로 영어로 교육을 받고 자랐기 때문에 강제로 포기해야 할 조상의 언어라는 것이 애초부터 없는 실정이었다.

1893년에 게일 동맹the Gaelic League을 창설하고 초대 회장이 된 하이드Douglas Hyde는 영국문화의 아일랜드 침투에 대한 '젊은 아일랜드' 운동원들의 공격을 이어받아 게일어의 부활을 강력히 주창한 사람이었다. 그는 아일랜드의 내부적 분열상황을 언어적 해법으로 해결하려 하였다. 개신교도이었던 그는 가톨릭교 대신에 게일어를 "아일랜드인인지 아닌지를 구별해주는 시니피앙"으로 삼으려 하였다고 볼 수 있다(Schwarze 20). 그는 「아일랜드의 탈영국화에 대한 필요성」The Necessity for De-Anglicising Ireland이라는 유명한 논문에서 아일랜드가 영국문화에 의해서 얼마나 오염되었는지를 예를 들어 열거하고 아일랜드인들이 '위대한 민족어'인 게일어라는 언어적 장벽 뒤에 단결함으로써 이러한 문화적 침투를 막고 아일랜드 민족을 순수하게 만들 수 있다고 주장했다. 다시 말해서, 그에게는 게일어를 부활시키는 것만이 아일랜드를 탈영국화하는 유일한 방법이었다. 그가 출판해낸 아일랜드 시와 민간설화 선집은 아일랜드 문예 부흥 운동Irish Literary Revival을 주도하는 사람들에게도 영향을 미쳤다.[1] 그리고 이 운동도 예술을 통해 아일랜드에서 '동질성'homogeneity을 형성하고자 하는데 목표를 두고 있었다고 해도 무리는 없을 것이다(Schwarze 21).

이러한 시대적 상황에서 조이스가 문화 및 언어에 대해서 어떤 태도를 취했는지를 살펴보는 것은 중요할 것이다. 물론 조이스가 게일어, 켈트문화, 그리고 민족주의 운동에 대해서 어떤 시각을 가지고 있

1 한편 문예부흥 운동에 참여한 문인들은 게일어의 부활자체를 무시하지는 않았지만, 그것만이 유일한 해결책이라는 데에는 반대했다. 대표적인 문인이 예이츠W. B. Yeats인데 그는 하이드에게 보낸 편지에서 "언어는 영어지만 정신은 아일랜드적인, 민족적 전통, 민족적 문학"을 세울 수 있지 않느냐고 반문하고 있다(*Uncollected Prose* 1. 255).

었는지에 대해서 그동안 많은 논의가 있어 왔다.[2] 그리고 그가 파넬Parnell 사후에 세워진 '민족주의적인' 두 단체, 즉 게일연맹과 아일랜드 문예극장Irish Literary Theatre에 대해 보인 반감 때문에 그가 게일어에 대해서 부정적인 시각을 가지고 있는 것으로 단정적으로 받아들여져 왔다. 왜냐하면 그는 피어스Padraic Pearse로부터 게일어를 배우고 있었는데 피어스의 언어적 국수주의에 대한 반감으로 이 언어수업을 그만 두었을 뿐만 아니라, 아일랜드 문예극장이 게일어로 된 희곡과 켈트 문화의 영웅적 전설을 토대로 하여 쓴 예이츠W. B. Yeats의 희곡을 무대에 올린다고 발표하자 「소동의 날」The Day of Rabblement이라는 글을 써서 항의하였기 때문이다. 그러나 게일어와 민족주의에 대한 조이스의 태도는 피상적으로 보이듯이 그렇게 단순하지 않다. 아일랜드와 아일랜드적인 것에 대한 조이스의 애매모호한 태도와 민족주의에 대한 그의 복합적인 관계는 최근에 많은 연구의 초점이 되었다. 그렇기 때문에 유럽인으로서의 조이스(모더니스트로서의 조이스)와 아일랜드 민족주의자로서의 조이스는 서로 상반되는 시각이면서도 공존하

2 맨가니엘로Dominic Manganiello는 『조이스의 정치학』(*Joyce's Politics,* 1980)이라는 연구서에서 조이스가 정치에 어떤 관심을 보였고 그것이 또 작품에 어떻게 반영되어 있는지를 보여줌으로써 조이스를 '비정치적인' 예술가로 분류해 오던 관행에 제동을 걸었다. 이후에 조이스를 아일랜드인으로서, 정치적 작가로서, 그리고 민족적 정체성 문제에 관심을 가진 작가로서 그를 조명하고자 하는 연구들이 나왔다. 특히 쳉Vincent Cheng은 『조이스, 인종, 제국』(*Joyce, Race and Empire,* 1995)에서 인종차별 및 제국주의에 대한 조이스의 비판적 시각을 다룸으로써 탈식민주의적 담론의 수부대에 조이스를 등상시키는 데에 공헌했다. 한편 놀란Emer Nolan같은 비평가는 『제임스 조이스와 민족주의』(*James Joyce and Nationalism,* 1995)에서 약간 극단적으로 조이스가 좀더 과격한 민족주의 운동에 동조했을 것이라는 주장을 펴기도 했다.

고 있는 것이 사실이다.[3] 본 논문은 조이스의 에세이와 소설 작품들 등을 통해서 그가 두 언어에 대해서 보이는 복합적인 시각을 민족주의적 운동이 확산되던 시대적 상황과 관련하여 살펴보고 그것의 예술적 의미를 찾아보고자 한다.

그 당시 민족주의 운동의 목표는 궁극적으로 아일랜드에서 문화적 동질성을 이루어내는 것이었다. 그들은 식민화된 문화는 원래의 민족적 본질이 오염된 것으로서 그러한 본질을 회복시키는 것이 문화의 건전한 발전에 필수불가결한 것으로 보았다. 그리고 정통한 문화의 결핍은 민족의 죽음이고 그러한 문화를 소생시키는 것이 민족을 부활시키는 것으로 생각했다. 그러나 이러한 배타적 동질성에 대한 주장은 조이스가 보기에 비현실적일 뿐만 아니라 영국과 로마 가톨릭의 제국주의적 주장과 다를 바 없었다.[4] 조이스는 「아일랜드, 성인들과 현인들의 섬」(Ireland, Island of Saints and Sages, 1907)이라는 에세이에서 이러한 시대적 이데올로기에 직설적으로 의문을 제기하고 있다:

> 우리의 문화는 가장 다양한 문화가 뒤섞여 있는 거대한 피륙fabric. . .이다. 그런 피륙에서 이웃하고 있는 실의 영향을 받지

---

3 예를 들면, 앞서 언급한 놀란Emer Nolan 뿐만 아니라 더피Enda Duffy는 *The Subaltern* Ulysses(1994)에서, 타이모츠코Maria Tymoczko는 *The Irish* Ulysses에서 아일랜드인으로서의 조이스를 강조하는 반면에, 러눗Geert Lernout은 *The French Joyce*(1990)에서, 로브너Corinna del Greco Lobner는 *James Joyce's Italian Connection: The Poetics of the Word*(1989)에서 유럽적인 조이스를 조명한다.

4 조이스에게 아일랜드의 배타적 민족주의가 제국주의와 유사하게 보였을 것이라는 주장은 딘Seamus Deane("Joyce the Irishman" 35), 쉬와즈Schwarze(22), 카이버드Kiberd(333) 등이 하고 있다. 또한 이와 관련된 논의는 로이드(David Lloyd, 112)를 볼 것.

> 않고 순수하고 순결하게 남아 있는 실을 찾는 것은 소용없는 짓이다. 오늘날 어떤 인종, 어떤 언어가 순종임을 자랑할 수 있겠는가? 그리고 지금 아일랜드에 살고 있는 인종보다 이런 자랑을 더 할 수 없는 인종이 어디에 있겠는가 . . . . (*CW* 165-66)

그가 아일랜드의 문화를 "거대한 피륙"에 비유한 것은 흥미롭다. 다양한 실로 짜여진 피륙에서 동질성만을 중요시하여 이질적인 낱개의 실을 하나씩 빼내어 버린다면 피륙은 풀어져서 해체되어 버릴 것이기 때문이다. 따라서 현재의 다양성, 혹은 혼종성hybridity을 그대로 두고 인정해야만 한다는 것이고, 이것은 곧 민족주의자들이 주장하는 언어와 인종의 정화purification가 비현실적이라는 것을 말하는 것에 다름 아니다.

이러한 조이스의 주장은 같은 에세이에서 그가 하고 있는 다음과 같은 말을 보면 더 분명해진다.

> . . . 현재의 민족에서 외국 가문의 혈통을 물려받은 모든 사람들을 제외시킨다는 것은 불가능할 것이고 아일랜드 혈통이 아닌 모든 사람들에게 애국자의 이름을 부인하는 것은 근대 민족운동의 거의 모든 영웅들에게 그것을 부인하는 것이 될 것이다. . . 지금까지 아일랜드인들을 이끌었던 지도자들 중에서 아마 가장 대단한 사람이라고 할 수 있는 파넬Charles Stewart Parnell의 혈관에는 켈트족의 피가 한 방울도 들어있지 않다. (*CW* 161-62)

조이스가 아일랜드의 독립을 위해 싸웠던 정치적 민족주의자인 파넬조차도 혈통적으로 따지면 소위 '순종' 아일랜드인이 될 수 없다고 하는 것은 문화 민족주의자들이 주장하는 순종으로의 복귀가 현실적으로 실현 불가능한 것임을 말하는 것이라고 할 수 있다.

그리고 그는 『율리시스』의 「키클롭스」Cyclops 장에서 블룸Bloom을 통해 이러한 민족의 개념에 의문을 던지고 있다. 그의 유대인 혈통을 문제 삼아 민족이 무엇을 의미하는지 아느냐고 질문하자 블룸은 "같은 장소에서 살고 있는 사람들"이라고 대답하여 비웃음을 사지만, 한 발 더 나아가 자신은 아일랜드에서 태어났으므로 아일랜드 민족(혹은 국민)이라고 주장한다(*U*12.1419-1431). 여기서 블룸이 아일랜드인인지의 여부에 대해서 시비를 거는 편협한 국수주의자 시민The Citizen이 게일경기협회Gaelic Athletic Association의 창시자인 마이클 쿠색Michael Cusack을 모델로 해서 그려진 인물이라는 점을 고려했을 때 블룸의 민족/나라에 대한 정의는 그 당시 순수혈통주의를 표방한 문화 민족주의 운동에 대한 조이스의 비난을 반영한 것으로 볼 수 있을 것이다. 즉 파넬이 켈트족의 피 한 방울도 없이 아일랜드인인 것과 마찬가지로 유대인인 블룸이 아일랜드인이 될 수 있는 것은 그들이 그 곳에서 태어나서 살고 있기 때문인 것이다. 캐헐런Cahalan의 표현을 차용하자면, 조이스는 『율리시즈』에서 일부러 "가능한 한 전통적인 아일랜드의 영웅으로부터 먼 주인공"을 선택한 것이라 할 수 있을 것이다(144). 그렇게 함으로써 조이스는 아일랜드인이라고 하는 것이 반드시 게일어를 말하는, 시골의, 가톨릭 신자라는 개념에 반대하고 있다.[5]

---

5 포스터John Wilson Foster는 「누가 아일랜드 사람들인가」Who are the Irish라는 논문에서 아일랜드 사람은 게일어를 사용하는 토착민으로 가톨릭 신자라는 인식이 안고 있는 문제점을 분석한다. 그는 조이스가 마치 「키클롭스」장의 국수주의자 시민처럼 제임스 스티븐James Stephen에게 한 농담, 즉 스티븐이 게일

그러나 그 당시에 가톨릭 신자이며 게일어를 말하는 — 좀더 정확하게 표현하자면, 게일어를 말하는 것으로 이상화되어 있는 — 아일랜드 농부peasant는 아일랜드의 인종적 본질을 가리키는 존재로서 자리 잡고 있었다. 그것은 아일랜드에서 19세기 동안, 특히 대기근 이후에 시골의 관습이라든지 아일랜드 농부들에 대한 관심이 고조되었을 뿐만 아니라,[6] 아일랜드 문예부흥 운동이 시작되면서 아일랜드 농민은 아예 순종의 아일랜드인을 나타내는 상징이 되었기 때문이다. 왜냐하면 그 운동의 첫 번째 과업은 영국인들이 만들어낸 정형화된 아일랜드인의 이미지[7]를 뒤엎어서 농부를 "영적인 존재, '켈트적인' 상상력의 살아있는 구현, '자연적인' 귀족"으로 만드는 것이었기 때문이다(Hirsch 1120). 여기서 중요한 것은 예이츠를 비롯한 문화민족주의자

어를 이해하지 못하는 것은 그가 가톨릭 신자가 아니기 때문이라고 한 것을 소개한다(*Colonial Consequences* 256). 이 농담에서 조이스는 게일어와 가톨릭 신앙이 아일랜드의 민족성에 마치 불가분의 요소이기라도 한 것처럼 생각하는 것을 비꼬고 있다.

6 대기근이후 많은 아일랜드인이 영국의 최악의 슬럼가로 이주를 했고, 1860년대에는 피니언 운동Fenian movement이 있었으며 아일랜드 서부에서 격렬한 농민 반란이 연이어 일어났다. 이런 일련의 부정적인 사건들 때문에 아일랜드인들은 영국인들에 의해 원시적인 프랑켄스타인, 시골뜨기 캘리반Caliban 등으로 그려졌고, 무대에서 "백인 깜둥이"White negro인 아일랜드인은 "유인원 켈트인"(Cheng 32)로 전락했다. 영국 사람들에게 아일랜드 농부는 아일랜드 시골생활의 야만성의 화신이었고, 나아가서 비문명화된 아일랜드의 민족을 상징하는 존재가 되었다. 이처럼 영국인들이 주간지와 연극무대 등에서 아일랜드인들을 비인간화시키자, 이에 맞서 아일랜드 신문들은 농부를 "고귀하고, 정직한, 희생된 농부"로 묘사함으로써 대항했다(Hirsch 1119).

7 그 당시 영국의 주간지와 무대에서 가장 흔히 볼 수 있는 인종적 정형stereotype은 우스꽝스럽고 이상한, 술 취한 아일랜드 광대로서 "패디"Paddy라 불리는 아일랜드 농부였다. 코, 입술, 턱, 이 등이 각각 원숭이의 그것처럼 그려짐으로써 그는 유인원화simianize되었다. 자세한 그림은 Cheng 34-35 참조할 것.

들이 이 농부를 게일어 사용자로 상정하였다는 점이다(Schwarze 26). 즉 게일어를 말하는 농부는 정통적으로 순수하게 '아일랜드적인 아일랜드인'의 상징이었고 19세기 후반부의 많은 아일랜드 문학가들은 작품에서 이런 인물을 그리기 시작했다. 예이츠 등이 아일랜드의 농부를 이상화하고 신화화했다면 조이스는 그 상상적 이미지를 "탈신화화"demythologize했다고 할 수 있다.

그가 이 신화적인 존재를 현실의 세계로 끌어내려 세속성을 적나라하게 드러내 보이는 장면이 『율리시스』의 「텔레마코스」 장 시작부분에 나온다. 우유를 배달하는 노파가 스티븐Stephen, 멀리건Mulligan, 헤인즈Hains가 묵고 있는 마텔로 탑에 나타난다. 흥미로운 것은 편협적인 민족주의자가 등장하는 「키클롭스」장에서와 마찬가지로 아일랜드 민족을 나타내는 이 노파를 묘사하는 부분에서 게일어가 많이 나타난다는 것이다. 예를 들면, 우유의 양을 잴 때 사용되는 "에누리"tilly(*U*1.399)를 뜻하는 단어는, 월Richard Wall이 지적하다시피, 조이스의 시집에서 유일하게 나오는 귀한 게일어이다(12). 스티븐이 그녀를 보고 아일랜드의 상징인 "가장 아름다운 소"Silk of the Kine (*U*1:403), "가련한 노파"poor old woman(*U*1:403)를 떠올리는데, 이 단어들은 게일어로부터 직역된 영어이다. 전설에 의하면 아일랜드를 상징하는 이 "가련한 노파"는 진정한 애국자들에게만 "여왕의 걸음걸이"를 지니고 있는 "젊은 소녀"로 보인다(Gifford, *Ulysses* 21). 하지만 스티븐은 "늙어서 말라비틀어진 젖통"(*U*1:398)을 지닌 "초라한 몰골의 . . . 떠도는 노파"a wandering crone lowly form(*U*1:404)를 볼뿐이다. 또한 조이스의 현실적인 관점에서 보았을 때 이 노파는 세속성을 초월한 순수한 존재이기는커녕, 우유 값에 대한 계산을 약삭빠르게 잘하는 경제인일 뿐이다. 문예부흥운동을 대표하는 예술인들 중의 하나인 예이츠가 같은 이름의 희곡 『가련한 노파』*Cathleen Ni Houlihan*에서 이상화하였던 노파는 조이스의 작품에서 이처럼 현실의 바닥으로 추락하는 것이다. 이러한 묘사를 통해 조이스는 소위 애국자들/민족주의자들만 볼 수 있는 아름다운 형상이 단지 이상화된 허구일 뿐임을 암시하고 있다. 한 가지 더 중요한 것은 그녀가 게일어를 모른다는 사실이다. 멀리건이 그녀에게 "게일어를 아세요?"Is there Gaelic on you?라고 물어보는데 이것은 영어를 게일어식으로 표현한 것이다. 이 논문의 시작부분에서 인용했듯이 데이비스는 다른 나라의 언어를 사용했을 때 "번역"의 저주를 받는 삶을 산다고 했는데 아일랜드의 현실은 거꾸로 되어 있다. 이제 그녀를 포함한 아일랜드 사람들에게 영어가 일상어이고 게일어는 번역되어야만 하는 언어가 된 것이다. 조이스가 보기에 이러한 상황에서 게일어를 부활시킨다는 것은 불가능한 일이다. 이 시골노파가 게일어를 하지 못한다는 사실은 또한, 쉬와즈가 지적하듯이, 하이드가 문제 삼았던 문화적 쇠퇴를 나타낼 뿐만 아니라 아일랜드적인 '본질'이 농민/시골사람에 있다는 문예부흥운동가들의 낭만적 주장을 뒤집어엎는 것이다(23).

이상화된 시골사람을 탈신비화 하고자 하는 조이스의 의도는 『영웅 스티븐』*Stephen Hero*에서 민족주의자이며 "아일랜드적인 아일랜드" (*SH* 58)를 원하는 매든Madden과 스티븐Stephen 사이의 대화에서 더 뚜렷이 나타나 있다. 매든은 물질주의적인 영국의 농부와 도덕적인 아일랜드의 농부를 구분하려 애쓴다.

— 우리 농부들이 [영국] 요크셔 농부의 천한 물질주의를 흉내 내기를 원하는 거야?
— 잘못하면 시골에는 천사들만 살고 있다고 생각하겠군. 농부들에게 무슨 대단한 차이가 있다는 건지. 나에게는 그들이 모두 다 똑같이 보여. 요크셔 농부가 좀 더 잘 먹긴 했겠지만 말이야. . . .
— 넌 그[농부]를 경멸하고 있어 — 그가 영리하지 않다고 그러는 거겠지.
— 매든, 그것은 말도 안 돼. 우선 농부는 여우만큼이나 영리해 — 위조 동전을 건네 봐, 금방 알 수 있을 테니까. 그런데 그 영리함이 낮은 차원의 것이라는 말이야. 난 정말로 아일랜드의 농민이 매우 훌륭한 형태의 문화를 나타낸다고 생각하지 않아. (*SH* 59)

조이스는 스티븐의 입을 빌어 "천사들"로 승격된 농부들이 사실은 영국의 농부와 별다른 차이가 없을 뿐만 아니라 돈에 대해 약삭빠른, 천박한 영리함을 가지고 있는 사람들이라는 것을 지적한다. 이어서 그는 농부들의 삶을 "동전을 세고, 일주일에 한 번 술을 거나하게 마시며 또 일주일에 한 번 경건해지는 판에 박힌 따분한 생활"(*SH* 59)로 정의한다. 민족주의자들이 상정한 영적인 농부의 모습과는 대조적으로 동전을 세는 농부의 모습은 위에서 본 우유배달 노파를 상기시킨다.[8] 한편 우유 배달 노파는 게일어를 하지 못하는 농민이었지만, 이

8 브라운Malcolm Brown에 의하면 19세기 후반부에 농촌은 많은 변화를 겪어서 아일랜드 시골 사람의 "인간적 본질"까지 바뀔 정도였다(294). 순수함을 상징하는 시골 농부의 모습은 이제 상상 속에서나 찾을 수 있는 것이 되었다. 그 당시 문예 부흥 운동을 주도했던 앵글로 아이리쉬(Anglo-Irish) 작가들이나 민족주의 지성인들은 영국의 물질주의적 악惡의 정반대편에 서 있는 것이 아일랜드 농민의 선善이라고 생각했지만 아일랜드의 농촌도 이미 게일어를 쓰지

대화 중 스티븐은 게일어를 말하는 사람 — 아마 농민 — 이 얼마나 따분한 판에 박힌 표현을 하는지를 지적한다(*SH* 58). 이것은 아마 농민의 따분한 삶과도 연관되어 해석할 수도 있겠지만, 스티븐이 바로 앞에서 "영어는 유럽대륙의 매개체이다"(*SH* 58)라고 말한 것을 고려해 볼 때 게일어를 말하는 패쇄적인 시골사람들의 사고의 편협성 혹은 지역성을 가리키는 듯하다. 그럼에도 불구하고 매든은 "모든 아일랜드 사람은 모국어를 말할 수 있어야 한다고 생각하지 않느냐?"(*SH* 60)고 다그치지만 스티븐은 끝내 "모르겠나"고 내납함으로써 게일어의 부활에 회의적인 태도를 보인다. 그는 다만 그가 좋아하는 여자 친구를 보기 위한 목적으로 게일어를 공부하려고 할 뿐이다.

스티븐과 매든의 대화에서 또 한 가지 주목해야 할 것은 그 당시 민족주의자들과 마찬가지로 매든이 아일랜드 국민, 특히 농민들을 영국을 포함한 세상의 다른 민족들과 달리 "순결한"chaste 사람들로 정의한 점이다(*SH* 59). 민족주의자들은 외국의 세력에 의해서 식민화 되지 않고 순결하게 남아있는 아주 먼 과거의 땅/역사/사람이 정통한 아일랜드의 것이라 생각하고 그것을 농민의 이미지에 연결시켰다. 나아가서, 쉬와즈가 주장하듯이, 문화적 정화purification에 대한 강박관념이 성적인 영역까지로 넘어가게 되었고, 아일랜드적인 것은 성적인 순결함을 나타내는데 반해 영국적인 것은 비도덕성을 가리킨다는 주장으로까지 발전시켰다(28). 이 점이 조이스를 "역겹게 만들었고"(*L* II 191), 그로 하여금 그의 작품을 통해 순결한 아일랜드 농민이라는 이미지를

않은 지역이 많았을 뿐만 아니라 물질주의적 요소에 물들기 시작하지 않았었다.

거부하게 만들었다. 예를 들면, 『젊은 예술가의 초상』에서 열렬한 민족주의자이면서 스티븐의 친구인 데이빈Davin이 밸리후라Ballyhoura 산골의 외딴집에서 우유 한잔을 얻어먹기 위해 문을 두드리다 만난 한 시골 아낙네에 대해서 하는 이야기를 살펴보도록 하자.

> 내가 문을 두드렸을 때 그녀는 마치 잠자리에 막 들려던 사람처럼 옷을 반쯤 벗은 상태였고 머리는 뒤로 길게 늘어뜨리고 있었지. 그리고 몸매와 눈의 표정에 있는 그 무엇으로 보아 아마 임신하고 있는 것이 틀림없다고 생각했지. 그런데 그 여자가 문 밖에서 오랫동안 나를 잡고 대화 하길래 이상하다 생각했지. 가슴과 어깨가 드러난 상태였거든. 그 여자는 내가 피곤하지 않느냐고 그날 밤 거기에서 머물렀다 가고 싶지 않느냐고 물었지. 그녀는 집에 자기 혼자만 있고 남편은 아침에 시누이를 데려다 주러 퀸스타운에 가고 없다는 거야. 그리고 말하는 내내 그녀는 내 얼굴에서 눈을 떼지 않았고 너무 가까이 서 있어서 숨소리조차 들을 수 있을 지경이었지 뭐냐. 내가 마침내 컵을 건네주자 그녀는 내 손을 문지방으로 잡아끌며 이렇게 말하는 거야: 들어와서 오늘 밤을 여기서 지내세요. . . . (*P* 183)

맥코맥McCormack은 이 아낙네가 사는 밸리후라 산이 그 당시에 게일어를 말하는 지역이었고 데이빈의 이야기는 "게일어의 영향이 느껴지는 영어"로 표현되고 있다고 지적한다(332). 데이빈 자신도 게일어를 배워서 할 줄 아는 시골출신의 젊은이young peasant (*P* 181)였기 때문에 둘의 대화는 다분히 게일어로 이루어졌을 가능성이 크다. 다만 이 장면에서 데이빈이 스티븐에게 영어로 번역하여 설명해 주고 있을 뿐이다. 특히 그 아낙네가 마지막으로 건넨 유혹의 말은, 맥코맥의 주장대로, 게일어로 했을 것이다. 결국 아일랜드의 민족주의자들에 의해 순결함의 표상으로 여겨졌던 바로 그 시골사람이 그 소중한 민족어로 한 말이 창녀가 쓰는 천박한, 유혹적인 언어로 전락된 것이다.[9] 여기서 조이스는 이 시골 여인을 통해 순결한 아일랜드 대신에 외간 남자를 유혹하는, 배신하는 아일랜드를 그렸고, 그것은 그가 「화구에서 나온 가스」Gas from a Burner라는 글에서 쓴 것과 일맥상통한 것이다. 즉 아일랜드는 "항상 작가들과 예술가들을 추방하여 몰아내고," "자신의 지도자들을 한 명 한 명씩 배반하는" 나라인 것이다(*CW* 243).

물론 조이스가 가장 염두에 두었던 배신당한 대표적인 지도자는 파넬이다. 이 불운의 정치가는 간통사건으로 인해, 특히 가톨릭 신부들에 의해서 내몰리고 결국은 죽음을 맞게 되었다. 앞에서 말했듯이, 민족주의자들은 아일랜드 농민으로 상징되는 아일랜드의 도덕적 순결성을 중요하게 여기게 되었고 이 도덕성은 가톨릭 신앙과 밀접하게 연결되어 있었다. 따라서 파넬은 부도덕성으로 인해 '순결한' 아일랜드의 이미지에 먹칠한 것이 되었고 지도자의 자리를 박탈당하게 된 것이었다. 이처럼 민족주의와 가톨릭 신앙은 순수성/도덕성이라는 이름 밑에 하나가 되었다. 그것은 가톨릭 신앙이 독립을 향한 민족의 정치적 운동에 있어서 근본적인 도그마가 되었다고 할 정도였다(Cairns 71).[10] 그렇기 때문에 조이스가 『영웅 스티븐』에서 스티븐의 입을 빌

9 한편 『율리시스』의 「키클롭스」장에서는 시민이 개에게 게일어로 말함으로써(*U*12.705-707), 이 언어는 동물에게 으르렁거릴 때 사용하는 도구로 전락한다.

10 참고로, 그 당시에 농민은 도덕적인 가톨릭 신자의 이미지뿐만 아니라 생명력을 나타내는 미고노의 이미지로도 그려졌다는 것을 고려해 볼 때, 아일랜드인

어 앵글로 색슨족이 아니라 로마인, 즉 가톨릭교가 아일랜드에서 폭군의 역할을 하고 있다고 말하고(*SH* 57), 그의 다른 작품들에서도 교회를 억압적인 기관으로 묘사할 정도로 신부들은 자유를 구속하는 존재들이 되었다. 앞에서 살펴 본 매든과의 대화에서도 스티븐은 민족주의자들과 손을 잡은 가톨릭 신부들을 게일어와 관련하여 비판하는 것을 주목할 필요가 있다: "그들[신부들]이 게일어 공부를 장려하는 이유는 그들의 양떼를 불신의 이리들로부터 좀 더 안전하게 보호하기 위해서라는 것을 모르겠어? 그들은 이것이 사람들을 철저한, 맹목적인 신앙을 가졌던 과거의 시대로 철수시킬 수 있는 기회로 생각한다는 것을 말이야"(*SH* 58). 여기서 "이리들"이란 다분히 "민족의 주춧돌로서의 농민과 신부의 이원성"(Cairns 71)에 의문을 제기하고 더 이상 "철저한, 맹목적인 신앙"을 가지고 있지 않은, 그 당시에 위험한 존재들로 여겨진 세계주의자들cosmopolitans을 가리킬 것이다.[11] 이런 맥락에서 볼 때, 조이스는 게일어의 부활이 편협한 사고(혹은 정지된 사고)의 닫힌 과거로 퇴행하는 것과 밀접한 관련이 있음을 암시한다. 그가 "이리"들이라고 표현한 세계주의자들은 『젊은 예술가의 초상』에서는 시골 서부의 산속 오두막집에 사는 노인에 의해서 "괴상한 짐승들" queer creatures로 묘사된다(*P* 251). 게일어를 쓰는 이 시골노인에게 세계

의 본질을 가리킨다고 여겼던 농민을 가톨릭 신앙의 순결함과 연결하는 편이 있었는가 하면, 반면에 농민에게는 아직도 지워지지 않은 이교도적인 요소가 있다고 생각하는 편(주로 예술가들)도 있었다.

11 문예부흥 운동 기간 동안에 일어난 세계주의와 민족주의에 대한 논쟁에 대해서는 라이온즈Lyons의 『대기근 이후의 아일랜드』(*Ireland Since the Famine,* 1973) 중 한 장인「두 문화간의 전쟁」The Battle of Two Civilizations을 볼 것.

의 도시는 이해할 수 없는, 타락한 곳으로 밖에 보이지 않는다. 그러나 이곳을 벗어나 파리로 떠나려고 하는 세계주의자 스티븐은 "[이 노인이] 두렵고" 구약성서에서 천사와 밤새 씨름했던 야곱처럼 이 편협한 민족주의자/지방주의자와 겨루어야 한다는 생각을 하게 된다(*P* 252).

세계주의적인 것과 지방적인 것은 그 당시에 아일랜드인의 정체성과 관련하여 논쟁의 대상이 되었던 것이었다. 조이스도 『피네간즈 웨이크』*Finnegans Wake*에서 "ruric or cospolite, for much or moment indispute" (*FW* 309.10)라고 함으로써 그 사실을 확인해 주고 있다. 즉 시골적rustic/rural인 것과 세계주의적cosmopolite인 것이 논쟁 중in dispute이라는 것이다. 시골의(특히 아일랜드 서부의) 농부가 순종 아일랜드인으로 이상화되는 민족주의적 분위기에서 당연히 그 반대편에 있는 도시적이고 세계주의적인 것은 비아일랜드적이고 혼종적인 것으로 여겨졌다. 말할 필요도 없이, 시골이 아닌 도시만을 작품의 소재로 다루었을 뿐만 아니라 프랑스, 이탈리아, 스위스의 외국 도시에서 작가 생활을 한 조이스는 후자의 범주에 속한 작가였다.

이것은 「죽은 사람들」The Dead에서 등장인물간의 대화의 중요한 논쟁점이 되기도 한다. 게이브리엘Gabriel은 게일어가 자신의 언어가 아니라고 선언할 정도로 게일어 부활에 반대하고 있고 애란 섬Aran Islands을 방문하라는 아이버스양Miss Ivors의 권유를 거부할 정도로 아일랜드 문예 부흥운동에 반대하고 있으며 유럽을 동경하는 것으로 그려져 있다:

— 우리 나라가 아니고 왜 프랑스와 벨기에를 여행하려고 하는 거예요?, 아이버스 양이 말했다

— 글쎄, 외국어를 접하기도 하고 기분전환도 될 것 같아서 말이죠, 게이브리엘이 말했다.

— 접해 보아야 할 당신나라의 언어, 게일어는 어떡하구요?, 아이버스 양이 말했다.

— 그 얘기라면, 게일어는 내 나라 말이 아니오 . . .

— 그리고 당신이 아무 것도 모르고 있지만 가 보아야 할 우리의 땅, 우리나라 사람들, 우리나라가 있잖아요? 아이버스 양이 계속 말했다.

— 솔직히 말해서, 난 우리나라에 넌더리가 나요, 넌더리가! 게이브리엘이 갑자기 응수했다. (*D* 189)

게이브리엘이 "당신나라의 언어"와 "우리의 땅"이라는 말 앞에 당황하는 것은 이러한 어귀가 그 당시에 민족의 정통성과 불가분의 관계로 얽혀있었기 때문이다. 조이스 시대에 편협한 문화 민족주의자로서 좁은 의미의 아일랜드 민족성을 정의한 바 있는 코커리Daniel Cokery는 진정한 아일랜드인의 조건으로 3가지를 들었는데, 그것은 가톨릭 종교, 아일랜드 민족주의 철학, 그리고 조국 땅의 사랑을 말한다(19). 이와 관련하여 아일랜드의 시인 킨셀라Thomas Kinsella는 종교는 교회와, 민족주의는 언어와 밀접한 관련이 있음을 지적한다(64-65). 따라서 "언어"와 "땅"은 이제 사람들에게 성스럽게 되었다고 할 정도로 정통성의 기준이 되어 있었고 그것을 섬기지 못한 게이브리엘에게 죄의식을 불러일으키기에 충분한 것이다. 그는 어찌할 바 모르며 "우리나라에 넌더리가 난다"는 표현으로 응수하는데, 그의 말 속에는 우

리 "언어"와 우리 "땅"에 대해서 신물 나게 들어왔다는 불평이 함축되어 있다.

이러한 맥락에서 보았을 때 게이브리엘은 시골/민족/지방과 도시/세계의 이분법적 분류에서 후자에 속한다고 할 수 있다. 다만 그는 조이스의 다른 주인공인 스티븐과 달리 날카로운 질문을 맞받아 칠 수 있을 정도로 지적이지 않으며 새로운 민족의 양심을 창조할 정도로 창의적이지도 않다. 포스터가 주장하듯이, 그는 세계주의자가 되기는 커녕 세계주의를 자전거 여행과 불어회화의 학습으로 전락시키는 사람에 불과하다(*Fictions* 152). 반면에 스티븐은 『젊은 예술가의 초상』에서 그의 친구인 민족주의자 데이빈에게 "넌 나에게 민족, 언어, 종교를 말하는데 나는 그러한 그물을 넘어서 날아가려고 애쓸 것이다"고 말한다. 킨셀라의 지적대로, 여기서 민족, 언어, 종교는 코커리가 말하는 아일랜드인인지를 알 수 있는 시금석에 해당한다(64-65). 그런데 스티븐에게 그것은 그의 비상을 막는 그물에 불과한 것이고 그는 과감히 그것을 넘어 서고자 한다. 뿐만 아니라 작품의 끝에서 조국의 "땅"을 떠남으로써 코커리가 말한 또 하나의 세력을 물리친다.[12] 대조적으로 게이브리엘은 비록 서부로의 여행을 고려하게 되지만 끝내 "땅"을 벗어나지 못함으로써 세련된 지식인과 세계주의자로서 허세를 부리는데 그쳤다고 볼 수 있다.

그렇다고 해서 조이스가 이 작품에서만 예외적으로 민족주의자의

12 물론 여기서는 『젊은 예술가의 초상』에서 그려지는 스티븐에 초점을 맞추어 논의를 하고 있지만, 『율리시스』에 다시 등장한 스티븐을 염두에 둔다면 상황은 좀더 복잡해진다. 왜냐하면 후자의 스티븐은 비상을 하다 추락한 이카러스처럼 아일랜드의 "땅"으로 돌아와 있기 때문이다.

편을 들어 준 것은 아니다. 그가 아이버스양을 독자의 공감을 얻을 만큼 매력적으로 그린 것도 아니기 때문이다. 그 당시에 민족주의는 페미니즘과 연결되어 있었고 열렬한 게일어 부활론자들 중에는 중산층 여성 지지자들이 많이 있었다. 그것은 이들에게 당시 유행하는 사회적 운동에 투자할만한 시간적 여유가 있었기 때문이다. 하지만 포스터가 지적하듯이, 이 여성들은 서부의 시골에 사는 농부들보다는 그들이 비판하는 친영파들을 닮아 있었을 뿐만 아니라, 아이버스양과 마찬가지로 "아일랜드의 도안이 있는 큰 브로우치"(*D* 187)를 차는 등 요란스럽게 자신들을 광고하고 다녔다(*Fictions* 150-51). 조이스는 『율리시스』의 「키클롭스」 장에서 유대계 아일랜드인인 블룸의 민족적 정체성을 문제 삼는 호전적인 민족주의자 시민을 풍자한 것과 마찬가지로, 게이브리엘을 "영국인화된 아일랜드인"West Briton(*D* 188)으로 낙인찍음으로써 아일랜드인으로서의 그의 정체성을 허물어뜨리고자 하는 아이버스양의 편협한 민족주의적 잣대를 간접적으로 비꼬고 있다. 아이버스양의 경우, 게이브리엘이 민족주의적인 진영이 아닌, 보수적인 신문에 글을 썼다는 이유로 그를 비난한다. 그것은 그 당시에 문학가가 되기 위해서는 먼저 민족주의자가 되어야 한다는 민족주의자들의 주장과 크게 다르지 않다.[13] 게이브리엘은 이에 "문학은 정치를 초

13 마찬가지로, 『젊은 예술가의 초상』에서 민족주의자 데이빈은 스티븐에게 나라가 먼저이기 때문에 시인은 나중에 될 수 있다고 말함으로써 그 당시의 민족주의자들의 입장을 대변한다. 조이스나 예이츠와 같은 예술가들과 달리 그 시대의 정치인들과 문화민족주의자들은 "세계주의가 결코 위대한 예술가를 배출하지 못했다"며 예술가는 민족주의 운동에 전적으로 복종해야 함을 강조하였다(Lyons 242).

월한다"는 말로 대꾸하고 싶었지만 하지 못한다(*D* 188). 조이스도 이 점에서는 게이브리엘과 같은 입장에 서 있었다는 것을 고려해 볼 때 조이스가 아이버스양의 입장만 두둔하고 있다고 볼 수는 없다. 따라서 게이브리엘이 작품의 끝에서 아일랜드 "서부"의 중요성을 인식했다 하더라도,[14] 그것은 아이버스양이 대변하는 중산층의 "서부"가 아닐 것이다(*Fictions* 151).

지금까지 설명해 온 이유 때문에 조이스가 아일랜드의 민족주의 운동과 게일어의 부활에 대해 비판적인 입장에 서 있었지만, 그렇다고 해서 그가 아일랜드를 식민지화한 영국과 그 나라의 언어인 영어를 기꺼이 받아들이거나 두둔하는 입장을 보인 것은 아니다. 그것은 『젊은 예술가의 초상』에서 그의 자서전적인 인물인 스티븐이 영어를 써야 하는 아일랜드의 현실에 만족하지 못한 데에서 볼 수 있다. 그는 영국 출신의 학감dean of studies과 이야기하던 도중 같은 깔때기를 가리키는 영어인데도 영국에서 사용되는 단어("funnel")와 아일랜드에서 사용하는 단어("tundish")가 다르다는 것을 알자 자신에게 영어가 얼마나 이질적인 것이며 또한 자신이 얼마나 '아일랜드적인 아일랜드인'인가를 확인한다:

— 우리가 사용하고 있는 언어는 나의 것이기 이전에 그의 것이

---

14 조이스가 아일랜드의 시골 사람들에 대한 이상화에 반대하여 이들을 철저히 무가치한 존재들로 낮추어 온 것은 사실이다. 그러나 허쉬Hirsch는 「죽은 사람들」에서 조이스가 "이러한 관점을 수정하고" "아일랜드 서부의 '원시적인' 삶에 대한 그의 인식의 깊이를 더했다"고 보고 있다(1127). 그것은 도시인인 게이브리엘을 낮추고 시골의 마이클Michael을 높인 데에서도 볼 수 있다.

다. 집, 그리스도, 맥주, 주인 같은 단어들이 그의 입에서 발음될 때와 나의 입에서 나왔을 때 서로 얼마나 다른가! 나는 영혼의 동요 없이는 이 낱말들을 말하거나 쓸 수 없다. 그의 언어는 너무 낯익으면서도 너무 낯설어서 나에게 항상 차용된 언어로 남아 있을 것이다. 내가 그 단어들을 만든 것도 아니고 받아들인 것도 아니다. 내 목소리는 그 낱말들을 경계하고 있다. 나의 영혼은 그의 언어의 그늘에서 초조함을 느낀다. (*P* 189)

내가 "받아들인 것도 아닌," 식민자가 강요한 "그의 언어"가 "나의 언어"를 대체한 상황에서 피식민지인는 박탈감을 느끼고 일상적으로 쓰게 된 언어에서도 낯설음을 감지한다.[15] 그렇기 때문에 그는 마치 사냥개가 사냥감을 경계하여 지키고 있듯이hold at bay 이 언어를 대하고 있는 것이다. 스티븐은 아일랜드를 떠나기 전에 적은 일기에서 "그 tundish 라는 단어가 오랜 동안 내 마음에 남아 있었다. . . .그[학감]가 왜 여기에 왔을까 우리에게 그 자신의 언어를 가르치러 혹은 그것을 배우러?"(*P* 251)라고 자문한다. 영국에서 사용하는 영어와는 다른 아일랜드의 영어가 존재함을 인정하는 부분이다. 스티븐이 영국인 학감에게 그가 모르는 영어 단어를 가르치는 것은 스티븐이, 나아가서는 조이스가 아일랜드의 영어가 영국 영어의 부속물로만 남아 있

15 그러나 식민자도 영향을 미치는 위치에만 서 있는 것은 아니다. 영국인 학감은 가톨릭으로 개종함으로써 원주민의 영향을 받은 식민자라 할 수 있다(Schwarze 33). 이처럼 식민자와 피식민지인은 문화, 언어 등에 있어서 서로 영향을 주고 받는다. 사이드Edward Said의 지적대로, "부분적으로 제국의 영향 때문에 모든 문화는 서로 연루되어 있다. 어떤 문화도 홀로 순결하게 남아있지 않고, 모두가 혼종적이고 혼합적이이다. . . ."(xxv).

지 않고 그것이 그 자체로서 인정받을 수 있게 할 작가라는 것을 암시하는 듯하다.

조이스는 게일어가 공격적인 민족어 부활론자들의 이데올로기에 의해서 인위적으로 생명이 유지되는 죽은 언어라는 확신을 가지고 있었다(Milesi 104). 그것은 「에블린」에서 애인과 함께 새로운 미래를 향해 떠나려는 에블린의 발목을 잡는 죽은 어머니의 화석화된 언어("Derevaum Seraun! Derevaun Seraun!", (*D* 40)[16]에서 상징적으로 잘 나타나 있다고 할 수 있다. 그러나 비록 현실의 일상생활 속으로 그 언어를 다시 부활시킬 수는 없다고 해서 그 언어가 중요하지 않다고 할 수는 없었다. 조이스는 이 언어의 근원이 동양이며 많은 언어학자들에 의해서 페니키아인들Phoenicians의 고대 언어와 동일시되어 왔다고 쓰고 있다(*CW* 156). 이러한 맥락에서 본다면, 이 언어는 인류 최초의 언어까지로 연결된다(Milesi 117). 따라서 인류의 역사를 주제로 삼고 있는 『피네간즈 웨이크』에서 게일어가 여섯 혹은 일곱 가지의 주요한 언어들 중의 하나로 사용되는 것은 놀라운 일이 아닐 것이다. 그리하여 오 헤히르는 주로 조이스의 마지막 작품에서 사용된 게일어를 찾아 『피네간즈 웨이크에 나타난 게일어 어휘사전』(*Gaelic Lexicon for* Finnegans Wake, 1967)이라는 책을 만들기에 이르렀다.

그러나 스크라바넥Petr Skrabanek이 지적하듯이, 오 헤히르는 그의 책에서 게일어와 앵글로 아이리쉬Anglo-Irish를 구분하지 않는 실수를 저

16 이 표현이 약간 변형된 게일어라는 데에는 대부분의 비평가가 동의한다. 오 헤히르Brendan O Hehir도 "아마 횡설수설이겠지만 음성학적으로 게일어 같다"고 쓰고 있다(333).

질렀다(79). 월Richard Wall도 조이스의 문체 중 가장 무시된 중요한 요소는 그의 앵글로-아이리쉬 영어 방언[17]의 사용이라며 이 무시되어온 부분을 연구하여 『조이스의 작품에 대한 앵글로 아이리쉬 방언 사전』(*An Anglo-Irish Dialect Glossary for Joyce's Works*, 1987)을 펴내게 되었다. 앞서 말한 오 헤히르의 실수는 결코 사소한 것이라고 치부할 수 없는 것이다. 왜냐하면 앵글로 아이리쉬는 영어화된 게일어, 즉 게일어를 영어로 번역한 것으로 결코 그 둘 중 어느 것에도 속하지 않는 독립적인 존재이기 때문이다. 밀레시는 영어-게일어-앵글로 아이리쉬를 아버지-어머니-자식의 관계에 비유하여, 앵글로 아이리쉬가 "아일랜드의 문화적, 언어학적 토양 위에 심어진 영어"(114)임을 강조한다. 그에 의하면 이 삼각관계에서 조이스는 중간의 목소리인 앵글로 아이리쉬를 선호했는데, 그것은 이 언어가 "죽어가고 있는, 늙은 민족어와

17 앵글로 아이리쉬와 하이버노 잉글리쉬Hiberno-English는 같은 언어를 지칭하는 것으로 언어학자들은 후자를 선호하지만 조이스 시대에는 전자가 통용되었다. 형용사로 사용되는 "Anglo-Irish"는 영국계 아일랜드인 등을 지칭하는 것이므로 언어를 가리키는 것과 혼돈하지 않아야 한다. 영어가 아일랜드에서 사용된 것은 많은 영국인들의 이주가 시작된 17세기부터이다. 그 동안 영국에서는 영어가 변했지만 아일랜드에서는 17세기의 영어가 유지되고 있었으므로 앵글로 아이리쉬의 특징에 대한 기원은 17세기 영어로 거슬러 올라간다. 하지만 기본적으로 앵글로 아이리쉬는 "아일랜드의 문화적, 언어적 토양 위에 심어진 영어"(스크라바넥 79)이다. 쉽게 말하자면, 앵글로 아이리쉬는 표준 영어도 아니고 표준 게일어도 아닌, 둘이 혼합된 혼종적 언어로서 극작가 싱John Millington Synge이 『서쪽지방의 플레이보이』*The Playboy of the Western World*에서 사용한 것으로 유명하다. 구체적인 예를 들면, 「죽은 사람들」에서 가브리엘은 표준 영어를 사용하는데 반해 서부 골웨이 출신인 그레타Gretta는 자주 앵글로 아이리쉬를 사용한다. 그녀는 마이클Michael Furey이 "죽는다"는 것을 표현하기 위해 "die" 대신에 "get his death"를 쓰고 있는데 이것은 영어를 게일어식으로 말하는 것이다.

영국의 야만적인 법 — 즉 영어의 문법 — 사이에서 지방성locality과 외래성foreignness의 대립을 초월할 수 있었기 때문이다"(99). 『피네간즈 웨이크』에서 게일어는 많은 다른 외국어들에 동화되고, 영어 단어들도 외국어들과 섞여 나오지만, 앵글로 아이리쉬만큼은 대체로 "외국어의 언어적 침략에 '오염되지 않은 채' 남아 있는" 것도(Milesi 113-14) 바로 이러한 이유 때문일 것이다.

1975년에 솔러스Philippe Sollers는 "『피네간즈 웨이크』가 씌어진 이래로 영어는 더 이상 존재하지 않는다"(McCormack 323에서 재인용)라고 선언했다. 이 마지막 작품에서 조이스는 앵글로 아이리쉬를 서술의 바탕으로 사용하면서(Kiberd 332) 영어 단어들을 산산조각 낸다. 그렇게 함으로써 그는 어떤 의미에서 정복자의 언어에 보복을 하고 있는 셈이다. 이러한 이유 때문에 그는 "영어 산문의 집 내부에서 싸우는 게릴라"(Dettmar 118)로 여겨지기도 한다. 따라서 그의 마지막 작품의 등장인물인 쉠Shem이 "아일랜드에서 모든 영어 화자를 몰아내겠다"wipe alley english spooker . . . off the face of the erse (*FW* 178.6-7)라고 자랑하는 것은 결코 허풍이 아니다. 여기서 english는 소문자로 전락되었을 뿐만 아니라 그것을 말하는 사람은 "spooker", 즉 '벌벌 떨며 도망가는 사람'이라는 의미가 함축되어 있다는 것을 주목할 필요가 있다. 뿐만 아니라 게일어의 요소는 조이스에게 더 익숙하고 현재 통용되고 있는 민중의 언어인 앵글로 아이리쉬로 바뀐다.[18] 결국 조이스는 그

10 앵글로 아이리쉬는 표준이기 아닌 방언에 해당되는 것이었으므로 그것을 말하는 사람들은 주로 교육받지 못한 사람들이었다. 따라서 그것은 정통적인 두 언어 혹은 두 문화(켈트 문화와 영국문화) 사이에서 태어난 "사생아" 언어(Kiberd 174)라고 할만한 것이었다.

의 주인공 스티븐이 『젊은 예술가의 초상』에서 그렇듯이 어머니/민족어에 순종하지 않고 아버지/영어에도 저항하는 모습을 보였다고 할 수 있다. 그는 죽어가는 어머니의 영혼을 위해 기도하기를 거부했던 스티븐처럼 죽어가는 게일어의 소생을 위해 노력하기를 거부했다. 또한 아버지(와 신부)의 권위에 도전했던 그의 주인공처럼[19] 그는 영어의 권위에 도전했다.

딘Deane이 적절히 표현했다시피, 조이스는 "항상 아일랜드인이라는 한계성을 거부하는 아일랜드 작가이었고, 영어 소설가라는 한계성을 거부하는 영어 소설가"이었다(*Celtic Revivals* 100). 그는 후기 작품으로 갈수록 기존의 표준적인 영어 단어를 파괴하고 앵글로 아이리쉬 방언을 사용함으로써 기존 언어가 구축한 한계를 벗어나고 텍스트의 의미를 확장시키려 하였다. 특히 『피네간즈 웨이크』에서 수많은 외국어 낱말들의 혼합적 사용을 통해 복합적 의미를 보여주려고 한 것은 언어적 순수주의라는 명분하에 게일어의 부활을 고집하는 편협하고 지역적인 아일랜드 민족주의자들에 대한 저항으로도 볼 수도 있을 것이다. 예술가로서의 조이스의 독특한 역할은 항상 기존의 것을 허물고 새로운 영역을 창조하는 것이었는데, 그것은 언어에 대한 그의 태도에서도 여실히 드러난다고 할 수 있을 것이다.

19 이와 관련한 논의는 졸저 『제임스 조이스의 소설』중 제6장 "『젊은 예술가의 초상』과 『율리시즈』에서의 아버지"(154-79)를 볼 것.

6

조이스의 파넬주의와 사회주의: 「파넬 추모일의 선거사무실」을 중심으로

6

조이스의 파넬주의와 사회주의: 「파넬 추모일의 선거사무실」을 중심으로

파넬Charles Stuart Parnell은 19세기 후반의 정치적 거물로 아일랜드의 자치Home Rule를 위해 애썼지만 영국인 정부情婦 캐써린 오쉐이Katharine O'Shea와의 간통으로 인한 도덕적인 문제가 불거진 이후 가파른 몰락의 길을 걸었다. 그는 가톨릭 교회와 자신의 지지자들에게 배신당하고 버림받은 채 1891년 10월 6일 죽음을 맞이하였다. 파넬의 몰락은 어린 조이스James Joyce에게 깊은 인상을 남겼고 그것은 그에게 평생 잊히지 않는 아픈 기억이 되었다. 그 아픔은 『젊은 예술가의 초상』 두 번째 장의 크리스마스 만찬 장면에서 눈물을 보이는 아버지에 대한 묘사에서 인상적으로 제시되고 있다. 뿐만 아니라, 조이스는 9세의 어린 나이에 아버지의 영웅 파넬이 그의 심복이었던 힐리Healy에게 배신당한 것을 마음 아파하며, 그들을 각각 로마의 시이저와 부루터스에 비유한 「힐리 너마저」Et tu, Healy라는 시를 쓰기도 하였다. 그 시는 "가톨릭 주교들의 분부대로" 비열한 행동을 해서 파넬의 적이 되었던 "배반자에 대한 신랄한 비난"이었다(Stanislaus Joyce 45). 그 이후로 조이스는 그의 에세이와 작품을 통해 그가 파넬을 얼마나 높이 평가하고 있는지를 보여주고 있을 뿐만 아니라, 아일랜드를 구원할 예술가로서의 자신과 이스라엘 민족을 이집트에서 구해낸 모세를 각각 파넬과 동일시하기도 하고, 심지어는 가롯 유다에 배신당한 예수를 파넬과 동일시하기도 하였다. 예를 들면, 「파넬의 망령」The Shade of Parnell에서 그는 국민의 신망을 한 몸에 받았던 아일랜드의 지도자가 얼마나 비참하게 자신의 동포들에게 배신당했는지에 대해 쓰고 있다. 이처럼 그의 파넬에 대한 존경은 대단한 것이어서 은연중에 자신을 파넬과 동일시할 정도였다. 그의 자서전적인 작품인 『젊은 예술가의 초상』에서 약자를 못살게 구는 웰즈Wells의 희생자가 되어 양호실에 아파 누워있는 스티븐은 자신을 배신당하여 몰락한 후 죽음을 맞이한 파넬과 동일시하고 있다. 흥미로운 것은 파넬이 죽음을 맞이한 시점과 스티븐이 웰즈에 의해 시궁창으로 떠밀리게 된 시점이 거의 일치한다는 것이다. 이것은, 엘만의 지적대로, 조이스가 평소에 자신을 배신자들에 의해 배반당한 파넬 같은 희생자의 이미지로 보고 싶어 했던 것과도 일치한다(Ellmann, *James Joyce* 293). 그는 조국 아일랜드를 방문하였지만 출판문제로 좌절을 겪으면서 쓴 글, 「화구에서 나온 가스」Gas from a Burner에서 추방당하는 예술가를 배신당하는 지도자와 연결시킴으로써 아일랜드에 의해 배신당한 파넬과 망명을 선택하여야 했던 자신을 하나로 엮고 있다. 조이스에게 아일랜드의 예술가와 정치가는 동일한 운명에 처해 있는 것처럼 보였던 것이다(Manganiello, *Joyce's* 18). 이런 맥락에서 보면 파넬은 군중/아일랜드 국민으로 인해 고통받는 "예술가에 대한 동류어同類語"(Deane, "Parnell" 183)라고 할 수 있을 것이다. 요컨대, 조이스의 의식에 파넬주의는 매우 깊이 뿌리내리고 있다고 할 수 있다.

『더블린 사람들』에 나오는 「파넬 추모일의 선거사무실」Ivy Day in the Committee Room은 비록 파넬의 사후를 다루고 있기는 하지만 조이스의 작품 중 파넬이 가장 부각되어 나타나는 이야기이다. 그것은 무엇보다도 이야기가 파넬의 11번째 추모일인 1902년 10월 6일에 일어나고 있다는 데에서 볼 수 있다. 이 날 이야기 속의 많은 사람들은 옷깃에 파넬의 추모를 나타내는 담쟁이덩굴 잎을 부착하고 있다. 이 이야기가 파넬에 대한 이야기인 것은 제목에서부터 암시되어 있다. 제목에 들어있는 "담쟁이 덩굴"ivy은 파넬이 이끄는 당의 상징으로 아일랜드가 영국의 지배로부터 부활할 것임을 나타내고, 또한 이것이 무성하게 자랐던 아본데일Avondale에 있는 파넬의 저택을 상기시키기 때문에 "Ivy Day"는 고인이 된 파넬을 추모하는 날을 가리킨다. 그리고 파넬의 장례식 때 몰려든 조문객들이 묘지 주위에 자라고 있던 담쟁이덩굴 잎을 따서 양복의 깃에 달았던 일화 때문에 파넬 추모일에 모두들 그것을 깃에 달게 되었다고 한다. "위원회실"Committee Room이란 여기서는 시의원 후보인 티어니Tierney의 선거 사무실을 가리키지만 파넬이 자신이 이끌던 당Irish Parliamentary Party의 지도자 자리로부터의 추락이 결정된 곳이 웨스트민스터의 국회의사당 15호 위원회실Committee Room XV이라는 점에서 파넬의 운명이 결정된 장소를 시사한다. 조이스는 이 회의에서 파넬 편에 지지표를 던진 사람들이 단지 8명이라고 잘못 알고 있었는데(*CW* 227),[1] 이 이야기에서 시의회 의원에 출마한 티어니의 선거운동원들이 대략 8명이라는 점은 선거사무실과 현재의 정치판이 그 당시의 위원회실과 정치판의 패러디가 되고 있음을 추측하게 한다. 또한 티어니가 운영하는 술집이 파넬의 아본데일 저택이 있던 위크로우 가Wicklow Street에 위치해 있다는 점도 티어니가 파넬을 패러디한 인물임을 알게 한다. 따라서 이 이야기가 파넬과 파넬주의에 초점을 맞추고 있다는 것은 자명하다고 할 수 있을 것이다.

하지만 더블린의 중심지역인 "런던 거래소 구역"Royal Exchange Ward에서 파넬의 노선을 잇고 있다고 주장하는 민족주의 진영(아일랜드 자치안Home Rule을 지지하는 자들)을 대표하여 나온 후보인 티어니는 패러디의 대상이 되고 있고, 오히려 급진적인 노동당계열의 연합 아일랜드 연맹United Irish League에서 나온 벽돌공bricklayer 콜간Colgan이 우호적으로 묘사되고 있다는 점이 문제제기의 실마리가 된다. 자신을 그와 동일시 할 정도로 파넬에 밀착되어 있던 조이스는 이 작품에서 외형적으로는 파넬의 정치적 입장을 계승했다고 할 수 있는 민족주의 계열의 티어니보다 사회주의 노선의 후보자인 콜간을 선호하고 있는 듯이 보인다. 그렇다면 조이스는 심정적으로 타락한 파넬주의 보다는 사회주의를 지지하고 있는 것일까? 아니면 조이스에게 중산층 중심의 파넬주의와 하층 중심의 사회주의는 어느 정도 양립 가능한 것이었을

1 사실은 45대 29로 파넬의 퇴진이 결정되었다(Kee 135).

까? 충성스러운 파넬주의자이며 콜간의 운동원인 하인즈Hynes라는 인물을 통해 조이스는 파넬주의와 사회주의의 연결을 시도하고 있는 것일까? 그 동안 좌파 비평가들로부터 혹평을 받아왔던 조이스는 어느 정도로 사회주의적 성향을 지닌 파넬주의자이었을까? 혹은 이 둘은 그 당시 정치상황에서 어떤 관계를 유지하고 있었을까? 본 연구는 이러한 의문점들을 해결하려는 시도이다. 그 동안 조이스에 대한 연구는 다각적인 방향에서 진행되어 왔지만 그의 사회주의적 성향에 대한 관심은 매우 적은 편이었다. 하지만 위에서 살펴보았듯이 그러한 측면에 대한 이해 없이는 그의 세계가 왜곡될 수밖에 없고 그의 작품에 대한 해석이 제한 받을 수밖에 없다.

조이스는 최근 10여 년 동안 정치적인 작가로 재평가되기 전까지 오랫동안 정치에는 무관심하고 오로지 문체와 언어 등에만 흥미를 보이는 미학주의자로 간주되어왔다. 어느 정도였느냐 하면, 라덱Karl Radek같은 소련 작가들에 의해서 "당대 부르조아 문학의 영웅"(152)으로 조소를 받기도 하였다. 하지만 조이스 자신은 정작 아일랜드에서 "프롤레타리아 계층의 즉각적인 출현"을 고대하고 있다며 이들에 대한 깊은 관심을 보였다는 점을 눈여겨볼 필요가 있다(Ellmann, *James Joyce* 239). 조이스는 심지어 "만약 아일랜드 문제Irish question가 존재한다면 그것은 주로 아일랜드의 프롤레타리아로 인해 존재한다"고 주장할 정도였다(Manganiello, *Joyce's* 172). 물론 조이스의 사회주의는 그의 동생 스태니스로스가 평가하듯이 "깊이가 없는 것"이었고, 조이스 자신도 인정하듯이, "불안정하고 부족한 지식에 근거하고 있는 것"이었다(Ellmann, *James Joyce* 239). 또한 조이스가 말은 그렇게 하였지만 실제로 그의 작품을 통해 프롤레타리아 계층에 대한 관심을 어느 정도로 보였느냐 하는 것도 문제점으로 남는다. 왜냐하면 페어홀James Fairhall 도 지적하듯이, 그의 등장인물들은 대부분 하층 중산계급petty bourgeoisie에 속했기 때문이다(39). 이런 점에서 조이스가 『더블린 사람들』에서 아일랜드의 하층민에 대한 친밀감을 충분히 보여주지 못하고 있다는 델러니Paul Delany의 지적은 어느 정도 정확한 것이라 할 수 있다(260). 예를 들면, 그의 흔치 않은 하층민에 대한 묘사들 중 하나를 살펴보자면, 「작은 구름」A Little Cloud에서 하층 중산계급에 속하는 주인공은 "지저분한 한 무리의 아이들"a horde of grimy children (*D* 71)을 무시하며 지나칠 뿐이다. 또한 조이스의 난해한 작품 세계가 주로 지식층 독자들에게만 접근 가능했다는 점도 그가 하층계급보다는 엘리트층에 가깝다는 비난을 피할 수 없게 만드는 것도 사실이다.

그럼에도 불구하고 그는 자주 자신이 사회주의자임을 공언했고, 심지어는 스태니스로스에게 보낸 편지에서 "사회주의가 자신의 성격의 본질적인 부분임"(Ellmann, *James Joyce* 197)임을 암시하기도 했다:

> 나의 정치적 견해가 박애주의자의 것이라고 생각한다면 잘못된 것이다. 그것은 사회주의 예술가의 견해이다. 가끔 내가 동시대인들보다 좀 더 문명화된 삶을 살려고 할 때 얼마나 이상하게 느껴지는 지는 말로 표현할 수 없을 지경이다. (*L* II 88)

그는 『율리시스』의 「키르케」Circe에서 제시되는 블룸의 거창한 박애주의적인 사회주의를 지지하기보다는 자신이 성격적으로 문명화된 상류층의 삶보다 하층민들의 삶에 더 이끌린다는 것을 시사한다.

조이스와 사회주의의 인연은 그가 채 20세가 되기 전부터 시작되었다. 1901년에 그가 번역한 게르하르트 하웁트만Gerhart Hauptmann의 희곡 『해뜨기 전』*Vor Sonnenaufgang*에는 이상주의적인 사회주의자가 등장한다. 엘만에 의하면, 조이스는 이 작품을 통해 그가 혐오하는 폭력에 대한 가능한 "해독제"로서 사회주의를 생각하였다(87). 하웁트만의 또 다른 작품이 「가슴아픈 사건」A Painful Case의 더피씨의 책상 위에 놓여있는 것으로 보아 조이스가 입센의 후계자로 간주한 하웁트만에 대한 그의 관심이 일회적인 것이 아님을 알 수 있다. 1903년에 조이스는 헨리가Henry Street에서 열린 사회주의자들의 모임에 가끔 참석하였다(Ellmann, *James Joyce* 142). 스태니스로스도 그와 함께 이러한 모임에 참석했던 것에 대해서 회상하고 있다.

> 그의 정치적 경향은 사회주의였고, 「가슴아픈 사건」에 나오는 더피씨처럼 골방에서 열리는 사회주의자들의 모임에 자주 참석하였다. 나도 가끔 이 흐릿한 조명이 있는 우울한 장소에 형을 따라가서 설득력도 없는 말에 귀를 기울이곤 했다(169-70).

또한 1904년에 그가 쓴 에세이 「예술가의 초상」A Portrait of the Artist 초고의 결론부분에서 사회주의적 미래를 그려 보이고 있다는 점도 그가 이즈음에 이러한 사회를 바람직한 것으로 보고 있었다는 것을 증명해주는 듯이 보인다. 스태니스로스가 쓰고 있듯이 조이스는 트리에스테Trieste에서도 계속 자신을 사회주의자로 불렀다(170). 그가 폴라Pola, 트리에스테, 로마Rome 등에서 『더블린 사람들』, 『영웅 스티븐』을 집필하고 있을 때 사회주의에 대한 그의 지적인 관여는 절정에 이른 듯하다(Fairhall 50). 그것은 1906년에 그가 스태니스로스에게 쓴 편지에서 분명하게 드러난다.

> 너는 자주 나의 사회주의적 성향에 적대감을 보여 왔지. 하지만 너는 이와 같은 사실로부터 성직권주의clericalism, 귀족주의, 혹은 유산계급주의에 대한 반발에서 나온 프롤레타리아의 해방, 그것을 연기하는 것이 모든 종류의 압제로 복귀함을 의미할 거라는 것을 알지 못하겠니? (*L* II 148)

이 편지에서 우리는 조이스가 프롤레타리아의 즉각적인 등장을 원하고 있다는 것, 그의 사회주의는 성직자들에 의한 억압 등에 대한 반작용이라는 것, 그리고 그가 앞으로 작품을 통해 "모든 종류의 압제"에 대항하여 싸우고자 한다는 것이라는 것 등을 알 수 있다. 특히 그가 사회주의를 그가 대항해야 할 모든 "압제"에 대한 대항마로서 설정했다는 점에서 그가 이 시점에서 사회주의를 얼마나 신뢰하고 있었는지를 짐작해 볼 수 있다. 맨가니엘로도 주장하듯이, 민족주의자들은 오로지 한 가지종류의 압제, 즉 "외국인 정복자의 압제"에 대해서만 저항했지만 조이스는 이 온갖 종류의 압제가 아일랜드를 지배하고 있음을 인식하고 있었다(66). 「파넬 추모일의 선거 사무실」에서 선술집, 빈민가 셋집 등의 주인인 티어니는 민족주의 계열의 후보이지만 외세에 대한 저항 의욕은 전혀 보이지 않을 뿐만 아니라 성직자들과 한통속이 되어 있는 부르주아이다. 이런 점에서 그는 그의 정치적 소속에도 불구하고 온갖 종류의 "압제"를 행사하는 집단에 근접한 인물이라 볼 수 있다. 특히 주목할 것은 조이스가 이 이야기의 집필을 끝낸 1905년은 그가 사회주의에 한참 심취해 있던 시기이었다는 것이다. 조이스는 트리에스테에 머무르는 동안 노동자들과 친구가 되었고 사회주의자들이 쓴 저서들을 탐독하였다. 또한 그가 로마에 살고 있던 1906년 10월에 이탈리아 사회당Italian Socialist Party 전당대회가 열렸고, 그는 당내의 각 분파가 어떤 논쟁을 하는 지 속속들이 알고 있었을 정도로 사회당에 대해 지대한 관심을 보여주고 있었다. 조이스가 로마에 있는 동안 흥미를 느꼈던 이탈리아의 다양한 사회주의 분파들 간의 논쟁은 동생 스태니스로스에게 보낸 그의 편지 등에 자세히 드러나 있다. 하지만 전당대회가 끝난 후인 1907년 3월 조이스는 "사회주의 등등에 대한 관심이 나를 떠났다"(*L* II 217)고 말함으로써 그의 말을 액면 그대로 받아들이지 않는다 하더라도 최소한 사회주의에 대한 그의 열정이 이때쯤 어느 정도 식었음을 암시한다.

사회주의에 대한 조이스의 개념은 거의 그 자신의 단순한 생각들을 모아놓은 것이어서, 그가 스태니스로스에게 보낸 편지를 보면 알 수 있듯이, 그의 사회주의에 대한 입장이 계속 변하고 있다(Ellmann, *James Joyce* 197). 로마의 포도주 가게에서 누군가가 조이스가 사회주의자인지를 물었을 때 조이스의 친구는 그가 "이것저것 조금씩 섞인 사회주의자"(*L* II 183)라고 말함으로써 사회주의에 대한 조이스의 변화무쌍한 개념을 요약해주었다. 하지만 맨가니엘로는 조이스의 사회주의를 세밀히 분석하면서 그가 다양한 분파 중에서 특히 노동조합주의syndicalism와 무정부주의anarchism에 흥미를 보였음을 지적한다. 조이스는 두 흐름 중 노동조합주의보다 무정부주의에 훨씬 더 큰 매력을 느꼈고 많은 무정부주의자들이 쓴 글을 거의 읽고 있었다(Fairhall 51).

여기서 조이스가 생각했던 무정부주의란 혼란스러운 무정부 상태라기보다는 "정치적, 경제적, 혹은 종교적 권력기관에 의해 대표되는 강압적 기관에 의해서 방해받지 않는 새로운 사회"에 대한 지향을 가리킨다고 하겠다(Manganiello, *Joyce's* 73). 조이스는 『영웅 스티븐』과 『젊은 예술가의 초상』 등을 통해 주인공 스티븐이 이러한 강압적인 기관이 만들어낸 표준에 대해 저항하는 것을 그리고 있다. 『젊은 예술가의 초상』의 주인공 스티븐의 "non serviam"(섬기지 않겠다)의 선언은 이러한 기존질서에 저항하는 무정부주의자/반항아의 사세를 단적으로 보여주는 것이라고 할 수 있다.

또한 조이스는 노동조합주의의 지도자인 라브리올라Arturo Labriola에도 깊은 관심을 보였다(Gorman 183). 라브리올라는 총파업이라는 수단을 지지하였고 의회 사회주의parliamentary socialism에 반대하였다. 조이스는 의회의 아일랜드 당이 파넬을 몰아냈다고 보았기 때문에 아일랜드당을 우호적으로 보지 않았고 따라서 라브리올라가 의회 사회주의에 반대한 것에 호감을 가졌다(Fairhall 51). 또한 프롤레타리아의 즉각적인 등장을 원했던 조이스가 점진주의gradualism의 입장을 견지하지 않고 그 계층의 등장을 앞당기려 하고 있는 라브리올라에게 이끌리는 것은 당연하다 할 수 있다(Manganiello, *Joyce's* 66). 여기서 우리는 라브리올라가 사회주의자가 된 후 교회를 떠나 반 성직권주의자anti-clericalist가 된 것에 주목할 필요가 있다. 왜냐하면 조이스 자신이 반 성직권주의자일 뿐만 아니라 앞서도 언급했듯이 사회주의가 성직자의 억압을 막기 위해서 필요하다는 견해를 피력하였기 때문이다. 이러한 배경은 성직자, 노동자, 파넬주의자 등이 등장하는 「파넬 추모일의 선거 사무실」을 이해하고 해석하는 데 중요한 단서가 될 것이다.

「파넬 추모일의 선거 사무실」에 등장하는 성직자들은 그 당시의 현실에서처럼 정치에 깊이 관여하고 있다. 선거운동원인 오코너 O'Connor는 헨치가 그라임스Grimes는 어떻게 투표할 것 같은지 묻자 "잘 될 것 같다"(*D* 123)는 결론을 내린다. 그 이유는 그라임스가 티어니의 추천인들nominators이 누구인지 물었고 자신이 버크 신부Father Burke의 이름을 댔기 때문이라는 것이다. 그 당시 더블린에서 흔한 일이었듯이 성직자가 후보로 나선 정치인의 추천인이 됨으로써 정치에 영향력을 미치고 있음을 알 수 있다. 또한 키언 신부Father Keon는 선거 사무실에 와서 「은총」Grace에서 시장mayor 만드는 정치꾼으로 나오는 패닝Mr Fanning을 찾는다. 그가 떠난 후에 오코너는 헨치에게 두 사람의 관계가 "친밀한"thick 듯하다는 평가를 내리며 둘이서 카바나 주점Kavanagh's에서 자주 얼굴을 맞대고 있다고 말한다(*D* 126). 이 또한 성직자가 세속의 권력에 지나치게 깊이 관여하고 있음을 암시하고 있는 것에 다름 아닐 것이다. 키언 신부는 패닝과 더불어 티어니 운동을 하고 있는 것이고, 결국 가톨릭 신부들과 민족주의 정치인이 결탁하고 있음을 말해준다. 이와 같은 상황은 『젊은 예술가의 초상』의 크리스마스 만찬 장면에서 제시되고 있는 것과 크게 다르다. 만찬에서 파넬 옹호자들인 케이시씨Mr Casey와 사이몬Simon Daedalus은 성직자들이 설교를 통해 파넬을 비난했을 뿐만 아니라 나중에는 파넬측 후보들을 떨어뜨리기 위해 적극적으로 선거에 개입한 것에 관해 불만을 토로한다. 결국 댄티Dante로 대표되는 아일랜드 가톨릭 신자와 케이시씨로 대표되는 민족주의자간의 다툼이 격화된다. 그럴 수밖에 없는 것이 파넬주의자들은 파넬이 그의 반대자들에 의해 죽임을 당한 것(그들 때문에 죽게 된 것)으로 보고 있기 때문이다. 실제로 케이시씨가 "추장이 돌아가시기 전에"before the chief died라고 하자 사이몬은 즉시 "살해당하시기 전에"before he was killed(36)로 고쳐서 말한다. 이 두 진영은 분명하게 나뉘어져 댄티는 "하느님과 종교가 모든 것보다 우선한다"(39)고 외치고, 반면에 케이시씨는 "아일랜드에는 신이 필요없다"(39)고 소리 지르는 극단적 입장에까지 이르게 된다. 댄티는 민족보다도 종교가 위에 있다는 것이고 케이시씨는 그렇다면 아일랜드에는 그런 종교가 필요 없다는 것이다. 하지만 「파넬 추모일의 선거 사무실」에서는 이러한 양자대립이 다른 양상으로 나타난다. 파넬의 후계자임을 자처하는 민족주의 계열의 후보자가 파넬을 몰락시키는 데 앞장섰던 성직자들과 정치적으로 맞서는 대신 그들과 결탁하고 있기 때문이다.

파넬 추모일인 이 날 사람들은 상의에 담쟁이 잎을 꽂음으로써 파넬을 추모하지만 키언 신부는 그러한 상징물을 부착하지 않음으로써 자신이 반파넬주의자임을 보여준다. 민족주의 계열의 정치인이 권력을 획득하기 위해 이러한 반파넬주의자와 손을 잡고 있는 것이다. 파넬 사후의 민족주의 정치가들은 한 걸음 더 나아가서 그들의 전통적인 적이라 할 수 있는 보수당 사람과도 같이 일하고 있다. 친영파이며 소수파인 보수당은 자기 당의 후보인 윌킨스Wilkins를 사퇴시킨 후 아마 "둘 중 덜 악한"(*D* 131) (즉 덜 급진적인) 민족주의자들 쪽의 손을 들어주었을 것이다. 그래서 보수당 출신의 크로프턴Crofton이 민족주의 진영의 티어니의 선거운동 캠프에 합류하고 있는 것이다. 페어홀은 라이온스Bantam Lyons도 보수당에 속한 사람이라고 주장하지만(93) 여러 가지 정황으로 미루어 보아 그럴 가능성은 매우 적어 보인다. 그것은 무엇보다도 텍스트에서 라이온스도 함께 있는 자리에서 크로프턴만이 보수당원이라고 언급되고 있기 때문이다. 다만 라이온스는 가톨릭 신부들의 반파넬주의를 지지하는 유일한 사람이라는 점에서 보수당원에 가깝다고 할 수 있다. 하지만 그가 영국왕의 아일랜드 방문을 환영하지 않아야 한다고 주장하는 점은 그가 크로프턴 같은 보수당원들과 달리 친영파가 아닐 것이라는 암시를 준다. 참고로 「은총」Grace에서 크로프턴은 개신교도이자 친영파Orangeman로 설명되고 있고 (*D* 165), 이 이야기에서도 왕의 방문을 환영하는 사람으로 나온다. 하지만 라이온스는 파넬이 자신의 비도덕적 행동 때문에 지도자의 자리에서 물러났듯이 영국의 에드워드7세도 방탕한 삶을 살았기 때문에 환영받을만한 지도자가 되지 못한다는 주장을 편다.

— 하지만, 에드워드 왕의 삶이 바로 그 . . . 라이온스씨가 따질듯이 물었다.
— 지나간 일은 지나간 일이고. 난 그 양반을 개인적으로 존경한다네. 그 분은 당신이나 나 같이 놀기 좋아하는 보통 사람이네. 술 좋아하고 아마 약간 난봉꾼에다 멋있는 스포츠맨이네. 젠장, 우리 아일랜드 사람들은 페어플레이를 하면 안 되나?, 헨치씨가 말했다.
— 뭐 그건 다 좋네, 하지만 이제 파넬의 경우를 생각해 보게, 라이언스씨가 말했다.
— 도대체 두 경우에 무슨 유사성이 있다고 그러는 건가? 헨치씨가 말했다.

— 무슨 말이냐 하면 우리에겐 우리의 이상理想이 있네. 자, 왜 우리가 그런 사람을 환영해야 하는 건가? 파넬이 그런 짓을 하고도 우리의 지도자로 적합했다고 생각하나? 그렇다면 왜 에드워드7세를 환영해야 하는 건가? 라이언스씨가 말했다.
— 오늘은 파넬의 추모일이니 나쁜 감정을 불러일으키지 말세. 이제 그 분은 돌아가시고 안 계시니 모두 그 분을 존경하는 것 아닌가. 보수당원들까지도 말일세, 오코너씨가 크로프턴씨를 돌아보며 말했다. (*D* 132)

여기서 오코너가 라이온스에게 말하면서 보수당원을 언급하며 크로프턴을 향한다는 것은 크로프턴만이 보수당원이라는 것을 재확인해주는 것이다. 따라서 라이온스는 『젊은 예술가의 초상』에 나오는 댄티처럼 성직자들의 입장을 대변하는 반파넬주의자로 볼 수 있지만 보수당원이라고 할 수는 없다. 그는 댄티와 유사하게 파넬의 도덕성을 공격하고 지도자로서의 부적격성을 강조한다. 다만 그녀와의 차이가 있다면 그녀의 절대적인 종교 대신에 그는 막연히 "이상"ideal을 말하고 있다는 정도일 것이다. 여기서 흥미로운 것은 「자매」The Sisters에서 코터Mr Cotter가 타락한 성직자인 플린 신부Father Flynn를 가리킬 때 위에서 라이온스가 에드워드 8세를 가리킬 때 사용하는 것과 동일한 "그런 사람"a man like that이라는 표현을 쓴다는 점이다. 코터는 자신의 자녀들이라면 절대 그런 사람과 접촉하지 않도록 하겠다며 플린 신부를 상종해서는 안 될 사람으로 내몬다. 그것은 라이온스가 영국 왕과 파넬에 대해서 갖는 태도와 다르지 않다. 이처럼 선거사무실committee room에서 파넬을 비난하는 등 그에 대해 논쟁하는 모습은 파넬의 몰락 직전 웨스트민스터의 영국 하원 15호 위원회실에서 그의 운명을 두고 논쟁했던 장면을 연상케 한다. 어쩌면 이 이야기가 그리고 있는 것은 딘Deane의 표현대로 "파넬 세계의 희미한 모방 혹은 그림자 같은 것"("Dead ends" 29)일지 모른다. 파넬은 자신의 추모일에 다시 한 번 위원회실에서 상징적인 몰락의 과정을 거치고 있는 셈이다.

정치인들의 목표는 더 이상 파넬의 것과 일치하지 않는다. 헨치가 아래에서 말하듯이 파넬은 이미 죽었고 그의 가치관이나 목표도 이미 과거의 것이 되었다. 현재 그들에게 필요한 것은 자본이다.

> — 들어봐. 내가 와드 노인에게도 말했듯이, 이 나라에서 우리에게 필요한 것은 자본일세. 왕이 여기로 온다는 것은 이 나라로 돈이 흘러들어온다는 거를 말하는 거네. 더블린 시민들은 그 덕을 볼 걸세. 부둣가에 놀고 있는 모든 공장들을 보게. 우리가 옛 산업, 제분소나 조선소, 그리고 공장들만 돌아가게 해도 얼마나 많은 돈이 생길 것인지 생각해 보게. 우리가 필요한 건 자본일세, 헨치씨가 말했다.
> — 하지만 이봐 죤. 왜 우리가 영국 왕을 환영해야 하나? 파넬 그분도 . . . , 오코너씨가 말했다.
> — 파넬은 죽었어. . . . (*D* 131-32)

헨치가 사무실에 들어서며 맨 처음 한 말이 "돈"에 관한 것이었고 티어니를 위해 선거 운동하는 유일한 목적이 술과 돈을 얻기 위한 것이라는 것을 고려해 볼 때 그가 파넬주의보다 자본을 중요시 한 것은 당연하다고 할 수 있다. 유일한 파넬주의자라 할 수 있는 하인즈가 자신의 옷깃에 부착된, 파넬을 상징하는 담쟁이 잎을 가리키며 "이 분이 살아계신다면, 환영사 얘기 따위는 꺼내지도 못할텐데”(*D* 122)라고 말하는 것은 파넬의 죽음이후 파넬주의가 힘을 잃었다는 것을 의미한다. 작품의 시작부터 자주 잭 노인Old Jack이 뜬 숯을 석탄더미 위에 뿌리며 불을 살려내려 안간힘을 쓰는 모습은 마치 그가 자신도 모르게 그의 행동을 통해 꺼져가는 파넬주의의 불씨를 살리려고 함을 암시하고 있기라도 하는 듯이 보인다. 『율리시스』에서도 블룸은 점점 잊혀져 가는 파넬을 떠올리고 “파넬 추모일이 점점 빛을 잃어가고 있다”Ivy Day dying out (*U*6.855)는 생각을 하며 씁쓸해 한다. 앞 인용문에서도 언급되었지만, 이제는 파넬의 적이었던 보수당원들조차도 그를 존경한다는 것은 그가 죽어서 더 이상 영향력을 발휘할 수 없기 때문일 것이다. 티어니의 운동원들에게는 그들이 지지하는 후보자의 이데올로기에 대한 신뢰나 그에 대한 헌신이 보이지 않는다. 그들은 헨치와 마찬가지로 모두 돈(과 술)을 위해서 일한다. 선거원들 중 오코너가 그나마 파넬을 잊지 않고 있는 듯이 보이지만 그도 티어니로부터 당장 돈을 받지 못하자, “돈도 주지 않으면서 어떻게 우리가 자기를 위해 일하기를 바라지?”(*D* 123)라고 불평함으로써 그의 속내를 내비친다. 파넬은 이제 하인즈가 읊는 감상적인 창작품 「파넬의 죽음」The Death of Parnell 안에서만 주인공이 될 수 있을 뿐이다. 파넬이 더 이상 현실에서 정치적 위협이 될 수 없으므로 친영파인 크로프턴도 파넬에 대해서 쓴 시에 대해서 “잘 쓴 작품”a very fine piece of writing이라고 관대하게 칭찬한다(Booker 60). 파넬은 문학적 허구 속에 박제된 존재에 불과하기 때문이다.

앞의 인용문에서 볼 수 있듯이, 헨치는 영국왕의 방문이 사본의 유입을 의미하고 그렇게 되면 휴업중인 공장들이 돌아갈 것이라고 주장한다. 그는 에드워드왕의 제국주의를 관용적으로 받아들이기도 하지만 그보다도 더욱 제국이 제공할 수 있는 자본에 의한 산업의 활성화에 큰 기대를 걸고 있다. 그가 자본의 유입에 대한 이야기를 했던 와드 노인에게 또한 같은 맥락에서 '자본가' 티어니를 지지하는 말을 했다. "그 분은 고액 납세자예요. . . 시내에 광범위한 부동산이 있고 사업체가 세 군데나 있어요. 그러면 세금을 낮추는 것이 그 분에게도 이롭지 않겠어요?"(*D* 131) 헨치는 정치적 권력과 경제적 힘을 현재 소유하고 있는 사람들의 입장을 이해하려 애쓰는 인물 유형으로 보인다. 딘Deane도 헨치가 "파넬시대의 민족주의"를 "에드워드 시대의 제국주의"에 타협시키려고 하는 사람으로 본다. 따라서 그는 현재의 권력에 도전하는 사람들을 배신자 등으로 부른다("Dead end" 31). 예를 들면, 그는 "반제국주의 투사들"hillsiders and fenians을 영국의 총독부에 고용된 배신자들로 내몬다(*D* 125). 또한 노동당의 콜간Colgan을 위해서 선거운동을 하는 하인즈를 "스파이"(*D* 124)로 전락시킨다. 그는 그 당시의 대다수의 아일랜드 사람들과 마찬가지로 자본주의를 인정하고 받아들였으며(Fairhall 95), 이야기 속에서 가장 "반 노동운동가적인 사람이며 반피니언주의자"(Deane, "Dead ends" 29)라 할 수 있다.

이 이야기에서 유일하게 하층민에 속하는 인물이 늙은 잭인데 그가 헨치처럼 자본가와 권력가를 옹호하고 노동자를 경멸하는 것은 아이러니이다. 그는 노동자 출신인 콜간을 부를 때 앞에 Mr를 생략할 뿐만 아니라 "뜨내기"tinker라는 용어를 사용함으로써 그를 멸시한다.

노인은 불 옆의 자리로 돌아가면서 말했다.

— 어쨌든 [티어니는] 돈이 있으니까 [지불할 거야]. 다른 뜨네기와는 다르지.

— 다른 뜨네기라니요? 하인즈가 말했다.

— 콜간 말일세, 노인이 경멸하듯이 말했다.

— 그런 식으로 말씀하시는 것은 콜간이 노동자이기 때문인가요? 선하고 정직한 벽돌공과 술집주인이 뭐가 다르죠? — 예? 노동자에게도 시정에 참여할 권리를 있지 않나요? 오히려 높은 양반 앞에서 항상 굽실대는 친영파 정치인들보다 그런 권리가 더 많이 있지 않나요? 그렇지 않은가, 맽? 하인즈가 오코너씨에게 말했다.

— 맞는 것 같네, 오코너씨가 말했다.

— 이 사람은 게으름이라고는 모르는 정직한 사람이네. 노동계층을 대표하기 위해 출마한 거지. 자네가 운동하고 있는 사람은 단지 이권 때문에 나선 거구.

— 물론, 노동계층도 대표할 사람이 있어야지, 노인이 말했다.

— 노동자는 모든 천대를 다 받아요. 하지만 모든 물건을 생산해내는 것은 노동이지요. 노동자는 아들들, 조카들, 사촌들에게 돈벌이 잘되는 일자리나 얻어주려고 혈안이 되어 있지 않아요. 노동자는 독일 군주[독일계 후손인 영국의 왕]의 환심을 사기 위해 더블린의 명예에 먹칠하지도 않아요, 하인즈씨가 말했다. (*D* 121)

하인즈는 노동자가 부의 정직한 생산자임을 주장하며 노동자 옹호론을 펴지만 정작 노동자 자신인 잭은 노동자를 하시하며 헨치와 마찬가지로 부를 소유하고 있는 자 편에 시시 말한다. 잭은 키건Keegan으로부터 들은 이야기, 즉 노동자 출신 시장이 화려하게 접대하지 않고 매우 검소하게 소비했다는 이야기를 하며 그 시장을 경멸한다(*D* 125). 그는 「경주가 끝난 뒤」의 표현을 빌어 말하자면, "기꺼이 억압받는 자들"the gratefully oppressed (*D* 42)에 속한다고 할 수 있을 것이다. 평생 억압받는 입장에서 살아 온 노인은 이제 억압자들의 논리를 내재화하여 그들의 입장에서 자신이 포함된, 억압받는 자들을 내려다보는 것이다.

하인즈는 이야기 속에서 유일하게 변절하지 않은 충실한 파넬주의자라 할 수 있다. 신문기자인 그는 『율리시스』의 「하데스」Hades장에서도 디그넘Dignam의 장례식에 취재차 참석했다가 묘지를 떠나기 전 파넬, 즉 "대장의 묘지"the chief's grave (*U*6.919)에 들르는 것을 잊지 않는다. 그는 『젊은 예술가의 초상』의 피니언단원 케이시씨처럼 반제국주의적인 생각을 과격한 행동으로 옮기지는 않지만 그와 마찬가지로 반제국주의자이며, 비록 펜을 통해 생각을 보여주기는 하지만, 파넬주의자라는 점에서는 그와 유사하다. 헨치가 그를 피니언단과 관련이 있는 자로 보는 것은 그와 케이시 간의 유사성을 더 공고히 해준다. 한편 깁슨Andrew Gibson에 의하면, 조이스의 아버지를 비롯한 그의 집안 어른들은 피니언단과 밀접한 관계를 유지하였다(*James Joyce* 23). 파넬도 이혼 스캔들 사건 이후에 피니언단을 아일랜드 민족주의의 중심에 있는 단체로 여겼고 이에 피니언단도 파넬에 대한 무조건적인 지지를 보냈다. 따라서 피니언단과 파넬주의 사이의 관계는 더 이상 논의할 필요가 없을 정도로 밀접한 것이었다고 할 수 있다. 또한 역사적으로 아일랜드 가톨릭 교회는 자주 영국과 타협하는 편을 선택해왔을 뿐만 아니라 영국정부에 협조하기도 했기 때문에(Connolly, *Selected*

Writings 60-64), 피니언단은 "교회의 전통적인 적"이 될 수밖에 없었다 (Gibson, *James Joyce* 23). 따라서 피니언단은 대영제국뿐만 아니라 교회에 맞선 단체라고 할 수 있을 것이다. 여기서 주목할 점은 스티븐이 『율리시스』에서 자신을 두 주인, 즉 대영제국과 가톨릭교회의 "종" (*U*1.638)이라고 함으로써 두 세력에 적대감을 보이면서 피니언단과의 유대감을 암시하고 있다는 것이다. 많은 파넬주의자들처럼 파넬이 영국과 교회의 공모에 의해서 몰락했다고 봄으로써 그도 피니언단과 적을 공유하고 있었다고 할 수 있다.

그런데 역사적 관점에서 영국과 교회의 공모를 주장한 사람이 아일랜드의 대표적인 사회주의자이었으며 1916년 부활절 봉기Easter Rising의 주동자로 처형당한 코널리James Connolly였다는 점을 아는 것은 중요하다. 그는 조이스에게 영향을 미친 사람이었을 뿐만 아니라 (Gibson, *James Joyce* 24), 이 이야기 속의 콜간과 많은 유사성을 보여주고 있기 때문이다. 페어홀도 여러 가지 정황으로 보아 조이스가 코널리의 연설을 직접 들었고 그가 출마한 시의회의원 선거에 대해서도 잘 알았을 가능성이 매우 높다고 주장한다(96). 코널리가 민족주의에 사회주의를 접목시키기 위해 아일랜드 사회주의 공화당Irish Socialist Republican Party을 창립한 1896년에 조이스는 겨우 14세에 불과하였지만 앞서도 언급하였듯이 조이스는 이미 1901년에 사회주의에 관심을 갖기 시작하였기 때문이다. 우연히 코널리와 조이스는 둘 다 1903년의 시의회의원 선거 이후에 각각 아일랜드를 떠났지만 아마 1901년부터 1903년까지 조이스가 코널리의 활약과 그의 이론을 알고 있었을 가능성이 다분히 많다고 하는 페어홀의 주장은 매우 설득력이 있다. 왜냐하면 당시 아일랜드에서 사회주의자들은 극소수였고 따라서 코널리와 그가 이끄는 사회주의 당은 "매우 눈에 띄지" 않을 수 없었기 때문이다(Fairhall 96). 특히 코널리는 빅토리아 여왕 즉위 60주년 축전과 보어전쟁에 항거한 것으로 악명이 높았는데 더구나 사회주의에 관심을 가지고 있던 조이스가 대표적인 사회주의자인 주동자를 몰랐을 가능성은 거의 전무하다. 조이스가 「파넬 추모일의 선거사무실」보다 한 달 일찍 집필을 끝낸 「가슴아픈 사건」A Painful Case에서 더피 씨가 "한 아일랜드 사회주의 당an Irish Socialist Party의 집회에서 얼마동안 봉사"했다(*D* 110)는 말을 한 것으로 보더라도 조이스가 아일랜드 내의 사회주의 정당에 대해서 잘 알고 있었으리라는 것을 추측할 수 있다.

더욱 흥미로운 것은 1902년[2]의 선거를 다루고 있는 조이스의 이야기가 실제로 같은 해와 다음해 코널리가 출마한 선거판 상황을 상기시킨다는 점이다. 코널리는 두 번의 선거에서 노동자 후보로 출마하여 민족주의 계열의 후보와 맞섰으며 모두 낙선하였다. 코널리는 민족주의 계열의 사람들은 자본주의를 신봉하는 "중산층의 당"이라 하였는데(Fairhall 97), 이 이야기에서도 헨치를 비롯하여 티어니의 당선을 위해 일하고 있는 사람들은 모두 이에 속한다. 무엇보다도 그 당시 코널리를 물리칠 도구로서 사용되었던 것, 즉 "종교, 술, 돈"(Fairhall 97)은 이 이야기에서 콜간을 이길 방도로서 동일하게 사용되고 있다. 코널리는 민족주의 후보들이 시의회의원 선거에서 계속 당선되는 이

2 에드워드7세가 더블린을 방문한 것은 1903년 여름이었는데 이에 대한 논의가 이루어지고 있는 것으로 보아 1902년이 이 이야기의 시간적 배경이 될 것이다.

유를 그들이 유권자들에게 제공하는 "공짜 술" 탓으로 돌렸고(Daly 218), 술의 위력은 조이스의 이야기에서도 끊임없이 들리는 마개 따는 소리 "퍽"을 통해 상기된다. 또한 신부들이 티어니의 당선을 위해 나서고 있듯이 그 당시 성직자들도 코널리같은 사회주의자들을 낙선시키기 위해 애썼다는 점은 주목할 만하다. 그 시기에 "민족주의 후보자들은 선거 때 가톨릭 성직자들의 강력한 영향력을 확신하고 있었고," 그것은 "선거구를 사회주의 침투자들로부터 보호하기 위한 것" 이었다(O'Brien 88). 사회주의 후보자에 대한 성직자들의 공공연한 비난으로 득표가 어려워진 코널리는 그의 선거구 투표자들을 가리켜 "성직자들로 시달리는"priest-ridden 사람들이라는 표현을 했다고 한다(O'Brien 88). 그런데 이것은 『젊은 예술가의 초상』의 크리스마스 만찬에서 파넬주의자인 사이몬이 사용한 것과 동일한 표현이어서 주목할 필요가 있다. 케이시가 파넬의 애인을 모욕한 여자를 혼내주었다는 이야기를 하자, 사이몬은 "성직자들이 지배하고 있어. 우린 성직자들로 시달리는 불행한 민족이야"We are an unfortunate priestridden race (*P* 37)라고 말함으로써 코널리와 동일한 언어를 사용한다. 코널리는 파넬주의자와 같은 입장에서 성직자들을 비난하고 있는 것이고, 이야기 속의 콜간도 직접 말할 기회가 주어졌다면 아마 그의 낙선을 위해 깊이 개입하여 영향력을 미치고 있는 성직자들에게 같은 비난을 하고 싶을 것이다.

이처럼 그 당시 아일랜드에서 사회주의자와 파넬주의자는 피상적으로 보이는 것보다 훨씬 더 가까운 사이이었음을 알 수 있다. 제국은 자본주의라는 수단을 통하여 식민지를 통치한다. 그렇다면 티어니저럼 자본주의를 통해 이득을 얻는 사람들은 겉으로는 민족주의를 내세우지만 자신도 모르게 영국의 통치 구조의 일부분이 되어 있다고 할 수 있다. 앞에서도 인용했듯이 하인즈가 노동자 대표와 대조시켜 민족주의자 정치인들을 "높은 양반 앞에서 항상 굽실대는 친영파 정치인들"(*D* 121)로 깎아내리는 것도 그런 연유에서일 것이다. 그렇기 때문에 그는 정책적으로 민족주의 계열의 후보이지만, 하인즈가 예측하듯이, 그가 영국왕의 방문을 환영할 가능성이 많다.

> — 우리의 후보[티어니]는 환영사 안에 찬성하지 않을 거네. 민족주의 진영의 후보로 나선 분이니, 오코너씨가 말했다.
> — 찬성하지 않을 거라구? 그럴지 그렇지 않을지는 두고 보게. 나는 그 사람을 잘 알아. 그래서 "교활한" 티어니라고 부르지 않는가? 하인즈씨가 말했다.
> — 그건 그래. 아마 자네 생각이 맞을지 모르겠네. 어쨌든 그 양반이 [우리에게 지불할] 돈을 가지고 나타났으면 좋겠네, 오코너씨가 말했다. . . . (*D* 122)

티어니같은 자본가들과 달리 자본주의하에서 고통을 받고 있는 사람들은, 잉글리쉬Richard English가 단순화해서 설명하듯이, 현재의 정치적 상황을 전복시키고 싶을 것이다(204). 이런 맥락에서 민족주의에 사회주의를 접목시키려 했던 코널리도 다음과 같이 자신의 입장을 정당화한다. "내일 영국 군대를 몰아내고 총독부에 아일랜드 국기를 올린다 하더라도 사회주의 공화국 같은 조직이 건립되지 않는다면 모든 노력은 수포로 돌아갈 것이다. 영국은 아직도 자본주의자들을 통해,

지주들을 통해, 금융업자들을 통해 . . . 지배할 것이기 때문이다" (*Selected Writings* 124). 그로부터 약 20여년 뒤 코널리는 민족주의자들에 의해서 계획된 부활절 봉기에 참여하면서 "노동운동의 대의大義는 아일랜드의 대의이고 아일랜드의 대의는 노동운동의 대의다. 이 둘은 분리될 수 없다"(*Collected Works* 175)고 함으로써 파넬의 민족주의와 사회주의의 목적이 서로 다르지 않음을 주장하였다. 이런 맥락에서 보았을 때, 사회주의는 억압받는 노동계급에, 파넬의 민족주의는 아일랜드의 자치에, 활동방향의 초점을 맞춘 것은 사실이지만 둘 다 아일랜드의 독립을 원했다는 점에서는 크게 다르지 않다는 것을 알 수 있다. 그렇기 때문에 파넬주의자인 사이몬과 사회주의자인 코널리가 성직자들과 관련하여 동일한 표현을 쓰고 그들에 대해서 같은 태도를 취할 수 있었을 것이고, 그것은 조이스의 입장을 대변한 것이기도 할 것이다.

이런 관점에서 보았을 때, 조이스가 파넬을 이어받은 민족주의 후보를 패러디의 대상으로 삼고 오히려 노동계/사회주의 노선의 후보자를 우호적으로 그린 것은 전혀 모순이 아님을 알 수 있다. 그렇다고 해서 그의 파넬주의가 약화된 것은 아니기 때문이다. 물론 딘Deane은 조이스의 파넬주의가 『율리시스』와 『피네간즈 웨이크』 등 후기작품으로 오면서 약화되고 심지어는 소멸된 것으로 보기도 한다("Parnell" 187-88). 왜냐하면 초기작품과 이탈리아에서 쓴 에세이 등과 달리 후기 작품에서는 파넬에 대한 언급이 적을 뿐만 아니라 몇 있는 것도 파넬의 몰락과 관련하여 이렇다할만한 내용은 없는 것으로 보기 때문이다. 후기작들과 관련한 딘의 견해에 동의하든 하지 않든 간에, 『선거사무실의 파넬 추모일」에서 조이스의 파넬주의가 강하게 감지된다는 데에는 이견이 있을 수 없다. 그것은 파넬의 외견상 계승자인 티어니와의 대조를 통해 그의 부재가 더욱 부각된다는 점, 그리고 하인즈의 감상적인 시를 통해 죽은 지 11년이나 되었지만 아직도 그의 죽음에 대한 울분이 사라지지 않고 있다는 점 등에서 느껴진다. 하인즈는 충실한 파넬주의자이며 콜간같은 사회주의적 성향의 후보에 대한 지지자이다. 그가 충성스러운 파넬주의자이면서도 외형적으로 파넬을 계승한 민족주의 계열 후보자 대신 콜간의 당선을 위해 일한다는 것은 모순이 아니다. 그것은 이야기 속의 정치가들이, 티어니의 선거운동원인 헨치가 대변하듯이, 영국왕의 방문, 나아가서는 제국의 수단이 되고 있는 자본주의를 환영하고 있을 뿐만 아니라 반파넬주의자인 가톨릭 신부들과 공모하고 있기 때문이다. 특히 조이스는 "로마 [가톨릭]의 압제가 영혼의 궁전을 점령하고 있는데 영국의 압제를 비난하는 것은 별 소용이 없다"(*CW* 173)고 씀으로써 유별나게 성직자들의 지배에 대해 강한 반감을 느끼고 있었다는 점을 상기할 필요가 있다. 사회주의자들, 파넬주의자들, 그리고 피니언단원들은 그러한 성직자들의 공동의 적이었다는 점에서 같은 편에 선 자들이고, 최소한 이 시기의 조이스도 이들 편에서 성직자들과 맞서고 있었을 것이다. 또한 피니언단원으로 의심받는 하인즈도 자신의 정체성에 가장 적합한 곳에 서 있는 것이라고 할 수 있다. 따라서 이 작품이 조이스의 파넬주의와 사회주의 간의 모순을 반영하는 것(Fairhall 93)이라든지, 파넬과 코널리가 상호배제적인 관계라는 진단도 수정을 필요로 한다(Fairhall 105). 여기서 적대관계는 파넬주의에서 많이 벗어나 있는 민족주의자들과 사회주의자들 간에 존재하는 것이기 때문이다.

물론 「선거사무실의 파넬 추모일」이 파넬과 그의 후계자들, 혹은 파넬주의와 왜곡된 파넬주의 간의 대조에 초점을 맞추고 있어서 사회주의의 문제는 주변부에 머무르고 있는 것은 사실이다. 노동당 후보자인 콜간은 무대 밖에 존재할 뿐이다. 그리고 이것은 또한 그 당시 더블린 정치 환경에서 민족주의 정치인들과 사회주의자들의 상대적 비중을 비교적 정확히 반영한 것이라고 할 수 있다. 그럼에도 불구하고 이것이 조이스의 생각 속에서 파넬주의와 사회주의이 부조화를 의미한다고 할 수는 없다. 왜냐하면 파넬주의가 이야기의 중심무대를 차지하고 있기는 하지만 주로 부패한 측면이 제시되고 있고 사회주의는 비록 초점에서 벗어나 있지만 그 부패에 대한 해독제로서 암시되고 있기 때문이다. 어떤 면에서, 무대 위의 인물들의 나락성 정도에 대한 리트머스 시험지는 무대 밖에 존재하는 죽은 파넬과 주변부의 콜간 이라 할 수 있을 것이다. 이런 점에서 이 둘은 부재를 통해 존재를 부각시키고 있으며 또한 파넬주의와 사회주의 간의 양립 가능성을 넌지시 암시해 주고 있다고 하겠다.

7

「경주가 끝난 뒤」에서의 피식민지인의 가면의 삶

7

「경주가 끝난 뒤」에서의 피식민지인의 가면의 삶

이 이야기는 작가인 조이스뿐만 아니라 비평가들에 의해서도 그리 높은 점수를 받지 못했다. 조이스는 이 작품이 1904년 12월 17일 처음으로 출판되었을 때 만족하지 못했을 뿐만 아니라 2, 3년이 지난 후에도 수정하고 싶어 했다고 한다(Bowen, "After the Race" 53). 이렇게 낮은 평가를 받게 된 이유에 대해서는 대략 조이스가 이 작품에서 다루고 있는 더블린의 신흥 부자들이라든지 국제적인 자동차 경주 대회에 대해서 직접적으로 잘 알고 있지 않았기 때문일 것이라고 추측들 한다. 사실 조이스는 그가 잘 알고 있는 중하류 층의 더블린 사람들을 묘사할 때는 천부적 솜씨를 잘 발휘했지만, 자동차 경주대회에 대해서는 프랑스인 자동차 경주선수를 인터뷰해서 『아이리쉬 타임스』*Irish Times*에 실은 것이 그의 경험의 전부였다. 조이스는 1903년 더블린에서 열린 제임스 고던 베넷 컵James Gordon Bennett Cup 경주에 출전하게 되어 있던 파리의 자동차 딜러이자 자동차 경주 선수인 앙리 푸니에Henri Fournier와 인터뷰를 했고 이에 대한 기억을 되살려 다음 해에 이 이야기를 썼다고 한다. 하지만 스태니스로스 조이스Stanislaus Joyce에 의하면 조이스는 푸니에가 어떤 차종을 운전하게 될지도 몰랐고 시속 86마일이 "섬뜩하게 하는 속도"라고 생각할 정도로 자동차 경주에 대해 무지했다(225). 뿐만 아니라 조이스는 더블린에서 열리는 경주에 참석하지조차 않았다. 이러한 이유 때문에 자동차 경주가 다른 이야기들의 소재와 달리 생동감 있게 묘사되지 못한 것은 사실이다. 그러나 주인공인 지미 도일Jimmy Doyle의 행동과 심리에 대한 리얼한 묘사라든지 식민지인 아일랜드의 현실을 역사적 배경과 연결시킨 주제의 제시, 그리고 상징의 사용 등에서 조이스의 재능은 여전히 유지되고 있는 것으로 보인다. 본 논문은 이 이야기에 대한 일반적인 낮은 평가에도 불구하고 조이스가 얼마나 날카롭고 세밀하게 피식민지인으로서 지미가 영위하고 있는 가면의 삶을 재현시키고 있는지를 살펴보는데 목적이 있다.

먼저, 제목("After the Race")이 함축하는 의미부터 살펴보자. 쳉Vincent J. Cheng의 지적대로 "Race"는 "경주"라는 뜻 외에 "인종" 및 "국가"를 가리키기도 한다(103). 따라서 이 이야기는 피상적으로는 자동차 경주에 대한 것이지만 인종 혹은 국가들 간의 경쟁에 관한 것이기도 하다. 실제로 이야기 속에는 다양한 국적의 인물들이 등장한다. 자동차 기업가인 프랑스인, 프랑스계 캐나다인, 케임브리지 대학 출신의 영국인, 피아니스트인 헝가리인, 그리고 요트를 소유하고 있는 미국인 등이 마치 국제 사회의 축소판을 보여주는 듯하다. 또한 제목 중의

"After"는 "완료"의 뜻을 나타내는 것으로 경기, 게임, 혹은 경쟁이 이미 끝나 승자와 패자가 결정되어 있음을 암시한다. 따라서 이야기는 자동차 경주가 완료된 시점에서 시작되고 있다. 또한 아일랜드 사람들은 아일랜드가 이미 제국에 종속된 식민지라는 것을 당연한 현실로 받아들인다. 그리고 그들은 유럽 다른 나라 민족들과의 우열 경쟁이란 이미 끝난 게임이나 다름없는 것으로 여긴다. 그것은 지미의 경우에도 마찬가지이지만 — 예컨대 그는 요트에서 카드 게임을 할 때 자신이 질 것이라는 것도 이미 알고 있다 — 그는 가면을 씀으로써 자신의 열등한 정체성을 인정하지 않으려고 애쓸 뿐이다.

이야기의 첫 단락은 자동차 경주대회에서 경주용 차들이 골인지점을 통과한 후 들어오고 있는 장면에 대한 묘사로 시작된다. 여기서 "더블린을 향해 일직선으로 질주해 오고 있는" 자동차는 유럽대륙의 "부와 산업"을 상징하고 관중들이 무리를 지어 늘어 서 있는 네이스로路는 아일랜드의 "가난과 마비"를 나타낸다(*D* 42). 사람들은 차에 (그리고 아마 그것이 나타내는 나라에) "경의를 표하기 위해"(*D* 45) 모여든다. 따라서 아일랜드 사람들을 "기꺼이 억압받는 자들"the gratefully oppressed (*D* 42)로 표현하는 것은 무리가 아니다. 그들은 이미 결정된 열등한 위치를 감지덕지하면서 수동적으로 수용하고 있기 때문이다. 쳉의 관점에서 이것은 피식민지인들이 식민자들의 가치관을 내재화하여 식민자들의 활약을 찬양하고 "합의상의 노예들"이 되는 것과 다름없다(105). 대부분의 아일랜드인들은 이제 드러내놓고 자신들의 처지를 인정한다. 그들은 경쟁/경주에서 이기지 못할 것이라는 것을 알고 있을 뿐만 아니라 다른 유럽민족들의 승리에 박수까지 보내며 환호하는 것이다.

그런데 "기꺼이 억압받는 자"들이 다른 나라 사람들이 아닌 프랑스 사람들에게 환호를 보내는 이유는 무엇일까? 그것은 아일랜드 사람들이 오랫동안 프랑스 사람들을 그들을 억압으로부터 해방시켜 줄 해방자들로 생각해 왔기 때문일 것이다. 프랑스인들에 의한 아일랜드인들의 해방은 물론 엄밀히 말해서 새로운 것이라 할 수 없다. 스튜어트 왕가Stuarts 시대, 특히 월프 톤Wolf Tone의 시대 이래로 아일랜드 사람들은 프랑스인들을 유력한 해방자들로 생각해 왔다. 프랑스인들은 1690년대와 1790년대에 아일랜드인들을 해방시키는데 실패하였는데 이제 다시 100년이 지난 후를 다루고 있는 「자동차 경주가 끝난 후」에서 역사가 반복되고 있는지 모른다(Bowen, "After the Race" 57).

이러한 맥락에서 이 이야기는, 토르치아나Donald T. Torchiana가 자세히 설명하고 있듯이, 1798년에 있었던 캐슬바의 경주the Races of Castlebar를 상기시킨다(81). 프랑스군이 아일랜드에 들어와서 아일랜드의 농민들에게 군복과 무기를 나누어주고 차츰 세력을 확장해 나갔고 마침내 프랑스-아일랜드 연합군은 캐슬바에서 막강한 영국군을 패주시키기에 이르렀다. 이 때 영국 패전 병들은 사실상 경주에 참여한 선수들처럼 재빠르게 전쟁터로부터 줄행랑을 쳤다. 하지만 연합군의 승리는 오래 가지 못하여 곧 영국군에게 항복하게 되었다. 이때 영국군은 프랑스 포로들은 잘 대접해 주었지만 아일랜드인들은 그 자리에서 대량 살상하였다. 한편 모든 프랑스 포로들이 더블린으로 호송되어 왔을 때, 수천의 디블린 사람들이 나와 그들을 환영하였다고 한다. 아일랜드인들은 이처럼 과거에 이미 일어난 역사적 사건의 연장선상에

서서 지금 그 때의 역할을 반복하고 있는 것이다.

「자동차 경주가 끝난 뒤」는 장소에 따라 크게 세 부분으로 나뉘어져 있다. 이야기의 주요 장면은 각각 경주용 차에서, 세구앙의 저녁만찬에서, 그리고 미국인 팔리Farley의 요트에서 일어난다. 각 장면에서 지미의 감정은 한결같이 지나치게 고조되고 그 장면이 끝남과 동시에 환상에서 벗어나 냉정한 현실과 마주하게 된다. 그것은 어지러울 정도로 빠른 경주용 자동차를 타고 난 후 땅에 내렸을 때 느낄 수 있는 기분과 같을 것이다. 첫 번째 장면에서 지미는 그의 꿈을 상징한다고 할 수 있는 "매끄럽게 만들어진"(*D* 42) 자동차를 타면서 "진정한 행복을 느끼기에는 너무 흥분되어 있다"(*D* 43). 차는 그에게 "초인간, 구세주" 같은 것을 가리킨다(Bowen, "After the Race" 58). 그가 우쭐대게 되는 것은 자동차의 속도 때문만이 아니라 그가 유럽대륙에서 온 사람들과 함께 어울리는 것을 그의 많은 친구들이 보았다는 사실 때문이기도 하다. 또한 그가 돈을 많이 소유하고 있다는 사실도 그의 흥분을 북돋운다. 그는 더블린 사람들이 공유하고 있는 마비의 상태와 대조적으로 속도를 향유할 뿐만 아니라 부유한 유럽친구들과 같은 차에 타고 있음으로써 '같은 배'를 타고 있다는, 다시 말해서 같은 범주에 속해 있다는 환상에 빠져 있다. 그것은 「애러비」Araby의 소년 주인공이 "애러비"에 대해 품는 환상과 유사할 것이다. 차이가 있다면 지미는 실제로 환상적인 자동차를 타고 유럽대륙 인들과 어울려 다녔지만, 「애러비」의 소년은 자신의 꿈을 "애러비"라는 개념에 투사했을 뿐 그런 환상적인 장소에 있어보지 못했다는 것이다. 하지만 둘 다 더블린의 현실에서 벗어나고 싶어 한다는 점에서는 다르지 않다.

따라서 그가 집에서 저녁 만찬에 입을 옷으로 갈아입기 위해 헝가리인 빌로나Villona와 함께 경주용 차에서 내렸을 때 느끼는 "이상한 실망감"(*D* 45)은 당연한 것이라고 할 수 있다. 그는 단순히 기계에서 내린 것이 아니라 흥분과 쾌속, 환희로부터 빠져나온 것이기 때문이다. 그가 차와 하나가 된 것처럼 보일 정도로 그는 차의 빠른 속도에 자신의 신경조직이 예민하게 반응하고 있음을 느낀다. "[자동차] 여행은 삶의 진정한 맥박 위에 마력적인 손가락을 갖다 대었고 인간의 신경조직은 신속한 푸른 동물[차]의 질주에 대담하게 반응하려 안간힘을 썼다"(*D* 45). 그래서인지 작품 전체를 통해서 그는 마치 자신이 고속으로 질주하는 차이기라도 하듯 차분한 마음을 보여주지 못한다. 보웬Bowen이 지적하듯이, 대부분의 『더블린 사람들』 이야기들에서 서술적 어조는 각 이야기의 중심인물의 마음의 상태와 일치한다("After the Race" 56). 예를 들면, 「진흙」Clay의 어조는 주인공 마리아Maria의 마음의 상태를 반영하여 순진무구하고 유화적인 반면, 「대응」Counterparts의 어조는 패링턴의 마음의 상태를 반영하여 거칠고 난폭하다. 마찬가지로 이 이야기의 어조는 주인공의 마음의 상태를 보여주는 듯 숨 가쁘고 흥분되며 법석대는 것이다.

이처럼 흥분된 상태에서 지미는 자신이 유럽대륙 인들과 같은 부류라는 것을 확인하려고 애쓴다.

> 두 사촌은 앞좌석에 앉았다. 지미와 헝가리 친구는 뒷자리에 앉았다. 빌로나는 의심할 여지없이 기분이 좋은 상태여서 차가 수 마일을 달려오는 동안 계속 저음의 베이스로 콧노래를 불렀다. 프랑

스인들은 웃음과 가벼운 말들을 어깨 너머로 던졌고 지미는 자주 그 재빠른 낱말들을 놓치지 않으려고 귀를 기울여야 했다. 이것이 그에게 유쾌한 일만이 아니었던 것이, 그는 거의 항상 재치 있게 그 의미를 추측해내어 바람이 세게 부는 앞쪽을 향해 적절한 대꾸를 큰 소리로 해주어야 했기 때문이다. (*D* 44)

지미는 자신이 유럽대륙인들과 같은 차를 타고 있기 때문에 같은 범주에 속한다고 생각하고 싶어 하지만 그와 프랑스인들 간의 거리는 분명해 보인다. 프랑스인들이 가벼운 농담을 부담 없이 던지는 데 반해 지미는 그들의 말을 놓치지 않으려고 안간힘을 쓰며 "적절한" 대답을 해 주어야 한다는 압박감에 시달리고 있다. 여기서 "적절한" 말이란 지미의 입장에서 보았을 때 올바른 말이라기 보다는 프랑스인들의 관점에서 그들이 듣고 싶어 하는 말일 것이다. 레너드Garry M. Leonard도 지적하듯이, 지미는 "그의 대답이 지적이거나 재치 있다고 판단될 수 있을 것"인가의 여부보다는 그들의 말을 돋보이게 뒷받침해주는 것인지에 대해서 더 고심한다(114). 그렇게 함으로써 그는 그들의 인정을 받고 자신의 허구적인 이상적 자아를 획득하고 싶은 것이다. 그것은 세구앙이 프랑스인 경주 참가자 한 명을 그에게 소개시켜줄 때 더 분명하게 드러난다. 그는 이러한 "영광스러운 일"(*D* 44)을 겪자 당황하여 (더 정확하게 말하면 황송하여) 얼버무리듯 그에게 인사를 한다. 반면에 그 프랑스 선수는 아무런 말도 하지 않은 채 여유있게 가지런히 빛나는 하얀 이를 드러내며 웃을 뿐이다. 프랑스인들의 "웃음과 가벼운 말" 그리고 이를 드러내 보이는 웃음은 지미의 긴장되고 당황한 모습과 대조를 이룬다. 그것은 지미가 반드시 이들의 인정을 받아야 하는 입장에 놓여 있고, 그들이 그로부터 관심을 철회했을 때, 즉 그에게 농담을 던져주거나 웃어주지 않을 때 그의 허구적 자아도 허물어질 것이기 때문이다. 그리고 이것은 "아일랜드인의 열등의식"(Beck 130)을 노출한 것이 아니고 무엇이겠는가? 이런 지미에 대해서 레너드는 그가 유럽대륙인들 사이에서 "가면극에 참가하고 있다"masquerade고 진단한다(115). 환상적인 극의 참가자인 그에게 아일랜드 관중들은 "세속적"profane (*D* 44)으로 보일 수밖에 없고 그는 자신이 잠시 서 있게 된 무대가 현실의 삶의 영역인 것처럼 착각하는 것이다. 그는 마치 종교적 체험을 한 사람처럼 유럽대륙 인들과의 어울림을 통해 새로운 존재가 된 듯이 느끼고 있다.

지배적인 위치에 있는 집단에 속하기를 간절히 바라고 그렇게 되기 위해서 조바심을 보이는 것은 지미의 아버지도 마찬가지이다. 그는 아들이 유럽대륙 인들의 만찬에 가기 위해 준비하는 것을 보며 지나치게 설레어 있다.

> 지미의 집에서는 이 만찬이 경사로 받아들여졌다. 뭔지 모를 자부심, 그리고 제 멋대로 행동해보고도 싶은 뭔지 모를 열망이 그의 부모의 떨림과 뒤섞여 있었다. 왜냐하면 외국의 대도시 이름에는 최소한 이러한 마력이 있었기 때문이다. 지미도 옷을 차려 입자 매우 근사해 보였고, 그가 현관에 서서 넥타이의 나비매듭을 매만지고 있을 때 그의 아버지는 금전으로 쉽게 살 수 없는 것을 아들에게 확보해 준 것에 대해서 상업적으로도 만족감을 느꼈는지 모를 일이나. (*D* 45)

부모는 아들이 강대국 사람들과 나란히 선다는 생각에 떨리면서 자부심을 보이는데 이것은 앞서 살펴본 긴장된 지미의 모습과 다르지 않다. 프랑스인들이 지미를 당황하게 하였던 것과 마찬가지로 "외국의 대도시 이름"은 그의 부모를 들뜨게 만든다. 한 때 민족주의자 진영을 기웃거렸던 아버지는 이미 외국의 "마력"에 굴복한지 오래다. 그의 이러한 마음은 "제 멋대로 행동해 보고 싶은 뭔지 모를 열망" a certain eagerness . . . to play fast and loose에서도 엿보인다. 잭슨John Wise Jackson의 해설판에 의하면, "fast and loose"는 "오래된 속임수 게임의 명칭"(37)이기도 한다는 점을 주목할 만한 가치가 있다. 조이스가 이 글을 쓸 당시에 민족주의와 세계주의의 논쟁이 있었고 시골/민족/지방/도덕과 도시/세계/부도덕의 이분법적인 공식이 알려져 있었다. 따라서 아일랜드 민족을 상징하는 농부의 선善은 영국 등의 물질주의적 악惡과 대조가 되었고 세계주의자들cosmopolitans은 위험한 존재로 여겨졌다. 「작은 구름」A Little Cloud에서 챈들러Chandler가 파리를 부도덕한 도시라고 생각하는 것도 같은 맥락에서 이해될 수 있을 것이다. "외국의 대도시"에서 온 사람들과 같이 어울려 논다는 것은 지미의 아버지에게 더블린의 억압적인 도덕성을 벗어나 "제 멋대로" ("무분별하게" 혹은 "무책임하게") 행동한다는 것을 암시했는지 모른다. 그리고 그것은 또한 "보헤미안"적인 행동과 밀접한 관련이 있다. 더블린을 벗어나지 못한, "금욕적인" 챈들러(*D* 80)가 부러워하는 것은 런던이라는 대도시에서 보헤미안적인 삶을 사는 갤러허Gallaher이었다. 지미의 아버지는 민족주의자의 허울을 벗었을 뿐만 아니라 오히려 그 반대편에 있는 세계주의자가 되고 싶은 열망을 보인다고 할 수 있을 것이다.

아이로니컬하게도, 지미는 아버지의 열망을 실행에 옮겨 "무분별하게" 행동하고 결국은 사기극의 의혹이 있는 카드 게임을 통해 많은 돈을 잃게 된다. 그 사기극도 "외국의 대도시"에서 온 사람들에 의해서 자행되었다는 것도 흥미로운 대목이다.

지미는 세구앙이 주최한 만찬에 대해서 더할 나위 없이 훌륭했다고 극찬한다. 파티에는 지미가 캠브리지 대학에서 세구앙과 함께 있는 것을 보았던 영국인 라우쓰Routh가 참석한다. 지미는 이들의 모습을 보면서 영국인의 안정감 있는 태도와 프랑스인들의 젊은 생동감이 서로 얽혀서 "우아한 이미지"(*D* 46)를 만들어낸다고 생각한다. 이것은 사실상 그가 이 두 덕목 중 그 어느 것도 가지고 있지 않지만 그것을 간절히 획득하고 싶어 한다는 것을 암시한다. 그가 떠올린 그 우월한 이미지는 그가 목표로 삼고 있는 영국 및 유럽내륙 인의 문화적 정체성과 밀접한 관련이 있음은 말할 필요도 없다. 뿐만 아니라 그는 능란하게 대화를 유도하는 세구앙의 "재주"(*D* 46)에 감탄하기도 한다. 이와 같은 유럽 대륙인의 미화 혹은 이상화는 또한 지미 자신이 그들의 세계에 속하기를 바라는데 그것이 그럴만한 가치가 있다는 것을 주장하고 싶은 것을 의미하기도 할 것이다.

그러한 목표를 설정한 것은 지미의 아버지가 먼저였다. "진보적인 민족주의자"(*D* 43)로 출발했던 아버지는 젊어서 가치관을 이념적인 것에서 상업적인 것으로 바꾼 후 정육점 주인으로 부자가 된 사람이었다. 그의 변신은 한때 민족주의자로서 그의 적이었을 경찰과 계약하여 그들에게 고기를 납품했다는 데에서 엿볼 수 있다. 그는 푸주한이라는 밑바닥 직업으로부터 "호상"豪商(merchant prince)으로 불리어질 정도로 부유한 자의 지위에 올랐다. 누구보다도 가파른 사회적 신분의 상승을 경험한 그는 아들만큼은 그가 꿈꾸어 왔지만 가져보지 못한 사회적 신분을 젊은 시절부터 누리며 살게 되기를 바랐다. 그렇기 때문에 그는 아들을 영국의 학교에 그리고 나중에는 캠브리지 대학에 보냈다. 그것은 아들이 "세상을 좀 돌아보게 하기 위한 것"(*D* 43)이었는데, 이는 아들이 피식민지인으로서의 멍에로부터 벗어나기를 바라는 소망에 다름 아니다. 그렇게 하기 위해서는 아들을 친영파로 만드는 수밖에 없었다. 그래서 영국 유학 후 보낸 학교도 영국이 세운 더블린 대학교, 즉 트리니티 칼리지이었다. 아버지는 지미가 유럽대륙의 친구들을 사귀면서 그들과 같은 지위를 유지할 수 있기를 원했던 것이다. 지미가 "사귈만한 가치가 있는"(*D* 43) 사람인 세구앙 — 이런 가치가 있다는 점에 대해서는 그의 아버지도 동의했다 — 을 만난 것도 그 대학에서였다. 따라서 지미가 파티에 가기 위해 옷을 차려입고 그럴듯하게 보였을 때 "아버지는 금전으로 쉽게 살 수 없는 것을 아들에게 확보해 준 것에 대해 상업적으로도 만족했는지 모른다"(*D* 45). 요컨대, 지미는 아버지가 살아보지 못한 환상의 삶을 대신 살아주는 역할을 하고 있다고 할 수 있다(Leonard 113). 프렌치Marilyn French의 지적대로, 아버지는 아들이 "사회적 신분, 계층에 대한 그의 욕망"을 실현해 주기를 원하고 지미는 "현실에서가 아니라 이러한 세상에 속해 있다는 생각에서" 즐거움을 찾는다(454). 그렇다보니 지미가 획득했다고 생각하는 자신의 정체성이라든지 그가 속해있다고 생각하는 세상은 현실에 토대를 두고 있지 않다.

지미는 만찬장의 "관대한 분위기에서" 민족주의라는 아버지의 "묻힌 열정"이 자신 안에서 깨어남을 느낀다(*D* 46). 여기서 "관대한" generous이란 단어는 「죽은 사람들」The Dead의 끝 부분에 다시 나오는 것으로 자기중심적인 게이브리엘Gabriel이 포용적인 눈물(*D* 223)을 흘릴 때 사용된다. 이 이야기에서 "관대한 분위기"라는 것은 억압된 민족주의도 포용될 것 같은 파티 분위기라는 의미이고, 이것은 다시 말해서 제국이 그것을 억압해 왔다는 의미가 함축되어 있다. 지미는 자신이 추구해 왔던 국제적 존재를 임시적이나마 향유하고 있었는데 순간적으로 그 반대적인, 묻혔던 민족주의적 열정이 고개를 들고 나타난 것이다. 그는 영국인 라우쓰와 정치적인 논쟁을 하게 되고 마침내 둘 사이에 "개인적인 원한"(*D* 46)을 품을 수 있는 위험한 상황에까지 이른다. 그러자 노련한 세구앙이 인류를 위해 건배하자고 제의하고 의미심장하게 창문을 열어젖힌다. 그것은 지미를 환상과 붇힌 욕망으로부터 현실로 깨우는 찬바람이 들어오는 창문일 것이다. 어쩌면 세구앙은 피식민지인의 현실을 잠시 망각하고 지배자인 영국인과 논쟁을 벌이고 있는 지미에게 피식민지인으로서의 종속적인 현실을 상기시키기 위해 창문을 열었는지 모른다. 그것은 앞부분에서도 마찬가지였다. 세구앙이 지미를 내려주기 위해 차를 세웠던 곳이 1800년까지 아일랜드의 국회 의사당이었지만 이제는 은행Bank of Ireland이 있는 곳 근처였다. 지미가 환상의 차에서 내린 곳은 아일랜드에 더 이상 국회의사당이 없고 경제적 종속만이 있다는 것을 상기시켜줄 수 있는 상징적 장소이었던 것이다. 더욱이 그곳에서 아일랜드 인들이 자국의 국회의원 대신에 외국인의 자동차에 경의를 표하기 위해 모여들었다는 것은 더블린의 정치 경제적 식민 상태를 더욱 확실하게 보여주는 것이라고 할 수 있다. 그 날 밤 더블린은 사실과 다르게 (실제의 수도는 런던이 아닌가) "행정수도capital의 가면"(*D* 46)을 쓰고 있다. 지미의 아버지의 "묻힌 욕망"은 곧 그들 부자의 억압된, 묻힌 삶을 가리키고 현재의 삶이 가면의 삶일 수 있다는 것을 암시한다. 더블린과 마찬가지로 그들 부자는 거짓된 우월감의 가면을 쓰고 있다. 특히 지미는 자신이 국제적인 젊은이가 된 듯한 착각에 빠져 있다. 한편 지미의 가면극에서 보조역을 맡기라도 한 듯이 기차역의 늙은 집표원이 지미에게만 특별하게 깍듯이 인사를 한다. 그것은 아마 일행 모두가 떠들고 웃으며 흥분해 있었지만 지미의 감정이 가장 고양되어 있어서 혹은 가장 우쭐해 있는 기분이어서 눈에 띄었기 때문이었는지 모른다. 어쨌든 그 집표원도 "기꺼이 억압받는" 다른 더블린 사람들처럼 영국 및 유럽대륙인들, 그리고 그 그룹에 속하는 사람이라 여겨지는 지미에게 경의를 표한 것이라고 할 수 있다.

마지막 부분은 미국인 팔리의 요트에서 일어난다. 육지로부터 해방된 요트에서 술을 자유롭게 마시며 지미는 자신이 "보헤미안"(*D* 47)이 된 듯한 착각을 한다. 그것은 「에블린」에서 에블린이 『보헤미안의 소녀』라는 연극을 보며 실현 불가능하지만 잠시 보헤미안이 될 것을 꿈꾸는 것과 유사하다. 하지만 현실은 환상과 다르다. 그 항구가 있는 킹스타운Kingstown은 1821년 영국의 조지 4세George IV가 요트를 타고 아일랜드를 떠난 것을 기념하여 원래의 아일랜드 이름인 "Dun Laoghaire"를 대체한 것으로(Torchiana 84), 영국에 대한 종속을 나타내는 곳이라는 것을 주목할 필요가 있다. 이런 점에서 이 이름은 여기에서 열리는 카드 게임의 승리가 결국 영국인에게 돌아가고 아일랜드인은 패자가 될 것임을 넌지시 암시하기도 한다. 또한 그들은 프랑스 음주가인 "까데 루셀Cadet Roussel을 합창하여 부르며 후렴이 나올 때마다 발로 땅을 차면서 나아갔다"(*D* 47). 그런데 이 노래가 재산을 탕진하고 가난하게 되는 어리석은 젊은이를 내용으로 하고 있다는 점에서 잠시 후 지미에게 일어날 일을 시사해 주기도 한다. 뿐만 아니라 그들은 "아일랜드, 영국, 프랑스, 헝가리, 미국을 위하여 술을 마시면서"(*D* 47) 인종/민족 간의 연대감을 보이는데 이것은 어디까지나 가식적인 것에 불과한 것으로(Cheng 108), 현실과는 거리가 멀다. 앞서 속도에 취한 것 못지않게 술에 취한 지미가 긴 연설을 하고 스스로 "좋은 연설임에 틀림없다"(*D* 48)고 생각하는 것 또한 「진흙」Clay에서 지미와 마찬가지로 자신의 참모습과 마주하고 싶어 하지 않는 마리아Maria가 무의식적으로 자신을 미화하는 것과 유사하다. 지미는 빨리가 그의 등을 치며 크게 웃는 것을 칭찬하는 것으로 잘못 해석한다. 그리고 우매한 유아처럼 단순하게 이들이 "얼마나 유쾌한 친구들인가! 이들은 얼마나 좋은 일행인가!"(*D* 48)하고 감탄하기도 한다. 그 날 밤 항구는 "어두운 거울처럼"(*D* 47) 눕혀져 있었는데 이 이미지는 자신의 진면목을 보지 못하고 자신에 대한 성찰이 결여된 지미를 암시하는 듯하다.

이어서 벌어진 카드게임에서 지미가 크게 지는 것은 익히 예상할 수 있는 일이었다. 뿐만 아니라 그가 앞으로도 더 많은 돈을 잃을 가능성이 암시되어 있다. 지미가 세구앙의 자동차 산업에 투자하기로 결정한 주요한 이유는 세구앙이 "명백히 부티가 났기 때문"(*D* 45)이라는 애매모호한 점 때문이었다. 또한 세구앙이 지미이 "아일랜드의 푼돈"을 투자할 수 있도록 한 것은 순전히 "우정 때문에 보아준 것"(*D* 45)이라는 인상을 주려고 애쓴 점(본문에 "managed"라는 단어는 그러한 의혹을 사기에 충분한 단서를 제공한다)에서도 세구앙의 교묘한 술책이 엿보이기 때문에 지미가 다시 투자 게임의 피해자가 될 수 있다는 불안감을 안겨준다. 더구나 저녁 만찬에서 리비에르가 지미에게 프랑스 자동차 기술자들의 승리를 설명할 때 "전적으로 허심탄회하게 한 것이 아니었다"(*D* 46)고 한 부분에서 프랑스인들이 배후에 무언가를 숨기고 있다는 인상을 짙게 풍긴다. 지미는 "사업 수완이 좋은 아버지에 대한 존경심"(*D* 45)을 지니고 있지만, 아버지도 그와 마찬가지로 유럽대륙인들에게 아첨을 하고 싶어 하고 그들 앞에서는 "제 멋대로 행동해보고 싶은 뭔지 모를 열망"(*D* 45)을 느낄 정도로 현기증 나는 가면극 속에 살고 있다는 점을 인식하지 못하고 있다. 어떻게 보면, 지미는 자신을 배신하고 이용할지 모르는 외국인을 열심히 따라다니고 있는 것이다. 지미는 마지막 게임이 영국인과 프랑스인 사이에서 결판난다는 것을 알게 된다. 그리고 아일랜드인인 자신은 실제의 역사에서도 그랬듯이 방관자의 입장에 서게 되고 결국은 패자가 될 것임을 알고 있다. 최종 승자는 역시 영국이었다.

그러나 게임은 더 이상 가면극이 아니고 엄연한 현실이었다. 지미는 점점 자신이 가면을 벗을 시간이 다가오고 있음을 감지한다.

> 지미는 막연하게 [자신의 말을] 들어주는 사람이 없음을 애석하게 생각하고 있었다. [그의] 기지가 번득였지만 말이다. 판돈이 많이 불어났고 어음이 오가기 시작했다. 지미는 정확하게 누가 따

고 있는지 몰랐지만 자신이 잃고 있다는 것은 알고 있었다. 하지만 그것은 자신의 잘못 때문이었다. 그는 자주 카드를 잘못 보고 실수를 했고 다른 사람들이 그 대신에 그의 어음을 계산해 주지 않으면 안 되었다. 그들은 끈질긴 대단한 친구들이었지만 이제 그만 두었으면 싶었다. 시간도 늦어지지 않았는가. (*D* 48)

여기서 그를 보아주고 들어주는 청중이 없다는 것은 첫째 그의 가면극이 끝나고 있다는 것을 가리킨다. 또한 동시에 그로 하여금 지금까지 가면을 유지하도록 했던 영국 및 유럽대륙 인들의 시선이 그에게서 거두어지고 있음을 암시한다. 그들이 지미를 여기까지 데리고 온 것은 이 자리에 앉혀서 돈을 뺏어내기 위한 것이었기 때문이다. 그리고 그들이 계획했던 대로 지미는 게임이 시작되기도 전에 지나친 음주와 고도의 흥분으로 어음 계산도 제대로 할 수 없는 지경에 놓여 있었다. 노리스Margot Norris는 이것을 사기극swindle plot이라고까지 말한다(24). 그녀에 의하면 정치를 토론의 주제로 끌어들여 지미와 영국인 라우쓰간에 "개인적인 원한"까지도 품을 수 있는 상태까지 가게 한 것은 전적으로 세구앙의 의도라는 것이다. 그렇게 함으로써 판돈이 대담하게 커지고 어음의 거래까지 가능하게 되기 때문이다(23). 그러나 어디까지가 세구앙의 계획 때문이었고 어디까지가 지미의 어리석음과 허영심 탓이라고 할지 분명하게 선을 긋기는 어렵다. 왜냐하면 커쉬너R. B. Kershner의 재미있는 표현대로 에블린Eveline이 "속수무책의 동물"helpless animal인데 반해 지미는 "스스로 함정을 파는 동물"helpful animal이기 때문이다(*Joyce* 72). 하지만 지미는 모든 것을 잃고 나서 "자신의 잘못"을 깨닫기 시작하고 있다. 이와 관련하여 노리스가 지미를 "강간의 희생자"(26)로 비유하는 것은 흥미롭다. 팔리의 요트는 지미의 도망을 불가능하게 할 만큼 외떨어진 곳에 있고 그는 마취상태가 될 정도로 많은 술을 마셨다. 그는 뭔가 잘못되어 가고 있는 것을 느끼고 "이제 그만 두었으면"하고 바라지만 이미 때는 늦었고 지미는 본인의 의지와 상관없이 게임 판에서 많은 돈을 잃을 때까지 남아있어야 했다. 그것은 "끔찍한 게임"terrible game이었다. 피식민지인으로서 여성화된 아일랜드 남자들 중 한 명인 지미는 유럽대륙인들. 그리고 남성적인 스포츠맨들의 그룹에 속함으로써 자신도 남성으로 인정받기를 원했고 또 인정받았다고 착각했다. 하지만 그는 그들에게 여전히 여성적 영역에 남아있었고 착취의 대상이었던 것이다. 세지윅 Eve Kosofsky Sedgwick의 주장대로, 남성의 자격은 "강력한 남성적 유대" 관계를 통해서 주어지는 것이다(185). 지미도 남성적인 무리들과 유대관계를 맺음으로써 자신의 남성성을 증명하려 하였으나 배신을 경험하지 않으면 안 되었다. 그의 유럽대륙 친구들은 지미에게서 돈뿐만 아니라 남성 사회의 입회자격the membership in homosociality (Norris 28)까지 빼앗은 것이다.

강간의 비유를 좀 더 유지시키며 논의를 진행해 보자. 지미가 당한 것은 어느 정도 강제적이었다고 할 것인가? 그는 항상 이미always already 이러한 상태에 이르게 되어 있지 않았는가? 그는 처음부터 유럽대륙 인들의 욕망에 따라 행동하지 않았는가? 즉 그는 그들에게 잘 보이려고 하면서부터 이미 그들의 음모의 희생자가 되도록 예정되어 있었다고 할 수 있다. 작품의 제목이 암시하듯이 현실의 경기는 시작하기 전부터 끝나 있었던 것이다. 다만 지미가 이것을 무시한 채 이상화된 자아와 허구적인 우정을 부여잡고 있었을 뿐이다. 그렇기 때문에 그도 이 시점에서는 자신의 잘못을 부인할 수 없는 것이다.

게임이 끝나고 "선실은 젊은이들의 환호로 흔들렸다"(*D* 48). 하지만 지미는 강간당한 희생자인양 어둠을 의지하며 탁자 위에 축 늘어져 있다.

> 그는 아침이 되면 후회하게 될 것이라는 것을 알고 있었다. 그러나 지금은 휴식이 필요한 때이었고 그의 우매함을 덮어 주는 어두운 무삼각이 반가운 때이었다. 그는 두 팔꿈치를 탁자 위에 괴고 머리를 두 손으로 감싼 채 관자놀이의 맥박 수를 세고 있었다. 선실 문이 열리자 그는 헝가리인이 한 줄기 회색 빛 속에 서 있는 것을 보았다.
>
> — 여러분, 날이 샜어요. (*D* 48)

지미는 돈을 빼앗기고 친구들로부터 배신당한 현실과 마주하지 않기 위해서 "어두운 무감각" 속으로 피신하고 싶어 한다. 그의 "우매함"은 프랑스인들이 자신들을 해방시켜 줄 사람들로 잘못 믿고 있는 아일랜드인들의 것이기도 할 것이다. 또한 그가 "어두운 무감각" 속에 계속 있고 싶어 하는 이유는 가면을 벗고 자신의 자아를 직면하고 싶지 않기 때문이기도 할 것이다. 그러나 "원하지 않는 진실에 대한 에피퍼니"(Bowen, "After the Race" 60)는 빛과 함께 온다. 가면을 벗어야 하는 순간, 진실의 순간이 목전에 다가왔음을 알리는 사람은 빌로나이다.

그렇다면 그 빛을 가져오는 사람이 왜 헝가리인 이어야 하는가 하는 의문이 생긴다. 우선 그가 만족스러운 점심을 먹은 후에 기분 좋게 느낀다든지 지미의 아버지가 "외국인의 재예"foreign accomplishments (*D* 46)에 대한 진정한 존중심을 보여줄 때에도 오로지 저녁 만찬의 음식에 대해 "강렬한 식욕"을 느끼는 등 그는 지나치다 할 정도로 현실적이다. 그가 매우 가난하기 때문에 기본적인 욕구의 충족에 관심이 많다고 할 수 있을 것이다. 따라서 보웬이 주장하듯이, "음식과 생존에 대한 빌로나의 좀 더 기본적인 태도는 지미의 사회적 명성이라는 막연한 목적과 확연하게 대조된다"(60). 그리고 이 점에서 그는 지미와 대조적인 사람이고 비현실적인 가면 속에 숨어있는 지미를 현실로 불러내는 적임자라 할 수 있을 것이다. 또한 빌로나가 피아니스트로서 예술가라는 사실도 고려해 볼 점이다. 물론 그를 다른 유럽대륙 인들과 한통속인 공범자로 보는 노리스 같은 비평가도 없지 않을 뿐만 아니라 단지 돈이 없기 때문에 그가 게임에 참여하지 않는다고 볼 수도 있다. 하지만 다른 사람들이 카드 게임을 시작할 때 "조용히 피아노로 돌아가서 즉흥곡을 연주한다"(*D* 48)든지 모두들 게임에 한참 몰두해 있을 때 혼자서 갑판으로 나간다든지 하는 점은 그가 거리 두기를 통해 현상을 멀리서 볼 수 있는 예술가일 수도 있다는 가능성을 보여준다. 그런 점에서 보면 그는 초연한 예술가로서 지미의 비현실적 우매함을 드러내 줄 수 있는 적임자라 할 수 있다. 한편 이 이야기에서 각 개인은 나라를 나타내는 경향이 있으므로 빌로나가 헝가리인이라는 것에도 특별한 의미가 있을 수 있다. 헝가리인이 아일랜드 사람에게 "새 날이 밝아오고 있다"고 말하는 것은 그리피스Arthur Griffth가 내세운 방식에 의한 아일랜드의 독립을 상기시킨다. 그리피스는

『헝가리의 부활』(*The Resurrection of Hungary*, 1904)이라는 소책자에서 헝가리가 오스트리아와 왕을 공유하지만 독립된 정부를 가짐으로써 자유국가로 부활하였듯이 아일랜드도 영국과의 관계에서 그렇게 해야 한다고 주장했고, 조이스도 이에 대해서 잘 알고 있었을 뿐만 아니라 『율리시스』의 「키르케」 에피소드를 쓸 때 이 책을 염두에 두고 있었다(Manganiello, *Joyce's* 119). 다만 헝가리는 "새벽"을 맞은 자유국가가 되었지만 지미 (그리고 그가 나타내는 아일랜드)는 계속 어두운 밤 속에 남아 있고 싶어 한다는 점이 대조적이다.

이 이야기에서 가면무도회의 배우로서의 지미의 역할과 입장을 가장 잘 압축해서 보여주는 장면이 요트에서 춤을 추는 장면이라 할 수 있다. 그들은 "즉흥적인 스퀘어 댄스"(*D* 47)를 하는데 이 춤은 원래 4명이 4각형의 형태를 이루어 춤을 추어야 한다. 그런데 빌로나는 피아노를 치고 있었으므로 남자들의 숫자는 지미까지 포함하여 5명이 되기 때문에 그들은 사각형 대신에 "독창적인 도형들"original figures (*D* 47)을 생각해내어 춤을 추지 않으면 안 되었다. 지미가 빠져야만 정상적인 스퀘어 댄스가 되는 상황인 것이다. 이것은 지미가 그 집단에서 잉여적인 존재라는 것, 그리고 얼마 후면 배신을 당해 그들로부터 쫓겨날 운명이라는 것을 암시한 것이 아닐까? 그러나 지미는 "열의를 가지고 참여하였다"(*D* 47). "열의를 가지고" 했다는 것은 그만큼 그가 그들 사이에 끼고 싶었다는 것을 암시하며 "참여하였다"는 말 속의 "part"는 지미가 가면극 속에서 현실과 동떨어진 배역을 맡아 역할을 하고 있음을 시사한다. 그가 세구앙이 주최하는 만찬에 가기 위해서 설레는 마음으로 옷을 갈아입은 것은 그가 그 역할을 맡기 위해

분장한 것이었다. 선실의 문이 열리고 무대의 조명이 아니라 새벽빛이 비추이기 시작할 때 지미의 환상세계는 해체된다. 그리고 그는 영국 및 유럽대륙인이 아니라 피식민지인으로서, "기꺼이 억압받는 사람들" 중의 한 사람으로서 거기에 있을 뿐이다.

8

『더블린 사람들』에서 보이는 일상 속의 전쟁

8

『더블린 사람들』에서 보이는 일상 속의 전쟁

제임스 조이스는 영국의 출판업자인 그랜트 리차즈Grant Richards에게 보낸 편지에서 『더블린 사람들』의 집필 의도가 "조국의 도덕사의 한 장章을 쓰는 것"이라고 했다(*L* II 134). 여기서 "도덕사"moral history란 단순히 윤리적인 관점에서 바라본 역사만을 의미하지 않을 것이다. "moral"의 어원인 라틴어 "moralis"가 의미하듯이 이것은 또한 사람들의 관습customs이나 행동의 기록을 가리킨다고 볼 수 있다. 따라서 조이스는 집필 의도를 통해 이 작품에서 더블린 사람들의 일상적인 관습, 행동, 생각을 정확하게 기록하겠다는 의도를 보이고 있다고 할 수 있을 것이다. 이는 그가 더블린 사람들을 있는 그대로 묘사하여 그들로 하여금 "깨끗하게 닦인 거울"nicely polished looking glass (*L* I 64), 즉 『더블린 사람들』에서 자화상을 보게 하겠다고 한 말과 연결된다. 그는 "자기가 보고들은 것을 묘사(제시)할 때 그것을 감히 바꾸거나 심지어 왜곡시키는"것이 작가의 본분에 어긋남을 암시하고 있다(*L* II 134). 이는 울프Virginia Woolf가 「현대 소설」Modern Fiction이라는 에세이에서 주장한 것과 어느 정도 일맥상통한다. 울프는 "일상적인 날" ordinary day에 평범한 "사람의 마음"ordinary mind이 보여주는 "다양한, 미지의, 무제한적인 정신을 . . . 가능한 한 외부적인 것을 섞지 않고 있는 그대로 전달하는 것이 작가의 의무"임을 강조한다(106). 물론 조이스는 그의 편지에서 어느 정도 리얼리즘적인 측면을, 울프는 에세이에서 조금 더 모더니즘적인 측면을 강조하고 있다는 점에서 차이를 보이고 있기는 하지만 둘 다 일상적인 현실을 있는 그대로 보여주어야 한다고 주장한다는 점에서는 유사성을 보이고 있다. 모더니즘 작가인 울프와 조이스는 또한 『등대로』*To the Lighthouse*, 『댈러웨이 부인』*Mrs Dalloway*, 『율리시스』*Ulysses* 등을 통해 각각 일상적인 하루를 보여주고 있기도 하다. 이와 관련하여 울프가 「현대소설」에서 우리가 흔히 "사소한"small 것이라고 생각하는 일보다 "큰, 엄청난"big 것이라고 생각하는 일에 삶이 좀 더 의미 있게 존재한다는 것을 당연하게 받아들이지 않아야 한다"고 말하면서 조이스의 산문을 예로 들고 있는 것을 주목할 필요가 있다(107). 조이스와 일상성을 밀접하게 연결시키고 있기 때문이다.

『더블린 사람들』은 어린이로부터 성인에 이르기까지 다양한 더블린 사람들의 일상을 꼼꼼하게 기록하고 있다. 조이스는 일상을 세밀하게 관찰하고 그것을 있는 그대로 지면에 옮겼다. 그는 극적인 효과를 위하여 "엄청난" 일을 꾸며내지 않았다. 그런데 『더블린 사람들』을 읽다 보면 흥미로운 발견을 하게 된다. 더블린의 평범한 사람들의 관습/행동/일상을 그리고 있는 작품에 교전을 상기시키는 장면이나 용어, 전쟁 및 군대와 관련된 은유나 낱말이 자주 등장하기 때문이다. 또한 플롯이 전쟁의 구도처럼 짜여 있는 경우도 적지 않다. 이것은 있는 그대로의 일상의 어떤 측면을 반영한 것일까? 이것을 통해 조이스는 더블린, 나아가서는 아일랜드의 어떤 현실을 제시하고자 한 것일까? 본 연구는 이러한 현상이 어떤 이야기에서 어떻게 일어나고 있고 그 함의가 무엇일지 살펴보고자 한다.

제목이 "교전, 전투"라는 의미를 함축하고 있는 「우연한 만남」An Encounter은 전쟁놀이에 대한 설명으로 시작된다. 미국 개척시대의 서부를 소개한 조 딜런Joe Dillon은 인디언 전쟁놀이를 주도한다.

> 매일 저녁 학교가 파한 후 우리는 그의[조 딜런의] 정원에서 만나 인디언 전쟁놀이를 하였다. 그와 그의 뚱뚱한 동생 게으름뱅이 리오는 마구간의 건초다락에 진을 치고 있었고 우리는 그 진지를 기습 공격하여 점령하려고 애썼다. 혹은 잔디밭에서 대접전을 벌이기도 하였다. 그러나 우리는 아무리 잘 싸워도 포위에 성공하거나 전쟁에서 승리하지 못했다. 그리고 우리의 모든 승부는 조 딜런의 전승의 춤으로 마무리되었다. (*D* 19)

이런 "제멋대로의 거친 정신"a spirit of unruliness (*D* 20)은 아이들 사이에 확산되어 있다. 아이들은 "용감하게" 혹은 "장난삼아" 인디언 전쟁에 참여하기도 하지만 이 이야기의 주인공은 "거의 두려움으로" 끼어든 경우였다. 즉 공부만 하는 모범생으로 간주되고 약골로 보이는 것이 두려워 "마지못해 된"reluctant 인디언에 속했다(*D* 20). 그렇다면 주인공 소년은 인디언 전쟁을 그다지 좋아하지 않았다는 이야기가 된다. 아마 그가 참여하게 된 것은 두 가지 이유 때문이었을 것으로 추측된다. 첫째는 위에서 언급했듯이 강하게 보이지 않는 것에 대한 두려움 때문일 것이고 다른 하나는 억압적인 가톨릭 교육에 대한 반발 때문일 것이다. 어떤 면에서 인디언 전쟁과 가톨릭 교육은 양 극단이라고 할 수 있다. 전자가 야만적인 "거친 서부"wild west (*D* 19)를 나타낸다면 후자는 문명과 질서를 가리킨다. 이런 구도에서 언뜻 보면 주인공은 후자를 벗어나 전자에 이르고 싶은 듯이 보인다. 쳉Vincent Cheng도 인디언들은 소년이 도피하고 싶은 이국적 "타자"를 가리킨다고 말한다(83). 하지만 엄밀히 따져 보면, 이 세계는 그의 일시적인 도피처에 불과하다. 왜냐하면 그는 이 양 극단 모두를 두려워하며 둘 사이에서 배회하고 있음을 알 수 있기 때문이다. 학교의 엄격한 분위기에서는 "거친 서부의 영광"이 퇴색하지만 학교의 억압적인 분위기에서 멀어지면 다시 "무질서의 이야기"chronicles of disorder를 갈망한다(*D* 20-21). 여기서 주목할 점은 "저녁의 모형 전쟁이 학교의 판에 박힌 일상만큼이나 싫증나게 된다"는 점이다(*D* 21). 둘 다를 멀리하고 싶은 그는 "진정한 모험"real adventure(*D* 21)을 찾아 학교를 무단결석하게 되는 것이다.

그가 전쟁놀이가 유행하는 환경에서 성장하고 강한 남자가 되기를 갈망하며 진정한 모험을 찾아나서는 것은 그 당시의 사회 분위기와 무관하지 않다. 20세기 초반 전쟁의 위협이 유럽에서 점점 커지면서 "규율, 훈련, 무기의 숙달"에 대한 열기가 아일랜드를 비롯한 여러 나라를 휩쓸고 있었고 유사 군대조직 같은 청년/소년 단체들이 생겨났으며 이들은 소년들에게 "강하고 자립적이며" "남성적이고 독립적인" 사람이 되어야 한다고 가르쳤다(Fitzpatrick 382-83). 이와 관련하여 윈스턴Winston은 『더블린 사람들』 중 유년기를 다루는 이야기들은 "공식적으로 승인된 공격의 문화"culture of aggression가 소년들에게 주입되었음을 보여준다고 지적한다(122). 버틀러 신부Father Butler는 리오 딜런이 몰래 읽다 들킨 『아파치 추장』*Apache Chief*이라는 책을 "쓰레기"로 비하하며 그 대신 "로마 역사"를 공부해야 한다고 외치는데(*D* 20), 이 역사는 정복 전쟁을 주로 다루고 있다. 한편 주인공 소년에게는 호전적인 인디언도 억압적인 신부도 피하고 싶은 양극단이다. 그런데 흥미로운 것은 인디언 전쟁놀이에서 항상 승리하던 조 딜런이 신부에 대한 소명을 받음으로써 그에게서 양 극단이 만나게 된다는 것이다. 인디언 전쟁에서 가장 용감한 인디언이었던 그가 이번에는 정반대편에 서 있는 아마 버틀러 신부 같은 사람이 된다는 것은 언뜻 설득력이 없는 것처럼 보인다. 하지만 양 극단은 야만과 문명을 나타내는 상반되는 것이지만 신부에게도 군인의 요소가 있다는 것을 발견하면 조 딜런의 선택이 전혀 이해되지 않은 것도 아니다. 『젊은 예술가의 초상』에서 신부에의 소명을 두고 고민하는 스티븐이 느끼듯이 성직자들의 획일성, 규율과 훈련의 삶, 그리고 버틀러 신부가 보여주듯이 권위, 위협적인 명령이 지배하는 삶은 군인의 삶과의 유사성을 보여준다. 또한, 전쟁터에서 군인은 인디언처럼 야만적이 되어야 한다. 전쟁에서 항상 승리하는 조 딜런의 이야기는 버틀러 신부가 가르치는 로마 역사, 즉 수많은 전쟁에서 승리한 자의 역사와 연결된다. 무엇보다도, 가톨릭 신부는 로마의 교황청으로부터 명령을 받는다.

주인공이 버틀러 신부의 수업을 피하여 학교를 벗어난 후 만나게 된 이상한 노인에게서도 이 두 가지, 즉 군인과 신부의 상반적인 측면이 보인다. 먼저 이 노인과 「자매」The Sisters에 나오는 플린 신부Father Flynn와의 유사성들에 대해서는 일찍이 마갈래너Marvin Magalaner가 열거한 바 있다(76). 그도 초록색 계열의 옷을 입고 있고 누런 치아를 보이고 있으며 책을 많이 읽었다. 또한 버틀러 신부 혹은 『젊은 예술가의 초상』의 도런 신부Father Dolan처럼 말을 잘 듣지 않는 아이에게는 매질을 해야 한다고 하면서 공포를 불러일으킨다. 그가 가지고 다니는 지팡이도 그가 처벌의 도구로 그것을 사용할 수 있음을 암시한다. 한편 매질에 대한 강조는 군대의 규율과 유사하다. 이와 더불어 조이스의 동생인 스태니스로스가 이 작품의 배경이 된 에피소드를 말하면서 "그가 약 50세쯤으로 보였고 군인다운 데가 있었기 때문에 나는 성경 어디에선가 본 구절을 따서 그를 오십부장captain of fifty (62)이라 명명했다"고 한 것은 주목할 만하다. 물론 성경에서 "오십부장"이란 오십 명을 거느린 군 지휘관을 말하지만 스태니스로스는 50세의 의미로 썼기 때문에 차이를 보이고 있기는 하지만 어쨌든 그는 이 노인을 군인 같은 사람으로 보았고 그에 걸맞게 노인은 공포를 무기삼아 어린이의 순종을 강요하고 있는 것이다.

어린이들의 전쟁놀이는 「애러비」Araby에서도 일상이 되어 있다. 저녁을 먹은 후 아이들은 어두워져 가는 마을에서 전쟁을 한다.

> 차가운 공기가 우리 몸을 감쌌고 우리는 몸이 달아오를 때까지 뛰어 놀았다. 우리의 고함은 조용한 거리를 메아리쳤다. 가옥

> 뒤에 놓여 있는 어둡고 질척질척한 골목길을 지날 때 우리는 오두막에서 튀어나온 거친 패거리로부터 양면공격을 받기도 했다ran the gantlet. 우리는 잿더미에서 악취가 나는, 흠뻑 젖어있는 어두운 정원의 뒷문들을 통과하기도 했다. 그리고 마부가 말갈기를 빗질해 주거나 죔쇠가 달린 마구를 흔들어 소리를 내는 컴컴하고 냄새가 나는 마구간에 이르렀다. (*D* 30)

주인공 일행은 거친 패거리로부터 양면 공격을 받는데, 여기서 "ran the gantlet"은 호된 공격을 받는다는 의미의 관용적 표현이나, 원래는 군대의 처벌방법에서 나온 용어이다. 처벌받는 자는 두 줄로 서 있는 군인들 사이를 달려야 하는데 이 때 군인들은 매나 무기 등으로 양쪽에서 그를 때리게 된다. 여기에서 파생되어 양면공격이라는 의미도 지니게 된 군대용어로 이 장면에서 아이들이 단순한 장난을 하고 있는 것이 아니고 전쟁놀이를 하고 있음을 확인시켜준다. 이와 관련하여 스태니스로스는 다음과 같이 회상하고 있다.

> 몇 년 뒤, 아직 브레이를 이사 가기 전에, 우리는 동갑의 다른 전투적인 영웅들, 즉 마텔로 테라스 뒤편 골목길에 살고 있던 아이들과 함께 적과 교전하기 위해 같이 가곤 했다. 그것은 「애러비」에서 회상되고 있듯이 거의 항상 무혈의 소규모 전투였지만, 그 나이의 아이들에게는 모험의 전율을 주기에 충분했다. (16)

이처럼 더블린 남자 아이들의 일상은 전쟁과 불가분의 관계가 있다. 이러한 현상은 심지어 사춘기 소년의 감정에도 적용된다. 소년은 친구인 맨건의 누나를 짝사랑하는데 숙모를 돕기 위해 따라나선 소란스러운 시장에서도 그는 그녀의 이미지를 놓치지 않는다. 그는 자신이 이처럼 그녀에 대한 사랑을 소중히 간직하는 것을 마치 중세시대의 기사가 성배를 호위하는 것에 비유한다. 그는 자신이 전투적인 기사가 되어 "수많은 적들 사이로 성배를 안전하게 모시고 가는 것"(*D* 31)으로 상상함으로써 사랑마저도 전쟁과 연결시키고 있는 것이다.

「애러비」는 소년이 며칠 동안 그의 의식을 사로잡았던 "애러비"라는 이름의 이국적인 자선 바자에서 환멸을 느끼는 것으로 끝난다. 그가 이상화하고 낭만적으로 생각해 왔던 대상은 초라하기 이를 데 없는 상업적인 장소로 판명된다. 그 곳은 영국 상인들의 "영국 억양"(*D* 35)이 지배하는 곳이었다. 더블린은 경제적으로 뿐만 아니라 정치적으로 영국의 지배를 받고 있었다. 그것을 가장 가시적으로 보여주는 것이 더블린에 주둔한 영국 군인들의 모습일 것이다. 「에블린」Eveline의 마지막 장면에서 에블린은 프랭크Frank와 부에노스 아이레스Buenos Ayres로 도피하기 위해 항구에 오게 된다. 그 곳에서 그녀는 "군용 행낭을 든 [영국] 군인들이 항만을 가득 채우고 있음"(*D* 40)을 보게 된다. 이어서 그녀는 곧 프랭크와 함께 감행하려했던 탈출을 할 수 없음을 발견하게 된다. 그녀는 "속수무책의 짐승"(*D* 41)처럼 수동적으로 움직이지 못하고 있을 뿐이다. 이 끝부분이 작품의 시작부분에 나오는 한 단어와 대조를 이루는 것은 주목할 만하다. 「에블린」은 "그녀는 저녁이 골목을 침범해 오는 것을 지켜보며 창가에 앉아 있었다"(*D* 36)로 시작한다. 여기서 "침범하다"invade는 영국군의 아일랜드 침범과 그에 따른 지배가 일상화되어 있음을 보여준다고 할 수 있다.

이 이야기는 3인칭으로 되어 있지만 마지막 부분에서 에블린이 마비 상태에 놓이게 되기 전까지는 그녀의 관점에서 진행된다는 점에서 각 단어는 그녀의 의식을 반영하고 있다고 볼 수 있다. "invade"는 지금 일상에서 시간의 흐름을 나타낼 정도로 자연스럽게 쓰이고 있지만 사실은 군사적인 의미를 내포하고 있는 단어이다. 윌리엄스Williams도 강조하듯이, 군사 용어가 일상생활화 되었다는 것은 "아일랜드인의 의식에 대한 영국의 구속"("No Cheer" 104)을 암시하는 것이다. 이제 아일랜드인들에게 군사작전이라든지 군사용어가 특별한 의미가 없을 정도로 일상적인 것이 되어버린 것이다. 작품의 말미에서 에블린은 새로운 삶을 시작하기 위해 더블린을 벗어나려던 애초의 계획이 이루어질 수 없음을 알게 된다. 공교롭게도 탈출 비상구는 영국 군인들로 가득 차 있다. 이것은 「우연한 만남」의 구도를 상기시킨다. 소년은 버틀러 신부의 억압으로부터의 해방을 꿈꾸지만 군인 같은, 또 다른 억압적인 노인을 만남으로써 좌절감을 맛보게 되기 때문이다. 두 이야기 모두 군인 혹은 군인 같은 존재가 위협하기라도 하듯 비상구를 지키면서 아일랜드인들의 좌절을 목격하고 있다.

「대응」Counterparts에서 알레인Alleyne씨는 북아일랜드 억양으로 명령조의 큰 목소리를 내는 영국계 사장이다. 그의 밑에서 일하는 패링튼Farrington은 그의 억압으로부터 일시적으로나마 벗어나기 위해서 술집을 찾지만 런던 억양을 쓰는 매력적인 여자로부터 무시당하고 민족의 명예까지 내걸고 겨룬 영국인 웨더스Weathers와의 팔씨름에서 연거푸 두 번이나 패배함으로써 진한 좌절감을 느끼게 된다. 앞의 이야기들과 마찬가지로 그도 술을 통해 도피처를 찾고자 하나 시계까지 저당

잡히며 마신 술이 그를 취하게 하지도 않는다. 축적된 분노는 그를 숨막히게 할 정도에 이른다. 그는 영국인들로 인해 얻은 좌절감 속에서 집으로 돌아오는 전철을 탄다. 그가 전철에서 내려 집을 향해 터벅터벅 걸어오는 장면에 대한 묘사를 주목할 필요가 있다.

> 전차는 쉘본 로에서 그를 내려주었고 그는 병사兵舍의 벽이 드리우는 그늘 아래를 육중한 몸을 움직이며 지나가고 있었다. (*D* 97)

작품에서 지배자/피지배자, 영국인/아일랜드인, 제국주의자/식민지인의 이분법적 구도에서 후자를 나타낸다고 할 수 있는 패링튼이 좌절감의 늪에 빠져 있는 순간에 그가 영국 군대의 그늘 아래에 있다는 것은 상징적이다. 영국군의 주둔은 아일랜드인의 삶에 그늘을 드리우고 아일랜드인의 일상의 감정도 영국/군의 영향을 받는다는 것을 암시하는 듯하다.

이처럼 그늘을 드리우며 탈출구를 가로막고 있는 것은 군인 혹은 군대이다. 「하숙집」The Boarding House에서도 군인 같은 인물이 이러한 역할을 맡고 있다. 무니 부인Mrs Mooney과 딸 폴리Polly는 무언의 공조를 통해 견실한 회사에 다니고 있는 도런Bob Doran을 결혼하지 않으면 안 되는 상황으로 몰아넣는다. 조이스는 『피네간즈 웨이크』*Finnegans Wake*에서 『더블린 사람들』의 이야기 제목으로 말장난pun을 할 때, 이 이야기를 "boardelhouse"라 부른다(*FW* 186:34). 이탈리아어로 "bordello"는 "매춘굴"brothel이라는 의미가 있어 비평가들 중에는 어머니와 딸을 포주와 창녀로, 그리고 이들은 돈을 지불하지 않고 도망가려는 고객을 위협하는 깡패로 보기도 한다(Halper 76). 어머니가 딸의 육체를 시장에 내놓고 적당한 고객을 유혹했다는 점과 아들의 난폭성이 그 고객에게 위협으로 작용한다는 점에서 전혀 얼토당토하지 않는 해석은 아니다. 아들 잭Jack은 "술주정꾼 혹은 불한당"으로 악명이 높고 "군인들의 음담패설/욕설"을 즐겨 썼다(*D* 62). 그는 보통 새벽녘에 귀가하였고 주먹깨나 쓰는 사나이였다. 무니 부인이 도런을 불러 결혼약속을 하게 하는 날을 일요일로 잡은 것은 그 날이 가족이 모두 모이는 날로 아들 잭도 집에 있기 때문이다. 무니 부인을 만나러 층계를 내려오던 도런은 올라오던 잭과 마주치게 된다. 도런은 잭의 "두툼한 불독 같은 얼굴"과 "두툼한 짧은 팔"에 위협을 느끼는 듯이 보인다(*D* 68). 그 순간 도런은 한 남자가 폴리에게 말을 함부로 했다가 "잭의 폭력"(*D* 68)에 직면하게 되었던 밤을 기억한다. 잭은 자기 누이에게 무슨 일이 생기면 그의 이를 부러뜨리겠다고 위협했었다. 그 위협은 도런에게 그대로 적용되어 무니 부인의 소환을 받고 그녀를 만나러 가는 도중에 있는 그에게 두려움을 불러일으키게 된다. 그는 그 순간 "지붕을 뚫고 다른 나라로 날아가 버리고 싶은" 충동을 느낄 정도로 도피에 대한 욕망이 강하다(*D* 67-68). 그것은 마치 「에블린」에서 에블린이 아버지의 위협으로부터 벗어나 부에노스 아이레스로 떠나고 싶은 마음, 「우연한 만남」에서 서술자 소년이 버틀러 신부의 권위와 억압의 교실로부터 벗어나고 싶은 마음과 유사할 것이다.

하지만 앞선 두 이야기에서처럼 여기에서도 도피는 좌절된다. 흥미로운 것은 프랭크와의 임박한 결혼 앞에서 속수무책이었던 에블린과 마찬가지로 도런도 결혼 앞에서 어찌할 바를 모른다는 것이다. 에블린의 심정을 가리키기 위해 사용되었던 형용사 "helpless"가 유사한 입장에 있는 도런에 대해서도 두 번이나 사용되고 있다. 이 이야기에는 앞의 이야기와 달리 영국 군인들이 보이지 않지만 군인 같은 잭이 탈출로를 봉쇄하며 버티고 서 있다. 「우연한 만남」에서 신부와 군인을 닮은 노인이 소년으로 하여금 도피를 불가능하게 했듯이 여기서도 같은 부류가 그의 도피를 막고 있는 것이다. 도런은 신부를 찾아가 고해를 하지만 신부는 "모든 우스꽝스러운 세부사항까지 끄집어내게 만들어 마침내 그의 죄를 확대하는 바람에 보상이라는 빠져나가는 구멍이 주어진 것에 대해 감지덕지해야 할 판이었다"(*D* 65). 여기서 "빠져나가는 구멍loophole"이란 단어에는 외부의 적에게 발사하기 위해 만들어진 "성벽의 총구멍"이란 뜻이 있어서 원래 전쟁과 관련된 의미를 지니고 있었다(Halper 75). 결국 신부는 정신적으로, 군인 잭은 물리적으로 그를 결혼이라는 덫 속으로 밀어 넣은 것이다. 따라서 더블린 사람들을 억압하는 두 축은 신부와 군인, 더 구체적으로 말하자면, 가톨릭 교회와 영국 제국주의라 할 수 있을 것이다. 이것은 스티븐이 『율리시스』에서 "두 주인"(*U*1:638)을 섬기고 있다며 종교와 정치를 가리킨 것과 일치한다. 물론 이 이야기에서 잭이 직접적으로 정치와 관련이 있다고 할 수는 없지만 영국의 아일랜드 침략과 통치가 일상생활에 스며들어 있는 군인정신에 간접적으로 관련되어 있다는 것이다.

군인 같으면서 정치와 무관하다고 할 수 없는 사람은 「두 한량들」Two Gallants의 콜리Corley일 것이다. 그에게서는 군국주의적인 태도가 누구보다도 현저하게 나타난다. 여기서 군국주의적 자세는 자기중심적인 것으로 자신의 권력을 이용하여 약자를 착취하는 제국주의적/가부장적 자세와 연결된다. 콜리는 "우람한 체격"으로 같이 걷는 상대방을 밀어붙이듯 거칠게 걸으며, "동료들의 말에 귀를 기울이지 않고" 자신의 말만 한다. 그는 경감police inspector인 "아버지의 체격과 걸음걸이"(*D* 51)를 그대로 이어받았고, 마치 군인들이 열병하듯이 항상 시선을 똑바로 한 채 걷는다. 뿐만 아니라, 그가 자주 사복을 한 경찰과 함께 걷고 있는 것이 목격된다. 아마 그는 영국지배를 문자적/상징적으로 나타내는 영국총독부Dublin Castle의 정보제공자인 듯하다(Simmons 24). 그리고 그는 군인처럼 최종적인 판단을 내리는 것을 좋아한다. 무엇보다도, 그에게는 "정복자"conqueror 같은 모습이 있다.

> 그의 거대한 체구, 여유 있는 걸음걸이, 그리고 힘찬 구두 소리에는 정복자다운 데가 있었다. 그는 젊은 여자에게 다가가서 인사saluting도 하지 않고 즉시 이야기하기 시작했다. 그녀는 발뒤꿈치로 몸을 반쯤 돌렸다. 한두 번 그가 그녀에게 가까이서at close quarters 말하자 그녀는 웃으며 고개를 숙였다. (*D* 55)

윌리엄스도 지적하듯이, 여기서 주목할 것은 "정복자"conqueror라는 단어는 말할 것도 없고 "saluting"([거수]경례하기), "execute"(실시하다) "at close quarters"(백병전이 되어)가 모두 전쟁 혹은 군대와 관련된 용어라는 사실이다(104-5). 아마 콜리의 군인 같은 모습 때문에 그가 하는 일이 군인의 일처럼 묘사되었을 수 있고 혹은 군대 및 전쟁 용어가 일상화되었다고 볼 수도 있을 것이다.[1]

---

1 휴 케너Hugh Kenner는 조이스가 중립적인 서술 언어를 사용하지 않고 서술이 묘사하고 있는 인물이 사용했을 것 같은 언어를 사용하는 것을 "찰스 삼촌의

한편, 콜리가 사용하는 어휘를 보면 콜리가 여성을 착취와 정복의 대상으로 여기는 것을 알 수 있다. 콜리는 그 자신의 이름조차도 알지 못하는 하녀로 하여금 주인으로부터 시가를 훔쳐오도록 시킨다. 그리고 그가 전에 "정복했던" 여성은 창녀가 되어 있고, 현재 그의 착취의 대상인 하녀는 임신을 피하려고 꾀를 내고 있는 "쓸 만한 계집"fine tart이다. 우선 여성을 이야기할 때 사용되는 그의 어휘들이 주로 속어들로 되어 있다는 점에서 소위 가부장적인 사내macho가 으스대며 여성을 비하하여 말하고 있는 것을 알 수 있다. 또한 "계집"tart이라는 단어에 "창녀"의 의미가 있다는 점에서 그 하녀도 창녀로 타락할 수 있는 가능성이 넌지시 암시되어 있다. 더 나아가서, 콜리와 하녀의 관계가 제국과 식민지의 정치적 관계와 유사하다(Williams, "No Cheer" 106)고 본다면, 그녀에 대한 착취는 영국의 지배를 상징하는 것이고, 그녀의 타락은 아일랜드의 전락으로 확장시켜 이해할 수 있을 것이다. 결국 콜리는 에블린이 항구에서 보았던 영국군들과 같은 부류의 "정복자"인 셈이고 에블린 같은 아일랜드 여성들을 고통 속에 밀어넣고 있다고 할 수 있다. 이런 맥락에서 레너헌이 그를 "비열한 배신자" (*D* 53)라고 부른 것은 적절하다고 하겠다. 「대응」의 패링튼이 영국군 병사의 그늘 아래에서 살아가고 있듯이 레너헌도 정복자 행세를 하는 콜리의 그늘 밑을 벗어나지 못하고 있다. 군인/정복자 콜리는 여성을 농락함으로써 그녀가 새로운 미래로 나아갈 수 있는 통로를 봉

원리"Uncle Charles Principle라고 명명했다(*Joyce's Voices* 18). 여기서 서술자는 군인다운 콜리를 묘사하면서 그가 사용했을 법한 단어를 사용했다고 볼 수도 있을 것이다.

쇄해버린다.

『더블린 사람들』에서 자주 정복자/승자와 패자는 미리 정해져 있다. 「경주가 끝난 뒤」에서 지미 도일은 유럽대륙에서 온 친구들과 한 부류라는 것을 인정받고 싶어 한다. 하지만 그는 요트에서 벌어진 카드놀이에서 이미 자신이 패자가 될 것임을 예견하고 있다. 그리고 최종 승자의 영예는 당연히 영국인 라우쓰Routh에게 돌아간다. 이 이야기의 제목에서 "After"는 경주는 해보나마나 승패가 이미 결정되어 있다는 것을 암시한다. 「우연한 만남」의 조 딜런은 인디언 전쟁놀이에서 항상 승자였고 결국은 가톨릭 교회의 신부가 되어 버틀러 신부의 뒤를 잇는다. 버틀러 신부는 승자의 역사인 로마 역사가 공부할 만한 가치가 있음을 역설함으로써 승자의 편에 서 있다. 「하숙집」에서 무니 부인은 도런과의 싸움에서 "이길 것을 확신한다"(*D* 64). 도런은 다른 이들과 달리 진지한 젊은이이므로 세간에 소문나는 것을 견딜 수 없을 것이고 사회적 여론도 그녀의 편이 될 것이기 때문이다. 시작도 하기 전에 전승을 확신하는 경우이다. 「어떤 어머니」A Mother에서 카니 부인Mrs Kearney은 아일랜드 문예부흥운동이 유행을 타기 시작할 때 딸이 아일랜드적인 이름을 가지고 있다는 사실을 이용하여 딸을 성공시키고 싶어 한다. 마침내 딸은 민족주의자들이 주최하는 음악회에 반주자로 초대를 받는다. 4회의 음악회에 반주를 하고 8기니를 받기로 계약을 했지만 3회로 줄어들었고 사례비에 대한 확실한 대답을 듣지 못하자 카니 부인은 계약서의 자구에 매달려 절대 물러서지 않으며 계약대로 돈을 주지 않으면 딸을 무대에 내보내지 않겠다고 맞선다. 양 측의 긴장감 넘치는 대결은 마치 권투시합처럼 묘사되어 있다. "한 쪽 코너에는"(*D* 147) 민족주의자 쪽 실무자들과 오매든 버크 O'Madden Burke씨 등이 있고 "다른 쪽 코너에는"(*D* 148) 카니 가족과 친구들이 서 있다. 이렇게 팽팽하게 맞서 있는 상황에서 오매든 버크씨는 이것이 "그가 지금까지 목격한 가장 수치스러운 장면"이었다고 평가하고 "이제 더블린에서 음악인으로서의 캐슬린의 장래는 끝났다" (*D* 147)는 판정을 내린다. 그리고 작품의 끝부분에서 이 판정이 권위 있는 것이었음이 판명된다. 아직 싸움이 진행 중인데도 승패는 오매든 버크 편 쪽으로 이미 기울어져 있었던 것이다. 잉거솔Earl G. Ingersoll 이 지적하듯이, 버크씨는 자신의 "서부적인 이름"(*D* 210)이 연상시켜 주는 아일랜드적인 요소를 잘 이용하면서도 균형 있게 영국의 기득권 세력에 기댈 줄 아는 "영국화된 아일랜드인"이라 볼 수도 있다(142). 기득권자로서 그는 이미 정해진 승리자인 것이다.

이처럼 『더블린 사람들』에서 일상의 다양한 사건들은 전쟁으로 묘사되어 있다. 그것은 종교의 경우에도 예외는 아니다. 「은총」Grace에서 폭음을 일삼는 커넌 씨Mr Kernan는 그 날도 술에 취해 술집의 계단에서 화장실 바닥으로 굴러 떨어진다. 마침 그 자리에 있었던 파워 씨 Mr Power는 물리적으로 굴러 떨어진 커넌 씨를 새사람으로 만들어 영적으로 회복시키려는 계획을 세운다. 그는 영국총독부인 더블린 성 Dublin Castle에서 같이 근무하는 직장선배인 커닝햄Martin Cunningham 및 머코이M'Coy와 함께 커넌을 피정에 참석하게 하려는 계획을 세운다. 흥미로운 것은 이러한 계획이 마치 전쟁에서 공략의 대상에 대한 전략인 것처럼 군사적인 비유를 들어 표현하고 있다는 점이다. 먼저 이 일의 적임자로 생각하는 커닝햄에 대한 묘사를 살펴보자.

> 그는 완벽하게 사리분별력이 있고, 영향력이 있으며 지적인 사람이었다. 인간성에 대한 그의 지식의 칼날은 그의 천성적인 예민함에 경찰법원에서 맡은 여러 사건들의 실제적 경험이 축적되어 생긴 것으로 보편 철학의 바다에 잠시 몸을 담금으로써 담금질되었다. 그는 아는 것이 많은 사람이었다. 그의 친구들은 그의 의견을 받아들였으며 그의 얼굴이 세익스피어의 얼굴과 같다고 생각했다. (*D* 157)

요컨대 커닝햄은 이론과 실제를 겸비한 지식인이라는 것이다. 그의 지식의 "칼날"이 "담금질되었다"고 하는 비유적 표현은 서사시에서 전쟁에 나가기 전 영웅들이 칼날을 벼리고 담금질하여 전투에 대비하는 것을 암시하는 것인데, 여기서는 커닝햄이 임무를 맡을 준비가 되어 있다는 것을 보여준다. 그의 공격 대상인 커넌은 친구들이 그의 방에 찾아 왔을 때 "노병의 자부심을 가지고with a veteran's pride 약간 자랑스럽게"(*D* 157) 그들을 바라보면서 자신을 마치 전쟁터에서 돌아온 병사로 생각한다. 그는 다른 사람들에게 군인이라는 이상적 자아상을 보여주고 싶어 하는 듯이 보인다. 그것은 그의 외모에도 반영되어 있다.

> 그는 품위 있는 실크햇을 쓰고 각반gaiters을 차지 않고서는 결코 시내에 돌아다니지 않았다. 남자란 이 두 가지 외관grace만 갖추면 언제든지 검열muster을 통과할 수 있다고 그는 말했다. (*D* 154)

여기서 "각반"과 "검열"은 군대의 용어로서 일상적인 의상이라든지 일반인의 시선도 군대의 관점에서 묘사되고 있음을 알 수 있다. 먼저 그가 차 감별사tea taster로 영국 회사를 위해 일하고 있다는 점과 이 일자리가 영국제국의 확장과 관련이 있다는 점(Williams, "No Cheer" 95)에서 그와 영국 군인과의 관련성이 암시되어 있다. 또한 그 당시 더블린 사회에서 술과 남성성이 밀접한 관련이 있었고 군인의 남성성이 이상화되어 있었다는 점을 고려해보면 술을 잘 마시고 군인처럼 각반을 차고 다니는 커넌 씨가 자신을 이상적인 남성으로 보이고 싶어 했으리라는 것을 짐작할 수 있다. 그에게서 일상과 전쟁, 일반인과 군인이 교환 가능해진 듯하다.

커넌의 방에서 열리는 심포지엄은 그가 항복하고 피정에 가도록 하게 하려는 전쟁이다. 친구들은 그의 호기심을 자극한 후 회피적인 대답을 함으로써 우회공격을 하다 마침내 정면 돌격을 하여 적/커넌을 무찌르게 되고 결국 그로 하여금 백기를 들게 하여 그에게서 피정에 가겠다는 답을 얻어낸다. 그를 새 사람으로 만들겠다는 생각은 파워에게서 나왔으나 친구들 덕택에 그가 군사적 전술을 써 볼 겨를도 없이 작전은 성공을 거두게 된다. 그래서 만족한 파워는 자신이 "완전히 전술에 진 것 같은 느낌을 받았다"He felt completely out-generalled (*D* 171). 일이 순조롭게 풀렸기 때문에 친구들의 전술이 대단해 보였을 것이다. 이 모든 과정이 전쟁과 같았음을 그가 쓴 군사용어 "outgeneral"에서 알 수 있다. 이 전쟁의 승리자는 영국총독부에서 근무하고 있고 이름조차 암시해주고 있는 정치적인 "권력"power이다.

파티에서 흔히 볼 수 있는 댄스조차도 군사적인 것과 밀접한 관련이 있다. 「죽은 사람들」The Dead에서 스퀘어 댄스를 가리키는 용어인 "lancers"는 "창기병"槍騎兵이란 뜻도 함축하고 있어서 영어 사용자들에게 군사적인 연관성을 명확하게 해준다(Riquelme 128). 윈스턴은 "lancers"가 18, 19세기에 아일랜드에 주둔했던 정예 기병대인 "the Royal Lancers"를 떠오르게 한다고 지적하면서 이 용어가 아이버스Miss Ivors 양과 게이브리엘Gabriel의 언쟁 시작과 끝부분에 액자처럼 위치해 있음에 주의를 환기시킨다(123). 아이버스 양과 게이브리엘은 댄스의 파트너가 되지만 그들에게 댄스는 충돌의 수단이 된다. 리켈머의 비유를 빌려 오자면, 두 사람 간에는 마상 창 시합이 일어나고 게이브리엘은 낙마하여 당황하게 된다(128). 열렬한 민족주의자인 아이버스 양은 보수신문인 일간 『익스프레스 지』*The Daily Express*에 매주 칼럼을 쓰는 게이브리엘을 "친영파"West Britain라 부른다. 그러자 게이브리엘의 얼굴에 허를 찔리고 제대로 방어하지 못한 군인에게서 볼 수 있는 "당황한 기색"이 역력하게 보인다. 두 사람의 대결에는 정치와 젠더가 융합되어 있다(Riquelme 129). 둘 중 좀 더 전투적인 아이버스 양은 여성적이라기보다는 남성적이다. 그녀는 여성적인, "가슴이 깊이 파인 옷"을 입은 대신 민족주의 운동을 상징하는 "큰 브로우치"를 착용함으로써 공격적인 면을 보인다. 그 브로우치는 아일랜드의 문장이 새겨진 것으로 그녀는 그녀의 민족주의적 정치적 성향을 적극적으로 드러내고 있다. 여성적인 매력의 육체를 보여주고 싶어 하는 전통적인 여성과 달리 그녀는 자신의 생각을 대담하게 보여주는 상징물을 광고함으로써 좀 더 공격적이고 남성적인 면을 보이고 있다. 반면에 게이브리엘은 아이버스 양의 공격에 적절한 말로 대처하지 못함으로써 자신을 방어하는 데 실패한다. 그는 중얼거리며 당황해 할 뿐이다. 또한 아이버스 양은 마치 창으로 찌르듯이 게이브리엘을 응시하는 반면 게이브리엘은 그녀의 시선을 피하려 한다. 게이브리엘의 이마에 홍조 혹은 부끄러움이 "침입하였다"(*D* 189)라는 표현에서 "침입하다"invade라는 단어에 대해 두 가지를 생각해 볼 수 있다. 첫째, 그가 그녀의 언어의 창에 의해 공격당했다는 사실이 간접적으로 표현되어 있고, 둘째, 「에블린」의 시작 문장이 그렇듯이, 일상생활 속에 군사용어가 깊숙이 들어와 있다는 것이다. 「에블린」에서는 시간의 흐름을, 여기서는 감정의 변화를 군사용어로 묘사하고 있기 때문이다.

아이버스 양에 대해서는 다양한 해석이 있지만 그 당시 문예부흥 운동을 비판했던 조이스는 민족주의라는 이름을 내세워 게일어 부활 운동 등을 하는 편협한 문화민족주의자들을 비판하는 맥락에서 아이버스 양을 보았을 가능성이 크다. 포스터John Wilson Foster도 눈에 띄는 브로우치를 달고 다니는 아이버스양처럼 그 당시 유행하던 문화 민족주의 운동을 요란하게 광고하고 다니던 중산층 여성들을 조이스가 풍자했을 가능성을 제시하고 있다(*Fictions* 150-51). 나아가서 포스터는 그녀를 "페미니스트와 반정부 투사"militant로 간주한다(150). 영국군이 주둔하고 있는 더블린에 그에 맞서는 민족주의적 투사들이 있다는 것은 놀라운 일이 아니다. 19세기 말에서 1920년대에 이르기까지 군인은 합병주의자들과 민족주의자들 모두에게 위협이라기보다는 이상이었다는 것을 상기할 필요가 있다(Fitzpatrick 379).

조이스는 군국주의적인 성향을 지닌 인물들을 부정적으로 묘사하였다. 그가 군국적인 것을 혐오하는 사람이라는 것은 그의 편지에서도 알 수 있다. 그는 「두 한량들」을 악평하고 그것의 인쇄를 거부한 인쇄업자를 가리켜 "군국주의적 가치관을 지니고 있는 사람"militarist

라고 몰아붙였기 때문이다(*L* II 132-33). 조이스가 군사적인 용어를 혐오했다는 것은 대학생 시절 그가 "문학 역사 동아리"에서 활동할 때부터 드러난다. 그는 케네디Hugh Boyle Kennedy라는 친구가 동아리에서 「무기, 국가의 필수품」"The War Machine, A State Necessity"이라는 글을 읽자 자리에서 일어나 아이러니하게 팔복beatitudes을 군사적인 용어로 바꾸어 말함으로써 그 글을 공격하였다고 한다(Ellmann, *James Joyce* 69-70). 그는 이렇게 함으로써 교묘하게 군사적인 것이 축복과는 정반대되는 것임을 강조한 것처럼 보인다. 스태니스로스는 좀 더 직설적으로 조이스가 전쟁을 혐오했다는 것과 기독교 전설의 반군국주의적 측면이 아직도 조이스를 매혹했다는 것을 지적한다(112-13). 「은총」에서 군인처럼 각반을 차고 다니는 커넌이 화장실로 가는 계단에서 굴러 떨어져 참전용사처럼 부상을 입는 것은 군사적인 것에 대한 조이스의 희화화인지 모른다. 커넌의 전쟁터란 술집 화장실에 불과하고 그의 전투란 계단에서 굴러 떨어진 것이 전부이며 그의 부상이란 무공의 훈장이라기보다는 술고래의 실족에 의한 수치스러운 상처에 불과하기 때문이다.

『더블린 사람들』에서 실제의 전쟁은 없지만, 많은 이야기가 전쟁의 구도로 되어 있고 일상생활은 모형 전쟁과 군대의 어휘로부터 분리될 수 없다. 이러한 전쟁의 일상화는 제국의 침범과 군대의 주둔, 그리고 그에 대한 저항의 과정에서 생성된 것으로 보인다. 그리하여 군국주의는 "호전적인 시대에 보편적인 찬동을 불러일으킨 몇 안 된 아일랜드인의 정형 중의 하나"가 될 정도였다(Fitzpatrick 379). 더블린 사람들은 제국 군대의 억압적인 그늘 아래에서 종속적으로 살면서 그들의 언어를 내면화했고 그 언어는 일상생활에서 무의식적으로 사용되고 있다. 조이스는 이러한 더블린의 현실을 있는 그대로 보여줄 뿐만 아니라 군인과 관련된 대부분의 인물들이 부패, 억압, 배신, 폭력, 착취 등과 밀접한 관련이 있음을 보여줌으로써 군국주의뿐만 아니라 더블린을 지배하는 제국주의의 이데올로기에 비판의 시선을 던지고 있는 듯이 보인다.

9

『더블린 사람들』에서의 함정과 폐소공포증

9

『더블린 사람들』에서의 함정과 폐소공포증

제임스 조이스가 건강, 의학, 그리고 인간의 몸에 대한 담론에 매료되어 있었다는 사실은 널리 알려져 있다(Plock 5). 그는 세 번이나 의학 공부를 시도하였지만 실패하였다. 코넬 대학에 남아있는 원고를 보면 조이스가 의학 전공을 준비하기 위하여 의학 용어와 텍스트를 공부했다는 것을 알 수 있다(Walzl 158). 비록 그가 의사가 되려고 했던 것이 그에게 좀 더 중요한 문학을 하기 위한 수단이기는 하였지만, 그는 의학의 어떤 측면에는 깊이 끌려들어갔던 것으로 알려져 있다. 그가 받아들인 임상적 태도는 그의 작품에 많은 영향을 주었다. 그는 진단에 매료되었고, 질병과 불운이 개인에게 미치는 육체적, 심리적 영향에 대한 예리한 병리학적 안목을 계발啓發하였다(Walzl 159). 그는 자주 사회적 현상을 진단하고 그것을 의학적 용어로 표현하였다. 예를 들면, 널리 알려져 있듯이, 그는 동생 스태니스로스에게 더블린이

의지의 "반신불수"hemiplegia를 앓고 있다고 말한 바 있다(Ellmann, *James Joyce* 140).

이와 유사하게, 『더블린 사람들』의 집필과 관련하여 영국출판업자에게 보낸 편지에서 더블린을 "마비의 중심지"(*L* II 134)라고 말함으로써 작품이 더블린 사회의 병리학적 현상에 대해 다룰 것임을 밝힌 바 있다. 이와 같이 작가가 주제에 대해 직접 언급함으로써 그 동안 많은 연구자들이 이 작품을 "마비"와 관련하여 연구하게 된 것은 사실이다. 하지만 작품을 세밀하게 읽다보면 마비현상과 밀접하게 관련되어 있지만 약간은 다른 병리적 현상들도 눈에 띄는데 그 중 가장 두드러진 것이 아마 함정에 빠진 후 탈출의 불가능성을 파악한 등장인물들이 느끼는 폐소공포증claustrophobia일 것이다. 둘을 엄밀히 구분해 보자면, 마비는 기능장애이지만 폐소공포증은 불안신경증anxiety disorder으로 공간과 직접적인 관련이 있고 불안, 호흡곤란, 구토 등의 증상을 보인다. 하지만 폐소공포증의 증상 중에 마비도 포함된다는 점에서 두 병리현상은 불가분의 관계라고 할 수 있을 것이다.

물론 폐소공포증은 마비의 증상이 그렇듯이 덫에 걸리는 상황과 직접적으로 연결되지 않고도 더블린에 광범위하게 확산되어 있다. 우선 비좁고 답답하며, 먼지투성이의, 통풍이 안 되는 물리적 공간이 주로 폐소공포증적 분위기를 조성한다. 예컨대 먼지가 끊임없이 쌓이고 있는 「에블린」의 주인공이 사는 공간이 이에 해당한다고 할 수 있을 것이다. 이것은 정체stagnation를 말하는 것이고 또한 마비현상과도 연결되어 있다. 그러나 더 확장시켜 보면, 「애러비」Araby의 시작배경이 되는 "막다른 골목"처럼 출구가 차단되어 있는 구조도 밀폐된 공간의 느낌을 준다. 여기서 "막다른"blind이라는 단어는 두 번이나 연속 사용됨으로써, 이곳에 거주하고 있는 사람들, 나아가서는 이들이 대표하는 더블린 사람들이 더블린에 갇혀있다는 것을 시사한다. 에워싸여 있다는 느낌을 주는 것은 물리적인 건축물이나 지형만이 아니다. 이와 더불어 더블린을 지배하고 있는 제국주의, 가톨릭교, 가부장제도의 억압도 사람들의 마음을 답답하게 하여 폐소공포증적 환경을 형성한다. 본 연구는 작품에서 더블린 사람들이 어떻게 함정에 빠지는지, 그 결과로 생긴 폐소공포증이 인물들뿐만 아니라 도시 전체에 어떻게 형상화되어 나타나는지, 나아가서 이것이 더블린의 지배이데올로기와 어떤 관련이 있는지 살펴보고자 한다.

함정-폐소공포증의 공식이 가장 분명하게 제시된 작품은 「하숙집」이라 할 수 있을 것이다. 남편감으로 적당한 총각을 결혼의 함정에 몰아넣을 작정으로 폴리Polly는 "희생양"(Henke 27)을 찾게 되고 좋은 직장에 저축까지 해둔 도런Bob Doran을 선택한다. 이 둘은 "덫을 놓는 사람과 덫에 빠진 사람"(Walzl 176)의 관계가 된다. 하숙집을 운영하는 어머니 무니 부인Mrs Mooney은 폴리가 배우자를 찾을 수 있도록 하숙집의 많은 청년들과 어울리게 한다. 사냥감을 함정에 끌어들이기 위해 폴리의 몸을 미끼처럼 청년들의 손이 닿는 곳에 내놓은 것이다. 무니 부인은 폴리가 한 청년을 만나고 있다는 것을 알고도 모른 척 하며 지켜본다. "모녀 사이에 대놓고 한 공모"는 없었지만 딸은 어머니의 침묵이 무엇을 의미하는지 알고 있었다(*D* 63). 사냥감의 움직임을 예의주시하며 공격의 기회를 노리는 사냥꾼처럼 그녀는 "적기라고 판단했을 때," 즉 먹잇감이 더 이상 도망치지 못하는 단계까지 갔다고 생각했을 때 공격을 감행한다. 그녀는 자신이 "반드시 이길 것"으로 확신하는 시점을 선택한 것이다(*D* 64).

> 우선 세상의 여론은 그녀의 편이었다. 그녀는 피해 입은 어머니였기 때문이다. 신뢰할만한 사람인 줄 알고 집안으로 불러들여 살게 했더니 은혜를 원수로 갚은 꼴이었다. 나이도 34세, 35세쯤 되었으니 어려서 그랬다는 핑계를 댈 수도 없을 터였다. 세상경험도 많은 사람이니 몰라서 그랬다는 변명을 할 수도 없을 것이었다. 그가 단순히 어리고 세상물정 모르는 폴리를 이용했다는 것은 명백한 것이었다. 남은 문제는 그가 어떻게 보상을 할 것인가 뿐이었다. (*D* 64)

무니 부인은 도런을 소환할 때 그녀가 확실하게 사냥감을 덫에 걸리게 했다는 확신을 한다. 도런의 편에서는 덫에 걸렸음을 알아차리고 초조하게 탈출구를 찾으려 애쓰지만 헛된 몸부림일 뿐이다. 그는 제국주의와 함께 더블린을 지배하는 양대 세력중 하나인 가톨릭교회에 도움을 청하기 위해 신부를 찾아가 고해를 해보기도 하지만 위로를 받기는커녕 죄의식만 확대되어 느끼게 될 뿐이다. 이 일이 세상에 알려지면 그는 다니고 있는 가톨릭 포도주 판매회사로부터 해고될 것이 두렵다. 그 당시에 포도주는 상당 부분 성당의 신부들에게 공급되었기 때문에 도덕적인 문제를 일으킨 사람은 회사에서 일할 수 없었다. 교회가 도런이 함정에서 빠져나오지 못하게 하는 데에 어느 정도 공헌했음을 알 수 있다. 폴리가 그에게 와서 울면서 했던 절망적인 말, "어떡하죠?"가 이제 자신에게 적용된다(*D* 67). 「에블린」의 끝부분에서 덫에서 벗어날 수 없는 여주인공이 "속수무책의 동물"helpless animal로 그려지듯이 도런은 함정에 빠져 나오지 못하는 자신을 "속수무책의"helpless 동물로 느낀다(*D* 67).

호머Homer의 『오딧세이』*Odyssey*를 이 작품의 뼈대로 보는 비평가들이 있다는 것은 흥미롭다. 폴리는 아프로디테Aphrodite, 도런은 아레스Ares이며, 무니 부인은 헤파이스토스Hephaestus라 볼 수 있다는 것이다(Halper 79). 사랑과 미의 여신 아프로디테는 전쟁의 신 아레스와 사랑을 하게 된다. 아레스는 아프로디테와 함께 그녀의 남편인 대장장이 신 헤파이스토스를 피해 자주 밀회를 즐긴다. 이를 지켜본 태양신 아폴론이 헤파이스토스에게 이 사실을 밀고하자, 헤파이스토스는 청동을 가늘게 늘여서 짠 그물의 덫을 만들어 아프로디테의 침대에 설치한다. 이것을 모르고 아레스와 밀회를 즐기던 아프로디테는 헤파이스토스를 보자 아레스와 함께 자리를 피하려 하지만 이미 덫에 걸려 움직일 수 없게 되고 여러 신들에게 망신을 당한다. 아레스가 보상을 약속하자 두 사람은 덫으로부터 풀려난다. 마찬가지로 무니 부인도 함정을 파놓는다. 그것도 침대, 즉 성과 관련된 덫을 놓는다(Halper 80). 그리고 도런은 결혼이라는 보상을 약속하기 전에는 함정에서 벗어날 수 없음을 알게 된다.

무니 부인이 최종적인 담판을 하기 위해 도런과의 면담을 요청하자 그는 자신이 원하지 않는 결혼의 덫으로부터 필사적으로 도망가고 싶지만 길이 막혀있는 것을 알기에 폐소공포증적인 초조함과 두려움을 보인다.

그는 계단을 내려오면서 시야가 흐려 안경을 벗고 닦지 않으면 안 되었다. 그는 지붕을 뚫고 올라가 다른 나라로 비상하여 이 골치 아픈 일에서 영원히 벗어나고 싶었다. 하지만 그를 한 걸음 한 걸음 계단 아래로 내려오게 밀어내는 힘이 있었다. (*D* 67-68)

그의 시야가 흐리다는 것은 극도로 불안한 그의 심리상태를 나타낸다고 할 수 있다. 이는 『젊은 예술가의 초상』의 시작부분에서 주인공 스티븐Stephen이 개신교 신자인 아일린Eileen과 결혼하겠다고 하자 분노한 댄티Dante가 사과하지 않으면 독수리가 와서 눈을 쪼아 먹을 것이라고 위협하는 장면을 상기시킨다. 밖으로의 탈출이 불가능한 스티븐은 이 때 탁자 밑으로 숨지만 임시방편에 불과하다. 마찬가지로 도런은 성과 관련된 일로 무서운 어머니 상으로부터 순종하지 않으면 혼날 거라는 위협을 받고 있는 것이다. 두 장면에서 위협적인 어머니상의 목소리는 성에 대해 억압적인 가톨릭 교회의 이데올로기를 나타낸다고 할 수 있다. 물론 이 순간의 무니 부인은 딸을 젊은 남자들 사이에 밀어 넣어 남편감을 찾아 유혹하도록 하던 모습과는 대조를 이룬다. 도런의 극심한 불안감은 그 날 아침 그가 면도를 하려고 두 번이나 시도했지만 손이 떨려서 단념하지 않으면 안 되었던 데에서도 확인할 수 있다. 그가 계단을 한 발 한 발 떼면서 내려오는 모습은 그가 얼마나 가기 싫고 두려운 길을 향해서 가고 있는지를 보여준다. 그는 "지붕을 뚫고 올라가 다른 나라로 비상하여 이 골치 아픈 일에서 영원히 벗어나고 싶지만" 그것은 현실적으로 불가능하다. 그는 이미 사방이 막힌 덫에 걸려 있는 것이다.

「경주가 끝난 뒤」는 지미 도일Jimmy Doyle이 함정에 빠지는 과정을 보여준다. 지미는 자동차 경주가 끝난 뒤 유럽대륙인들과 함께 어울리며 사람들에게 그들의 친구처럼 보이는 것을 매우 자랑스럽게 생각한다. 프랑스인 세구엥Ségouin은 "나무랄 데 없는 부자의 풍모"(*D* 45)를 풍겼지만 그가 어느 정도의 부를 소유하고 있는지에 대한 객관적인 증거는 없다. 하지만 세구엥은 지미로 하여금 그의 자동차 사업에 투자하도록 하는데 성공한다. 그는 "얼마 되지도 않는 아일랜드 돈을 회사의 자본금에 포함되도록 하는 것은 순전히 우정 때문이라는 인상을 주려고 애썼다"(*D* 44-45). 그가 지미의 투자를 유도하기 위해 무언가를 꾸미고 있다는 느낌을 주는 대목이다. 노리스Margot Norris는 지미가 "감언이설로 속임"을 당하고 있다고 보고 있다(19). 지미가 이미 투자를 약속했지만 법률적으로 복잡한 과정을 피하기 위해 카드게임을 통해 술 취한 상태에서 그의 돈을 빼앗고자 한 것인지(Norris 19), 아니면 투자와 별개로 그의 돈을 취하려고 한 것인지는 분명하지 않다. 이 상황은 돈 많은 여자로부터 돈을 빼앗기 위해 결혼을 빙자한 사기를 범하는 18,19세기의 흔해빠진 플롯에 비유될 수도 있다(Norris 19-20). 여기서 지미는 남성(들)의 계략에 빠진 여성의 자리에 서게 된다. 아일랜드가 대영제국에 의해서 그렇게 되듯이 지미는 유럽대륙인들에 의해서 여성화되고 상징적으로 거세된다(Henke 24).

미국인 팔리Farley와의 만남은 표면적으로는 우연인 것처럼 보이지만 세구엥 무리가 사전에 연출해 놓았을 가능성을 의심해 볼 수 있다(Norris 24). 왜냐하면 이 만남은 지미를 함정으로 빠뜨리는 데 있어서 핵심적인 부분이기 때문이다. 그들은 팔리의 요트에 가서 술을 마시고 카드놀이를 하게 된다. 요트는 외진 호젓한 장소이기에 지미의 탈출을 불가능하게 한다(Norris 24). 그들은 지미로 하여금 술을 많이 마시게 한 후 그를 카드게임에 참여시키는데, 이것이 그들의 최종목표였다고 할 수 있다. 그는 "그의 카드를 잘못 보기도 하고 다른 사람들이 차용증서를 대신 계산해 주지 않으면 안 될 정도로"(*D* 48) 취하게 된다. 「하숙집」에서 도런이 원하지 않는 결혼을 하지 않으면 안 되는 덫에 걸려들었다는 것을 알았음에도 불구하고 그 덫에서 빠져 나올 수 없었듯이, 지미는 돈을 잃을 수밖에 없는 상황에 빠졌다는 것을 의식하면서도 게임을 계속 하지 않으면 안 된다. 도런과의 차이가 있다면, 그는 술을 너무 많이 마셨기 때문에 자신이 함정에 걸려들었다는 것을 분명히 인식하지 못하고 있을 뿐만 아니라 자신의 어리석음과 대면하지 않기 위해 그러한 인식의 순간을 피하고 싶어 한다는 것이다. 그는 "그만 했으면 싶지만" 의지와 상관없이 계속해야 하고, 결국 "돈을 가장 많이 잃은 둘 중의 하나"가 된다(*D* 48).

「에블린」의 여주인공은 "지루하고 고된 삶의 덫"에 이미 빠져 있다(Walzl 176). 그녀는 "도대체 이 모든 먼지가 어디에서 오는 것일까?"(*D* 37)라고 자문하며 희랍신화의 시지프스처럼 일주일에 한 번씩 반복해서 집안의 먼지를 털어내는 삶을 살고 있다. 그녀는 기계적으로 다람쥐 쳇바퀴 돌듯 일상생활을 하고 있다. 토요일 밤에는 술 취한 아버지와 "변함없는 말다툼"이 있고 어렵사리 타낸 돈으로 서둘러서 시장을 보지 않으면 안 된다(*D* 38). 가부장적인 아버지는 폭력을 휘두를 기세를 보이고 에블린은 두 남동생들을 돌보며 돌아가신 어머니의 자리를 대신하고 있다. 그것은 한 마디로 "힘든 삶"이다(*D* 38). 직장에서도 그녀에게 빈정대기를 잘 하는 사장이 꾸물거린다고 그녀를 나무라곤 한다. 집안에 켜켜이 쌓이는 먼지가 상징하듯 에블린의 삶의 공간은 숨 막히게 하는 곳이다. 그녀가 이 먼지 많은 곳에서 벗어나 "좋은 공기"를 뜻하는 부에노스 아이레스로 도망가지 못하면 그녀도 어머니와 같이 "마침내 광기로 마감하는 흔해빠진 희생의 삶"(*D* 40)의 전철을 밟게 될 가능성이 있어 보인다.

그 동안 창가에 앉아있던 그녀는 단호하게 일어선다. 사실상 집안일 등을 하며 어머니의 역할을 이어받아 하고 있는 그녀가 어머니처럼 정신병으로 삶을 마감하고 싶지 않기 때문이다. 가부장제의 희생자인 어머니는 평생 가정에 갇혀 살았고, 그것은 영국제국의 가부장에 의해 다락방에 갇힌 『제인 에어』*Jane Eyre*의 광녀 버싸Bertha를 상기시킨다. 에블린을 에워싸고 있는 것은 단순히 먼지로 시사되는 통풍이 나쁜 공간만이 아니라 제국주의, 가부장제도, 가톨릭교 등의 억압적인 이데올로기임도 알 수 있다. 에블린이 프랭크Frank를 따라가기 위해 부두까지 나가지만 결국 배를 타지 못했을 때 그녀는 창살에 갇힌 동물의 이미지로 묘사된다. 이 때 그녀가 느끼는 "구역질"(*D* 41)은 폐소공포증의 증상으로 볼 수 있을 것이다.

> 그녀의 두 손은 미친 듯이 쇠 난간을 움켜쥐었다. 바다 한 가운데를 행해 그녀는 고뇌에 찬 비명을 질렀다.
> "에블린! 이비!"
> 그는 울짱 너머로 달려가며 그녀에게 따라오라고 외쳤다. 빨리 승선하라는 성화를 듣고도 그는 여전히 그녀에게 소리치고 있었다. 그녀는 수동적으로 속수무책의 동물처럼 창백한 얼굴을 그에게

> 향하고 있었다. 그를 향한 그녀의 시선에는 사랑이나 작별 혹은 사람을 알아본다는 느낌이 전혀 들어있지 않았다. (*D* 41)

이야기의 마지막 문장은 그 동안 많은 주목을 받아왔다. 지금까지 이 이야기가 에블린의 관점에서 그녀의 의식을 보여주는 것이었는데 반해 마지막 문장에서 그녀는 정반대의 관점에서 바라본 객체가 되기 때문이다. 그렇다면 이 마지막 문장은 누구의 관점에서 서술된 것일까? 끝까지 그녀를 주시하고 있을 것이고, 그녀로부터 최소한 "사랑이나 작별 혹은 사람을 알아본다는 느낌"을 기대했을 프랭크의 관점일 것으로 판단하는 경향이 많다. 하지만 이 부두장면이 실제로 일어난 것인지 에블린의 의식 속에서 일어난 것인지에 대해서 아직도 논쟁의 여지가 있다는 점에 비추어 보았을 때(Brandabur 60), 마지막 문장에서도 에블린의 의식은 이어져 에블린이 갇혀있는 자신의 모습을 바라보고 있다고 볼 수도 있지 않을까? 쇠창살을 움켜잡고 있는 창백한 동물은 그녀의 의식을 통해 보이는, 도망갈 수 없다는 사실에 대한 두려움에 사로잡힌 동물, 즉 폐소공포증을 드러내고 있는 그녀 자신이 아닐까? 어머니의 운명으로부터 벗어나야 한다는 것을 본능적으로 느끼고 있지만 그럴 수 없다는 것을 발견했을 때 느끼는 공포감 말이다. 따라서 이러한 공포는 어머니가 겪었고 에블린이 이어받을 "광기"를 예고하고 있는 것은 아닐까?

물론 에블린이 프랭크를 따라서 아르헨티나로 간다고 해서 모든 함정으로부터 벗어난 것은 아니다. 「우연한 만남」에서 주인공 소년이 로마제국 역사를 공부할 것을 강요하는 위협적인 버틀러 신부Father

Butler의 억압적인 교실을 벗어나기 위해 "거친 서부"wild west같은 들판으로 도망가지만 거기에서 그에 못지않게 위협적인 이상한 노인을 만나듯이, 에블린이 더블린을 떠나 새로운 삶을 살 것을 꿈꾸는 부에노스 아이레스가 더블린 못지않은 함정이 될 가능성도 배제할 수 없기 때문이다. 많은 비평가들이 지적했듯이 선원출신으로 벼락부자가 되었다는 프랭크의 말을 액면 그대로 믿을 수도 없고, 그 도시가 그 당시 "백인 노예무역의 국제 수도"(Mullin 189)로 악명이 높았다는 점도 의혹을 불러일으키기에 충분하다. 다시 말해서, 「경주가 끝난 뒤」에서 세구엥이 지미를 감언이설로 유혹하여 함정에 빠뜨렸던 것과 마찬가지로 프랭크가 에블린을 창녀로 팔아넘길 가능성도 배제할 수 없다는 것이다. 혹은 브라운Richard Brown의 의견대로 프랭크와의 결혼이 에블린을 「하숙집」에서와 같은 또 다른 함정에 빠뜨리는 것이 될지 모른다(13). 결국 에블린은 현재 빠져 있는 함정에 그대로 남아 있거나 또 다른 함정에 빠질 위험을 무릅쓰는 것 중 택일해야 하는 운명에 처해 있는데 이야기의 끝 부분에서 그녀는 새로운 선택을 하지 못한다.

「작은 구름」의 챈들러Little Chandler도 이미 덫에 걸려 있고 그곳으로부터 도피할 수 있는 방안을 궁리하고 있다. 그가 폐쇄된 공간에 갇혀있다는 것은 런던에서 기자로 성공한 갤러허Gallaher와의 대조에서 두드러진다. "여행을 많이 한 것 같은 분위기"(*D* 70)를 풍기는 갤러허와 달리 챈들러는 더블린에서 뱃길로 불과 몇 시간 거리에 있는 맨 섬The Isle of Man보다 멀리 가 본적이 없다. 갤러허는 "유쾌함, 움직임, 흥분"이 있는 파리에 가보아야 한다면서 그 도시의 "물랭루즈"와

"보헤미안 카페"에 가보았음을 자랑한다(*D* 76). 이 환상적인 도시는 챈들러에게 마술적인 "애러비"로 기능한다(Leonard 153). 이는 「에블린」에서 프랭크가 에블린을 『보헤미안 소녀』라는 오페라에 데려감으로써 자유의 공간에 대한 욕망을 자극하는 것을 상기시킨다. 갤러허가 이러한 "비도덕적인" 곳에서(*D* 77) 자유롭게 즐기는 삶을 살고 있다면 챈들러는 가톨릭교회가 성을 억압하는 "답답한"dull (*D* 78) 곳에서, 갤러허의 표현을 빌자면, "한 여자에게 묶여 있는" "진부한" 삶(*D* 82)을 살고 있다. 사진 속의 아내의 시선은 "그에게 혐오감을 주었고 그를 거부하였다"(*D* 83). "정열도 환희도 보이지 않는"(*D* 83) 그 시선은 그의 결혼생활의 실체를 요약해 준다고 할 수 있을 것이다. 그는 「하숙집」의 도런이 지붕을 뚫고 올라가 다른 나라로 도피하고 싶은 충동을 느꼈던 것과 마찬가지로 납납한 삶의 환경에 염증을 느끼며 "그의 작은 집에서 도망갈 수 없을까?"하고 생각한다(*D* 83).

챈들러는 좁은 면적에 갇혀 있는 그 자신의 삶과는 정반대로 방랑의 삶을 살다 간 낭만주의 시인 바이런Byron처럼 되기를 갈망하기라도 하듯이 그의 시를 읽는다. 그 때 아기가 깨어나 울기시작하고 달래려 애를 쓰지만 아이의 울음소리는 더 커지기만 한다. 그는 숨 막히는 환경에 저항이라도 하듯 계속해서 바이런의 시 2연을 읽는다. 그 연은 "좁은 관" 안에 누워있는 죽은 여인에 관한 내용으로, 신선한 공기가 없는 비좁은 더블린의 작은 집에서 열정 없이 죽은 자처럼 살고 있는 챈들러의 모습을 비추어주는 듯이 보인다. 『율리시스』에서 블룸Bloom은 "영국인의 집은 그의 성城이다"는 격언을 바꾸어 "아일랜드인의 집은 그의 관이다"(*U*6.821 22)는 생각을 하는데, 챈들러는 관 속에서 죽음 같은 삶을 살고 있는 것이다.

> 소용없었다. 읽을 수 없었다. 도대체 아무 것도 할 수 없었다. 아기의 울부짖는 소리는 귀의 고막을 찢어놓을 지경이었다. 소용없는 일이었다, 소용없었다. 그는 종신형의 죄수였다. 그의 팔은 분노로 떨렸고 그는 갑자기 아기의 얼굴 가까이로 몸을 숙여 소리를 질렀다.
> "뚝!" (*D* 84)

답답한 좁은 공간, 억압적인 환경, 시의 세계로의 임시적인 도피의 실패 등이 그를 답답하게 하고 그로 하여금 충동적으로 소리를 지르게 하는 것을 볼 수 있다. 평생 빠져나올 수 없는 덫에 걸려든 것을 감지한 도런처럼, 그는 자신이 풀려날 수 없는 감옥에 투옥된 "종신형의 죄수"로서 아무 것도 할 수 없다는 절망감에 사로잡힌다. 그가 고함을 치고 있는 대상은 아기라기보다는 그를 숨 막히게 옥죄고 있는 더블린의 현재 상황일 것이다.

아들에게 고함을 지르는 아버지는 「대응」에서도 등장한다. 영국에서 성공하고 영국사람 행세를 하는, 혹은 아버지가 세상물정 모르는 아들 대하듯 하는 갤러허Gallaher에게 챈들러가 주눅이 든 후 집에 돌아와서 아들 앞에서나마 큰 소리를 쳐보듯이, 패링턴Farrington도 영국계 사장인 알레인Alleyne씨에게 심하게 혼나고 술집에서는 어린 영국인에게 두 번이나 팔씨름에 진 후 집에 와서 아들에게 고함을 친다. 영국의 가치관을 내재화한 갤러허와 북아일랜드에서 온 알레인씨 모두 영국의 배경을 등에 업고 있다는 점에서, 두 이야기 모두에서 식민

상황이 피식민지인의 심리에 압박감을 가하고 있음도 간과할 수 없다. 패링튼의 분풀이는 난롯불을 꺼지게 했다는 표면적인 이유를 내세워 아들에게 향한다. 그는 어린 아들을 혼내기 위해 소매를 걷어붙인다.

> 어린 소년은 "아, 아빠!"라고 소리지르며 테이블 주위를 훌쩍훌쩍 울면서 도망 다녔지만, 남자는 그를 쫓아가 그의 겉옷을 붙잡았다. 어린 소년은 정신없이 주위를 둘러보았지만 빠져나갈 구멍이 없음을 알고 무릎을 꿇었다. (*D* 98)

「하숙집」의 도런이 무니 무인과의 면담을 앞두고 하늘로 솟는 것 외에는 도망갈 방법이 없다는 것을 느꼈듯이, 아들은 "빠져나갈 구멍이 없음을 알고" 절망적인 심정으로 무릎을 꿇는다. 「에블린」의 여주인공이 작품 끝에서 "속수무책의 동물"이 되고 도런도 마찬가지로 "속수무책의" 진퇴양난에 빠지듯이, 아들 역시 사방이 봉쇄된 상황에서 "정신없이" 주위를 둘러보며 공포를 느끼지만 이내 더 이상 움직일 수 없는 상태가 되며 마비의 상태에 들어간다. 사장과 패링튼이 가해자와 희생자의 관계였다면 이제는 아버지와 아들이 동일한 관계가 된다. 패링튼은 그의 사장이 자신에게 그렇게 했듯이 생계를 의지하고 있기 때문에 부당한 처사에도 달리 호소할 길이 없는 존재를 선택하여 "주인의 잔인성을 모방한 노예들"처럼 아들을 때린다(Leonard 182). 이 장면에서는 그가 가해자의 입장에 서 있지만 회사에서는 그도 아들과 같은 희생자이었다.

회사에서 그는 법률서류를 복사하는 필경사로 헨케Henke의 말대로 소위 "인간 복사기"(15)이자 기계의 부속에 불과한 위치에 있다. 그는 "키가 크고 큰 체구"(*D* 86)로 남성적이고 폭력적이기까지 하지만 대머리의 "작은 남자"little man인 사장 알레인씨 앞에서는 무력한, 여성화된 사람이 되지 않으면 안 된다. 그것은 알레인씨가 그의 고용주이기 때문만이 아니라 그가 "문화적 권력구조의 위계질서"에서 패링턴보다 최소한 한 단계 높은 단계에 있기 때문이다(Ingersoll 100). 알레인씨는 그의 "북아일랜드 억양"이 가리키듯이 당시 아일랜드에서 권세를 지니고 있던 영국계 개신교 집단에 속했다. 그보다 작은 남자에게 복종해야하고, 시간 안에 일을 마쳐야 하지만 그것이 불가능한 상황은 그를 숨 막히게 한다. 작은 사람 앞에서 꾸중을 들으면서 그는 "발작적인 분노에 잠시 목이 죄는 듯이 느끼고" 이내 "타는 듯한 갈증"을 경험한다(*D* 87). 그가 근무 중에 몰래 술집에 가서 술을 마시고 오지 않으면 안 되는 것은 이 갈증을 일시적으로나마 해소하기 위해서이다. 또한 시간은 거의 다 되어 가는데 할 일은 많이 남아 있기 때문에 초조해지면서 그는 폭력적 성향을 드러낸다. 빠져나갈 구멍이 없는 형편에 처했을 때 폭발하듯이 일어날 수 있는 증상일 것이다.

> 그는 온 사무실을 혼자서 쓸어버릴 수 있을 정도로 기운이 넘치는 것을 느꼈다. 그는 무언가를 저지르고 싶어, 뛰쳐나가 난폭한 행위를 마음껏 즐기고 싶어 몸살이 날 지경이었다. 삶의 모든 냉대가 그를 분노케 했다(*D* 92).

하지만 이야기 말미의 어린 아들처럼 그는 아무 것도 할 수 없다. 그는 외형적으로는 큰 사람이지만 더블린의 공간에서는 아들과 다를 바

없이 작은 사람이라 할 수 있을 것이다. 브랜다버Edward Brandabur도 패링턴이 "자신이 작은 사람이라는 점 때문에 내면적으로 고심하고 있다"고 보고 있다(105). 윌리엄스Trever L. Williams는 더블린을 지배하는 두 이데올로기, 즉 알레인씨의 북아일랜드 억양이 시사하는 제국주의와 성모송Hail Mary의 반복이 가리키는 가톨릭주의가 작품의 시작과 끝에 너무 큰 비중을 차지하고 있어 개인의 목소리는 거의 들리지 않는 것에 주목하고 이것이 더블린 사람들을 폐소공포증으로 몰아넣는다고 본다("No Cheer" 102). 거대한 두 세력이 더블린 사람들을 옴짝달싹 못하게 하고 그들의 탈출구마저 막고 있는 것이다.

더블린의 이데올로기적인 폐소성은 닫힌 공간을 통해 물리적으로 제시된다. 그 곳은 신선한 공기가 유입되지 않고 따뜻한 공기가 변함없이 순환하는 곳으로 「두 건달들」의 시작부분에 잘 예시되어 있다.

> 잿빛의 따스한 8월 저녁이 거리에 내려앉았고 여름의 기억이라 할 만한 온화한 따스한 공기가 거리를 순환하고 있었다. 일요일의 휴식을 위해서 가게들이 문을 닫은 거리는 화려하게 차려입은 군중으로 들끓었다. 빛이 비추인 진주들처럼 가로등들이 높은 기둥 꼭대기로부터 밑에 있는 군중을 비추었고 이들은 모양과 색을 끊임없이 바꾸면서 따스한 잿빛의 저녁 공기 속으로 끝없이 이어지는 변함없는 속삭임의 소리를 올려 보냈다. (*D* 49)

거리를 순환하는 잿빛의 따스한 공기의 이미지는 이 이야기에서 다람쥐 쳇바퀴 돌듯 거리를 순환하게 될 주인공 레너헌을 암시하기도 하지만, "신선한 공기"의 의미인 부에노스 아이레스를 헛되이 갈망하는 에블린과도 무관하지 않다. 나아가서는, 겔러허처럼 "더러운 정든 더블린"dear dirty Dublin을 탈출하는 사람을 제외하면 "마비의 중심"에 살고 있는 대부분의 더블린 사람들을 가리킬 것이다. 이 단락의 문장구조가 "잿빛의 따스한" 공기로 시작했다 다시 반복되며 끝나는 것도 폐쇄된 상태 및 순환을 강조하는 듯이 보인다.

"신선한 공기"로의 탈출은 「죽은 사람들」The Dead에서도 찾아볼 수 있다. 만찬이 준비되고 있는 동안 게이브리엘은 연설문 내용을 다듬고 있다. 사람들은 춤추기에 싫증이 났고 몇 명씩 모여 위의 "끝없이 이어지는 변함없는 속삭임의 소리"처럼 조용히 이야기를 이어가고 있다. 이 때 그는 창밖을 바라보며 생각에 잠긴다.

> 밖은 얼마나 시원할까! 먼저 강가를 따라 그리고 나서 공원을 혼자 걷는 것은 얼마나 기분 좋을까! 눈은 나뭇가지에도 내려앉을 것이고 웰링턴 기념탑 꼭대기도 눈부시게 덮을 것이다. 저기가 만찬 테이블에 앉아 있는 것 보다 얼마나 더 기분 좋을 것인가!" (*D* 192)

그가 외부로의 탈출을 갈망하는 이유는 표면적으로는 아마 만찬에서 맡게 될 연설의 부담 때문이기도 할 것이다. 또한 그날 그 폐쇄된 공간에서 일어났던 집 관리인의 딸 릴리Lily의 말대꾸, 그를 "친영파"로 명명한 아이버스 양Miss Ivors의 공격, 그리고 고향으로 여름휴가를 가자던 아내 그레타Gretta의 간청과 그에 대한 자신의 거부가 불쾌한 기억으로 남아있고, 멀린스 부인Mrs Malins의 끝없는 수다가 그로 하여금 그곳에서 벗어나고 싶은 기분을 갖게 했을 것이다. 그가 이런 생각을 하기 조금 전까지 게이브리엘이 "그의 마음 속에서 아이버스 양과의 불유쾌한 사건의 모든 기억을 지우려고 애쓰고 있었다"(*D* 190)는 점에 비추어보면 아직도 그가 이런 생각들을 모두 떨쳐내지 못하고 있음을 짐작 해볼 수 있다. 아내의 고향 골웨이Galway가 민족주의자들이 거의 신성시하던 곳이었다는 점에서 아내의 요청은 열렬한 민족주의자이며 먼저 그에게 골웨이 근처의 애란 섬으로의 여행을 권장했던 아이버스 양의 정치적 입장과 교묘하게 얽혀있다. 그렇다면 그는 『젊은 예술가의 초상』의 스티븐이 예술가로서의 자유를 억압하는 모든 그물로부터 벗어나려했던 것과 마찬가지로 잠시 무의식적으로 가족(아내), 민족(민족주의) 등으로부터 해방되고 싶은지 모른다. 그렇기 때문에 그는 아이버스양이 그가 보수적인 잡지에 글을 실은 것을 비난했을 때 "문학은 정치를 초월한다"고 말하고 싶었고(*D* 188), 지금 내려다보고 있는 "가장 유명한 친영파 중 한 사람"인 웰링턴의 동상(Murphy 112)을 미학적으로만 바라볼 수 있는지 모른다. 이 장면은 작품의 끝부분에 그가 창문으로 눈 덮인 세계를 바라보는 장면과 비교된다. 이 마지막 순간 그는 아내로부터 그녀의 첫사랑 마이클 퓨어리Michael Furey의 목숨을 건 순수한 사랑에 대해 생각하게 되고 그 사랑이 일어났던, 그레타의 고향 서부로의 여행을 고려하게 되기 때문이다. 서부 여행은 아일랜드에서 태어나서 영국의 영웅이 된 웰링턴의 인생역정과는 반대 방향으로 가는 여행이다. 그것은 「두 건달들」의 레너헌이 작품말미에 이야기 시작했던 곳 근처로 다시 돌아가는 것과 다르고 에블린이 더 이상 여행을 꿈꾸어볼 수 없게 된 것과도 대소된다.

조이스의 모든 작품이 그렇듯이 『더블린 사람들』도 조이스의 전기와 밀접하게 연관되어 있다. 첫 세 이야기들은 조이스가 스태니스로스에게 보낸 편지에서 "나의 어린시절"에 대한 것이라고 했으므로(*L* II 111) 다분히 조이스의 유년기를 반영한 작품들이다. 하지만 뒤의 다른 이야기들도 마찬가지로 조이스의 전기와 무관하지 않을 것이라는 의견이 자주 제시된 것도 사실이다. 이 이야기들은 아마 "조이스가 더블린에 남았더라면 될 수도 있었을 사람"에 대한 이야기라 할 수도 있을 것이다(Halper 77). 예컨대 핼퍼는 함정과 폐소공포증의 주제가 가장 잘 드러나는 이야기인 「하숙집」과 조이스의 삶을 비교하면서 도런을 조이스와 연결시키고 있고, 토르치아나Torchiana 역시 이 작품의 인물이 겪는 역정이 "더블린에 [산다고 가정한다면] 조이스 자신에게 펼쳐졌을법한 운명"이라고 본다(118). 그렇다면 조이스는 더블린이 폐소공포증적 공간임이라는 것을 감지하고, 이러한 자신의 감정을 등장인물들에게 투사했을 것이라는 것을 미루어 짐작할 수 있다.

「우연한 만남」에서 소년은 "진짜 모험은 집/조국에 있는 사람에게 일어나지 않는다. 그것은 밖/외국에서 찾아야 한다"고 생각한다(*D* 21). 이와 관련하여 조이스는 1907년에 한 에세이에서 "자존심이 있는 사람은 아무도 아일랜드에 머무르지 않는다"(*CW* 171)고 주장한다. 그리고 그의 작품 속의 대부분의 더블린 사람들이 벗어나지 못한 것과 달리 아일랜드를 떠나 외국으로 망명한다. 그것이 가족, 교회, 정치라는 아일랜드 삶의 세 개의 "폐소공포증적인 그물"(Carroll 50)로부터이건 "아일랜드의 지적인 폐소공포증"을 피하기 위해서건(Fargnoli &

Gillespie 119), 그는 그와 그의 능력과 창의성을 가두는 환경으로부터 벗어난다. 그것은 새로운 아이디어를 받아들일 수 없는 "우둔한 중산층"(*D* 111)을 피해 "가능한 한 도시에서 멀리 떨어져 살고자 했던"(*D* 107) 「가슴아픈 사건」A Painful Case의 더피Mr James Duffy처럼 "폐소공포증적인 도시"인 더블린(Tomedi 111)으로부터 자신을 멀리하고자 한 것이었다. 하지만 게이브리엘이 창가에서 바라본 눈이 더블린 전체를 덮듯이, 에블린의 먼지가 그녀의 집에만 제한되어 있지 않고, 챈들러가 마시는 더블린의 더러운 공기가 그의 집에만 한정되어 있지 않듯이, 이 증상은 더블린 사람들 모두에게 전염되어 있다고 할 수 있을 것이다.

10

『젊은 예술가의 초상』에서 와일드의 미학 찾기

10

『젊은 예술가의 초상』에서 와일드의 미학 찾기

예술의 가치가 아이디어, 주제, 내용 보다는 미적인 고려에 있다는 믿음은 모더니즘의 핵심적인 내용이다. 그리고 오스카 와일드Oscar Wilde가 미의 중요성을 강조하였던 것과 마찬가지로 제임스 조이스의 경우에도 문체가 주제보다 앞서고, 테크닉이 내용을 지배한다. 좀 더 세밀하게 살펴보면, 모더니즘의 대표주자 격인 조이스는 여러 면에서 와일드와 공통점을 보인다. 먼저, 유미주의자인 와일드는 어떤 점에서 "조이스의 선구자"a forerunner of Joyce (Walton 300)이었다고 할 수 있다. 무엇보다도, 둘 다 "예술가"를 매우 높은 위치에 두었기 때문이다. 또 이들은 자신을 영국이나 아일랜드 작가보다는 유럽의 작가로 보았고, 플로베르Flaubert, 보들레르Baudelaire, 베를렌Verlaine, 그리고 페이터Pater를 각자의 정신적인 아버지로 삼았다(Kershner, "Artist" 217). 전기적으로도 유사한 점이 많은데, 아일랜드 출신이라는 점 말고도, 당시의 사회·도덕적 통념을 위반하는 작품을 출판함으로써 사회적 물의를 일으킨 점이라든지 나중에 유럽으로 망명한 점 등이 그렇다. 그러나 둘을 묶는 가장 강한 끈은 예술적 입장 못지않게 기질의 문제로서 그들의 "공격적인, 깊이 뿌리박힌 개인주의"라 할 수 있다(Kershner "Artist" 217). 아마 그래서 조이스가 쉽게 자신을 와일드와 동일시 할 수 있었을 것이고(Backus 105), 그를 청교도적인 성관념의 희생자인 정치가 파넬Charles Stewart Parnell과 같은 순교자의 선상에 올려놓았을 것이다. 실제로 조이스는 쮜리히에서 와일드의 희곡 『어니스트가 되는 것의 중요성』*The Importance of Being Earnest*이 공연되고 있는 동안 "불쌍한 와일드는 아일랜드인이었고 나 또한 마찬가지야!"(Ellmann, *James Joyce* 1959, 439)라고 말함으로써 와일드가 아일랜드인으로서 자신과 같은 운명을 짊어졌음을 암시한 바 있다. 청교도/영국인들이 던진 돌에 맞은 희생양이자 굴욕을 당한 망명인으로서의 둘의 공통점을 말한 것이다. 조이스는 와일드를 자신처럼 배신당한 예술가로 보았는데, 이러한 조이스의 입장은 이미 널리 알려져 있다. 특히 조이스가 와일드에 대해 쓴 에세이 「오스카 와일드: 살로메의 시인」Oscar Wilde: The Poet of 'Salomé'을 보면 조이스가 와일드의 삶을 얼마나 동정적인 입장에서 보았는지 알 수 있다. 예컨대, 그는 파넬을 이 도시에서 저 도시로 "쫓긴 암사슴"(*OCPW* 196)으로 비유했던 것과 유사하게 와일드를 "이 호텔에서 저 호텔로 개들에 의해 쫓긴 토끼"(150)로 묘사함으로써 안타까움 내지는 분노를 토로했다. 그렇기 때문에, 보웬Zack Bowen이 지적하듯이, 『율리시스』에만 와일드와 그의 작품에 대한 암시가 최소한 20번이 나오고 『피네간즈 웨이크』에는 선체적으로 산재해 있는 것이

("Wilde about Joyce" 105) 당연하다고 하겠다.

그 동안 와일드와 그의 미학이 조이스의 텍스트에 미친 영향을 찾는 노력이 조금씩 있어 왔다. 특히 『피네간즈 웨이크』는 성적인 스캔들로 인해 공개적 치욕을 겪는 주인공 HCE의 삶이 와일드의 전기와 유사하여 비평가들로부터 많은 관심을 받아왔다.[1] 하지만 『율리시스』와 관련한 연구는 많지 않은 편이다.[2] 흥미로운 점은 예술가의 소외, 유미주의적 주인공, 미학 등을 다루고 있는 『젊은 예술가의 초상』과 와일드을 관련시킨 연구가 매우 많을 것으로 예상되지만 사실은 그렇지 않다는 것이다. 아마 이 주제와 관련된 대표적인 연구서로 하크니스Marguerite Harkness의 『데덜러스와 블룸의 미학』(*The Aesthetics of Dedalus and Bloom*, 1984)을 꼽을 수 있을 것인데, 이 저서는 유미주의와 조이스의 두 작품의 관계를 광범위하게 다루고 있기는 하지만 와일드

1 예컨대, 글래쉰Adaline Glasheen이 *A Second Census of* Finnegans Wake (1963)에서, 그리고 애써톤James S. Atherton이 *The Books at the Wake* (1960)에서 이를 지적한 후로, 쇽R. J. Schork의 "Significant Names in *Finnegans Wake* 46.20 and 371.22" (1997), 에클리Grace Eckley의 "Why the Ghost of Oscar Wilde Manifests in *Finnegans Wake*"(1989), 시덴비델Catrin Siedenbiedel의 "Oscar Wilde's 'Critic as Artist' and the 'Artist as Critic' in James Joyce's *Finnegans Wake*"(2002) 등의 연구가 이어져 왔다.

2 예를 들면, 커쉬너R. B. Kershner의 "Artist, Critic, and Performer: Wilde and Joyce on Shakespeare"(1978)는 특히 「스킬라와 카립디스」Scylla and Charybdis 에피소드에 논의의 초점을 맞추고 있고, 코발리스Richard Corballis의 "Wild Essence of Wilde: Joyce's Debt to Oscar in *Ulysses*"(2002)는 주로 『율리시스』의 플롯과 와일드의 『도리언 그레이의 초상』*The Picture of Dorian Gray*의 플롯을 비교하고 있다. 아마 와일드와 관련하여 『율리시스』를 가장 광범위하게 다루고 있는 논문은 배커스Margot Gayle Backus의 "'Odd Jobs': James Joyce, Oscar Wilde, and the Scandal Fragment"(2008)일 것이다. 저자는 두 작가를 영국 언론의 희생자로 간주하고 『율리시스』의 몇 에피소드에서 증거를 찾아내려는 시도를 하고 있다.

에 초점을 맞추지 않고 일반적인 유미주의 이론과 조이스의 관계를 다루고 있다. 이 후에 출판된 논문들은 이러한 주제로부터 더욱 벗어나는 경향을 보이고 있다.[3] 『젊은 예술가의 초상』 관련 연구의 문제점은 첫째, 주로 와일드의 특정 소설과만 비교 연구되고 그것도 좁혀진 특정주제에 한정되어 있다는 점, 둘째, 관련 논문이 많지 않을뿐더러 2000년 이후에는 조이스의 후기 작품들로 관심이 쏠려 연구가 많이 되고 있지 않다는 점이다. 커쉬너Kershner는 "오스카 와일드가 조이스의 문학에 미친 영향은 명백하다 . . . . [하지만] 대부분의 조이스 논의에서 와일드의 이름이 나타남에도 불구하고 지금까지 어떤 비평가도 이러한 문학적 관계에 대해 철저한 분석을 시도한 적이 없다"("Artist" 216)고 진단하는데, 이러한 판단은 특별히 『젊은 예술가의 초상』에 잘 적용된다. 영향관계가 자주 언급되면서도 이 작품에 나타난 와일드의 영향에 대한 심도 있는 분석이 이루어지지 않았기 때문이다.

『젊은 예술가의 초상』의 초고가 시작된 것은 와일드가 죽은 지 몇

---

3 맨가니엘로Dominic Manganiello의 "Through a Cracked Looking Glass: *The Picture of Dorian Gray and A Portrait of the Artist as a Young Man*"(1989)은 두 소설의 주인공 도리언Dorian과 스티븐Stephen의 유사성을 다루고 있다. 맥고완John McGowan의 "From Pater to Wilde to Joyce: Modernist Epiphany and the Soulful Self"(1990)는 에피퍼니를 통한 자아인식과 모더니즘적 경향인 자아해체 사이의 긴장이 위의 두 작품을 통해 어떻게 드러나는지를 살피고 있다. 마해피Vicki Mahaffey의 "Père-version and Im-mère-sion: Idealized Corruption in *A Portrait of the Artist as a Young Man* and *The Picture of Dorian Gray*"(1994) 역시 위의 두 연구와 유사하게 두 "초상" 작품을 비교하고 있다. 그녀에 의하면 스티븐과 도리언 둘 다 희생자라 할 수 있는데, 전자는 라깡식으로 말하여 아버지에 의해서 소위 "Père-version"의 희생자가 되고, 후자는 어머니 대리인인 바질Basil Hallward에 의해 소위 "im-mère-sion"의 희생자가 된다고 주장한다.

년이 되지 않았을 때였고 수정판이 진행 중일 때 조이스는 『도리언 그레이의 초상』을 읽곤 했었다고 한다(Manganiello, "Through" 89). 더욱이 마해피Vicki Mahaffey는 조이스가 자신의 작품의 제목을 와일드 작품의 제목에서 따온 것이라고 믿는다(189, 202-204). 뿐만 아니라 조이스의 페르소나라 할 수 있는 스티븐에 대한 와일드의 좀 더 직접적이고 광범위한 영향은 부인할 수 없다(Kershner 216). 무엇보다도, 예술가로서의 자신의 이미지를 구축하고 싶어 하는 스티븐에게는 예술가 와일드의 모습이 진하게 반영되어 있는 것을 알 수 있다. 예컨대 그는 댄디dandy처럼 외모에 신경을 쓴다든지 경구처럼 짧은 표현을 풍자적으로 말하기를 좋아한다든지, 친구 린치Lynch와 미학에 대해서 대화하기를 좋아한다. 또한 스티븐의 미학도 와일드의 미학과 유사함을 알 수 있다. 예를 들면, 『도리언 그레이의 초상』 서문에 나오는 경구를 통해 와일드는 "예술을 드러내고 예술가를 숨기는 것이 예술의 목표이다"(3)라고 말하는데, 이는 스티븐이 예술가란 작품 뒤에 숨어 손톱이나 다듬고 있으면 된다고 하는 주장과 연결된다. 이처럼 조이스의 작품에는 와일드의 미학적 관점이 다양하게 반영되어 있다. 본 연구는 조이스의 『젊은 예술가의 초상』에 와일드의 예술관이 어떻게, 어느 정도 녹아있는지, 하지만 어떤 점에서 둘은 차이점을 노정하는지를 분석할 것이다.

19세기 중반까지 예술은 세상에 대한 지식, 특히 도덕적인 지식을 보여주는 것이라는 생각이 보편적이었다. 하지만 1860년대 후반부터 이러한 생각에 변화가 오기 시작했고 1870년대와 1880년대의 미학주의자들에게 예술과 문학은 개인적인 미학적인 경험으로 전락했다.[4] 또한 오랫동안 "예술은 자연의 모방"이라는 생각이 지배적이었으나 이들 미학주의자들은 자연이란 예술에 비교해서 조야하기 때문에 자연이 예술을 모방해야 한다고 했다. 이것은 빅토리아 시대에 유행했던 리얼리즘 소설에 대한 고별이며 다가올 모더니즘 소설에 대한 환영이라는 점에서 주목할 만하다. 미학주의가 형식에 관심을 갖는 등 미학적 측면을 강조했던 모더니즘 소설과의 공감대를 형성하고 있기 때문이다. 특히 와일드는 빅토리아 시대의 리얼리즘 소설을 직접 공격하기도 했다. 그는 「거짓말하기의 쇠퇴」The Decay of Lying (1889)에서 "리얼리즘은 방법으로서 완전한 실패작"이라고 선언했다(*Intentions* 54). 그에 의하면 참된 예술이란 있는 그대로 모방하는 것이 아니라 상상력을 이용하여 꾸미는 것이다. 빅토리아 시대의 소설가들과 대조적으로 와일드는 예술이 인생을 모방하기 시작하면 나빠지기 시작한다고 본다. 그렇기 때문에 그는 "예술이 인생을 모방하는 것보다 훨씬 더 인생이 예술을 모방한다"고 주장한다(*Intentions* 39). 흥미롭게도, 조이스도 트리에스테Trieste에서 쉬바츠Oscar Schwarz에게 "나의 예술은 자연을 비추는 거울이 아니다. 자연이 나의 예술을 비춘다"고 함으로써 와일드와 유사한 주장을 펴고 있다(Ellmann, *James Joyce* 1959, 690).

4 물론 와일드에게 "예술을 위한 예술"은 구체적으로 어떤 의미일지에 대해서는 많은 논란이 있어왔다. 예술과 사회와의 완전한 결별, 사회적, 정치적 의미의 결여를 의미하는 것인가? 『도리언 그레이의 초상』에서 헨리는 "예술은 행동에 아무런 영향도 미치지 않는다. 그것은 행동하려는 욕망을 눌러버린다"고 주장한다. 하지만 1990년대 이후의 학계의 경향은 와일드의 미학이 엄밀하게 비정치적이라는 데에는 회의적이다. 미학적 관심은 불가피하게 정치적 관심을 포함하기 때문이다. 물론 미학주의자의 작품에서 사회적 기능은 간접적으로 드러날 뿐이다.

와일드는 「거짓말하기의 쇠퇴」에서 실제로 삶에 대한 예술의 영향력을 말하기 위해 시릴Cyril을 통해 한 여성이 어떻게 예술작품 속의 여주인공의 삶을 있는 그대로 모방했는지에 대한 구체적인 예를 들고 있다.

> 나는 [작품 속의] 이야기가 그녀의 행동과 관련이 있는지 물었어요. 그녀는 작품 속의 여주인공이 이상하고 치명적인 일련의 행동을 하는 동안 그녀를 그대로 모방해야 한다는 절대적으로 불가항력적인 충동을 느꼈다고 말했어요. (*Intentions* 39)

마찬가지로 『젊은 예술가의 초상』에서 스티븐은 『몽테크리스토 백작』*The Count of Monte Cristo*의 주인공 당테스Edmond Dantes와 자신을 동일시하고 그처럼 행동한다. 그는 산모퉁이에 있는 조그마한 하얀 집에 당테스의 애인이었던 메르세데스Mercedes가 살고 있다고 생각하고 오가는 길에 그 집을 이정표로 삼는다. 그는 상상 속에서 당테스가 했던 일련의 모험들을 경험한 후 자신이 소설의 주인공처럼 달빛이 비취는 정원에서 그의 사랑을 저버렸던 메르세데스가 건네는 사향포도를 도도하게 거절하는 것을 상상한다.

> 그리고 상상 속에서 그는 책에서 만큼이나 경이적인, 길게 이어지는 수많은 모험들을 경험했다. 이러한 모험이 끝날 때 쯤 달빛이 비취는 정원에서, 오래 전에 그의 사랑을 모욕했었던 메르세데스와 함께 서 있는 자신의 이미지가 나타났다. 슬픈 경험으로 더 노숙해진 이미지 말이다. 그리고 그 이미지는 서글프게 도도한 거부

의 몸짓으로 말했다.

— 부인, 저는 결코 사향포도를 먹지 않습니다. (*P* 63)

뿐만 아니라 이 메르세데스는 이후에 마치 스티븐의 애인이 된 듯 그의 생각을 지배한다. 스티븐의 실생활이 예술작품의 영향을 받고 있는 좋은 예라 할 수 있을 것이다.

따라서 와일드에게 예술가는 더 이상 단지 거울을 들어 삶/자연을 비추는 역할만 하는 자가 아니다. 오히려 그에게는 삶/자연보다 그것을 바라보는 예술가 개인의 의식이 더 중요하다. 그는 「거짓말하기의 쇠퇴」에서 다음과 같은 유명한 구절을 통해 그것을 강조해 준다.

> 자연이란 무엇인가? 자연은 우리를 낳은 대지의 여신/위대한 어머니가 아니다. 오히려 자연은 우리의 피조물이다. 자연이 생명을 갖게 되는 것은 우리의 두뇌를 통해서이다. 자연은 우리가 보아주기 때문에 존재하는 것이고, 우리가 무엇을 보고 어떻게 보는가하는 것은 우리에게 영향을 미치는 예술에 달려있다. 단순히 보는 것은 의식하며 보는 것과 매우 다르다. 우리는 그 사물의 아름다움을 보기 전에는 그것을 보지 못한다. 사람들이 그 아름다움을 보게 되었을 때에라야 비로소 그 사물은 존재하게 된다. 요즈음에 사람들이 안개를 보게 되는 것은 안개가 존재하기 때문이 아니라 시인들과 화가들이 그러한 효과의 신비로운 아름다움을 가르쳤기 때문이다. 수세기 동안 런던에 안개가 존재했었는지 모른다. 감히 말하건대 존재했었다. 그러나 아무도 그것을 보지 못했고 그것에 대해 아무 것도 모른다. 그것은 예술이 창조해 낼 때까지 존재하지 않았다. (*Intentions* 41)

와일드에게 자연은 피조물로 전락한다. 자연은 개인의 의식이 그 아름다움을 보았을 때에야 비로소 존재하기 때문이다. 런던의 안개가 오랜 세월동안 없었던 것이 아니지만 인상주의 화가 등 예술가가 작품을 통해 아름다움을 인식시킨 후에야 비로소 오늘날 사람들이 제대로 알아보는 아름다운 안개가 존재하게 되었다는 주장이다.

와일드에게 자연은 "다자인의 결여, 기이한 조잡함, 놀라운 단조로움, 절대적으로 미완성된 상태"만을 드러낼 뿐이다(*Intentions* 3). 그것은 삶의 경우도 마찬가지여서 와일드는 삶과 예술을 서로 분리된 것으로 보고 후자가 전자보다 더 순수하고 완벽한 것으로 본다. 『도리언 그레이의 초상』에서 연기자로서의 시빌Sibyl을 사랑하게 되었던 도리언은 그녀가 연기의 감정이 아닌 실제의 감정을 드러내자 그녀를 버리게 된다. 그녀는 자신이 무대에서 맡은 역할들의 감정을 표현하는 대신 도리언에 대한 자신의 감정을 고백하며 "전 그림자shadows에 싫증났어요"(*G* 75)라고 말한다.[5] 이 표현은 테니슨Lord Alfred Tennyson의 시 「샬롯 성의 여인」The Lady of Shalott에 대한 인유이다. 샬롯 성의 여인은 세상을 직접 보지 못하고 거울을 통해서 세상의 그림자를 볼 수 있도록 되어 있다. 하지만. 이 시에서 여인은 거울 속의 그림자 대신 미남의 기사로 상징되는 세상을 직접 바라봄으로써 예술art의 세계에서 삶life의 세계로 돌아선다. 여인은 "나는 그림자가 싫어"I am half sick of shadows라고 말하며, 예술대신 삶을 선택하지만 그로 인해 죽음을 맞이하게 되고 그것은 와일드의 작품 속에 나오는 시빌의 경우에도 마찬가지이다. 사실상 와일드의 이 작품에서 도리언은 영원한 젊은이로

5 앞으로 *The Picture of Dorian Gray*로부터 인용할 때 *G*로 약하고 쪽수를 표시함.

남고자 하는데 그것은 곧 예술의 세계에 머물고자 하는 그의 바람을 반영한 것이라고 할 수 있다. 반면에 예술작품인 그의 초상이 그를 대신하여 늙어가게 되고 인간사의 어둡고 부정적인 영향력을 받게 된다.

『젊은 예술가의 초상』에서 디자인 혹은 질서가 없는 삶의 형태를 가장 잘 보여주고 있는 부분이 제2장일 것이다. 스티븐은 자신의 성적 충동과 아버지의 경제적인 몰락으로 인해 현실에서 혼돈을 경험하게 된다. 그는 이 조야한 삶의 영역으로부터 벗어나기 위해 『몽테크리스토 백작』이라는 예술작품에 몰두하게 된다. 그는 밤에 테이블 위에 포장지로 이야기 속의 당테스가 보물을 발견했던 섬의 동굴을 만듦으로써 현실을 벗어나 예술의 세계로 피신하고자 애쓴다. 그가 "그의 영혼이 끊임없이 보아왔던 [메르세데스의] 형체 없는 이미지들 현실세계에서 만나고 싶어 하는" 이유는 예술을 현실 안으로 끌어들이기 위함일 것이다.

> 그들은 마치 그들이 서로 알아왔고 밀회를 나누어 온 사이이기라도 한 것처럼 어떤 문에서 혹은 어떤 좀 더 비밀스러운 장소에서 조용히 만나게 될 것이다. 그들은 어둠과 침묵에 둘러 싸여 단 둘이 만나게 될 것이다. 그리고 지극히 다정하게 애정이 깃들인 순간에 그는 변용될 것이다. 그는 그녀의 응시 앞에서 무형의 존재로 점점 사라질 것이고 그리하여 순간적으로 변용될 것이다. 그 마술의 순간에 나약함과 소심함과 무경험이 그로부터 떨어져 나가게 될 것이다. (*P* 65)

영원한 젊음을 가진 사람으로 변용되고 싶어 했던 도리언이 그랬던 것과 유사하게 스티븐도 자신이 예술작품으로 변용되기를 바란다. "마술의 순간"에나 가능할 그것은 "나약함과 소심함과 무경험"과 같은 인간적인 약점이 떨어져 나간 것으로, 와일드가 예술작품에 대해서 말하듯이 "복합적인 아름다움"(*Intentions* 23)을 지니게 될 것이다. 또한 그가 "무형의 존재로 점점 사라질 것"이라는 생각은 그가 천박한 인간의 세상으로부터 멀어질 것임을 암시한다고 볼 수도 있을 것이다. 그러나 이러한 상상/마술의 세계는 현실과 거리가 멀다.

와일드에 의하면, 예술은 리얼리티를 반영하는 것이 아니고 오히려 허구를 꾸미는 것lying이다. "예술의 목표는 단순한 진실이 아니라 복합적인 아름다움"이기 때문이다(*Intentions* 23). 스티븐은 더블린 교외의 해롤드 크로스Harold's Cross에서 열린 파티가 끝난 후 텍스트에서 아직 이름이 밝혀지지 않은 에마Emma와 전차를 같이 타고 오게 된다. 에마는 요염한 도발적인 태도로 스티븐을 유혹하지만 스티븐은 수동적으로 조용히 지켜볼 뿐 키스를 하지 못한다.

> — 그녀도 내가 붙들어주길 원하고 있어, 라고 그는 생각했다. 그래서 그녀가 나와 함께 전차로 온 거야. 그녀가 내가 있는 계단으로 올라오면 난 쉽게 안을 수 있을 텐데. 보는 사람은 아무도 없어. 그녀를 안고 키스할 수 있을텐데. 그러나 그는 아무 행동도 하지 않았다. (*P* 70)

다음 날 그는 바이런Byron식으로 그녀에 대해 쓴 시 「E— C—에게」(To E— C—)에서 "한 사람이 자제했었던 키스를 둘이서 하게 되었네"(*P* 71)라고 씀으로써 둘의 만남을 이상화한다. 그것은 그가 메르세데스와의 상상의 밀회를 이상화한 것과 유사하다. 그의 시에서는 "전차 자체도, 마부도, 말의 흔적도 없어졌다. 그와 그녀도 생생하게 그려지지 않았다. 시는 단지 밤과 향기로운 미풍과 수줍은 달빛에 대해서만 말하고 있을 뿐이었다"(*P* 70). 이처럼 와일드와 마찬가지로 스티븐의 경우에도 예술은 "경험의 진실을 왜곡하고 제거한다"(Harkness 89). 『도리언 그레이의 초상』에서 현실 속의 시빌을 거부하고 오로지 무대 위에서 연기하는 모습의 시빌만을 사랑했던 도리언처럼 스티븐의 사랑은 시 안에서만 이루어진다. 이와 같이 스티븐은 와일드의 주장 즉, 예술의 영역은 현실과 다른 "일종의 과장"(*Intentions* 23)이 일어나는 곳이고, 예술의 올바른 목적은 "거짓말, 즉 사실이 아닌, 아름다운 것에 대해 이야기하는 것(*Intentions* 55)이라는 이론을 잘 실천하고 있는 듯이 보인다. 와일드의 소설에서 헨리 경Lord Henry은 도리언에게 "우리는 삶의 진수/특색은 받아들여야 해요. 하지만 세부내용은 기억할 필요가 없어요. 세부내용details은 항상 천박하니까요"라고 말함으로써(*G* 87), 구체적인 삶의 영역을 경멸하고 현실의 왜곡을 정당화한다.

「거짓말하기의 쇠퇴」에서 비비안Vivian은 와일드를 대변하여 "어떤 위대한 예술가도 사물을 있는 그대로 보지 않는다. 만약 그렇게 한다면 그는 더 이상 예술가가 아니다"라고 하면서 예술가들이 그린 일본은 실제의 일본과 다르다는 예를 든다. 예술가들이 묘사한 일본은 "완전히 지어낸 이야기"pure invention에 불과한 것으로 그러한 나라도 민족도 존재하지 않는다(*Intentions* 47). 그것은 예이츠W. B. Yeats의 비잔티움Byzantium이 역사적인 도시 콘스탄티노플Constantinople과 달리 "상상의 도시"인 것과 같은 이치이다(Ellmann, *James Joyce* 1959 34). 『젊은 예술가의 초상』에서 산수시간에 스티븐과 잭 로턴Jack Lawton은 각각 백장미팀과 홍장미팀 소속으로 빨리 문제 풀기 경쟁을 한다. 그 때 스티븐은 장미의 여러 색을 생각하며 그가 어렸을 때 노래 불렀던 야생 장미에 대한 생각을 하기에 이른다.

> 분홍색과 크림색(담황색)과 라벤더색(엷은 자주색). 생각하면 라벤더와 크림과 분홍색 장미는 아름다웠다. 아마 야생 장미가 그런 색인지 모른다. 그는 야생 장미가 좁다란 초원 위에 핀다는 노래가 생각났다. 하지만 녹색 장미는 존재하지 않는다. 그러나 혹시 세상 어딘가에 있을 지도 모른다. (*P* 12)

스티븐은 홍장미와 백장미가 긴장 속에서 경쟁하는 현실에서 벗어나 상상의 세계에서만 존재하는 녹색 장미를 생각해낸다. 여기서 그는 "천박한" 삶의 현실을 멀리하고 온전한 상상만이 그려낼 수 있는 예술의 세계로 빠져드는 것이다.

이처럼 스티븐은 자주 경쟁적인 삶의 현장으로부터 수동적이고 정적인 미적 세계로 물러난다. 그는 전차에 같이 탄 E. C.의 도발적 행동 앞에서 "표면적으로는 자신 앞에서 벌어지고 있는 일을 조용히 관찰하는 자가 되어 무기력하게 그 자리에 서 있었고"(*P* 69), 산수 시간에 열띤 문제풀기 경쟁을 할 때 예술의 세계에만 존재하는 녹색의 장미를 생각했다. 마찬가지로 크리스마스 만찬 장면에서 폭력적으로 맞서고 있는 케이시씨와 댄티의 언어의 전쟁 중에서 그는 다시 다음과 같이 사색에 빠짐으로써 정적인 세계로 물러난다.

> 아일린의 손은 길고 하얗다. 어느 날 저녁 숨바꼭질을 할 때 그녀가 손으로 그의 눈을 가렸었다. 길고 하얗고 가느다랗고 차갑고 부드러운 손. 그런 것은 상아였다. 차갑고 하얀 것. 그것이 상아탑의 의미였다. (*P* 36)

스티븐은 바로 앞에서 벌어지는 일을 구경꾼처럼 지켜보거나 상상의 세계를 그린다. 혹은 현실과 정반대되는 이미지로서 성모 마리아의 별칭인 "상아탑"을 그리게 된다. 흥미로운 것은 정결과 초월 등을 뜻하는 상아탑이 아래에 인용된 와일드의 사색의 탑과 연결된다는 것이다. 와일드는 「예술가로서의 비평가」The Critic as Artist에서 예술가가 정관靜觀(contemplation)의 삶을 누릴 수 있음을 지적한다. 참된 비평가와 교양인은 예술의 비밀을 알게 되고 "사심 없는 호기심의 정신" (*Intentions* 175)을 발전시키게 된다. "정관의 삶, 즉 그 목적이 행동하는데 있지 않고 존재하는 데, 아니 단순히 존재하는 것이 아니고 되어가는데 있는 삶"not doing but being, and not being merely, but becoming은 "방관자spectator의 평온한 눈으로 세상의 희비극을 지켜보며" 자신을 "행동하는 것으로부터 거리를 두는" 삶이다(*Intentions* 176).

> 우리도 그들처럼 살아서 합당한 감정으로 인간과 자연이 제공하는 장면들을 지켜볼 수 있다 . . . . 우리는 사색Thought의 높은 탑으로부터 세상을 내려다 볼 수 있다. 미학적 비평가는 평온하고 자기중심적이며 완전하여서 인생을 관조한다. 무작위로 겨눈 화살은 그의 갑옷의 이음매 사이를 꿰뚫을 수 없다. 그는 최소한 안전하다. 그는 사는 법을 발견한 사람이다. (*Intentions* 176-77)

이러한 삶을 사는 사람이 안전한 것은 "우리가 예술을 통해서만 우리 자신을 현실의 추악한 위험으로부터 보호할 수 있기 때문이다" (*Intentions* 168). 스티븐도 치열한 논쟁, 경쟁 등이 벌어지고 있는 삶의 현실로부터 예술의 세계로 피신함으로써 자신을 보호함을 알 수 있다. 『도리언 그레이의 초상』의 헨리경은 그의 제자격인 도리언에게 이러한 삶을 옹호할 뿐만 아니라 그 자신이 그와 같은 삶을 살고 있다고 할 수 있다. "지적인 호기심"을 가지고 있는 그는 "지적인 정관의 비교적 조용한 삶"을 살고 있는 것이다(Liebman 439). 그가 주장하는 "방관주의"spectatorism는 일상적인 인간사를 미적 거리가 있는 드라마로 바꿈으로써 현실을 예술로 변형시킨다(Liebman 439). 스티븐이 E. C.의 도발을 침착하게 지켜보는 것이나 헨리 경이 도리언에게 시빌의 비극적 죽음을 드라마의 장면으로 여기라는 것은 같은 맥락에서 이해될 수 있다. 헨리는 '행동'에 옮길 수는 없지만 지적인 호기심을 억누를 수도 없기 때문에 도리언의 삶을 지켜봄으로써 대리경험을 한다. 그렇기 때문에 그는 다치지 않고 '안전'하다.[6] 마치 스티븐이 E. C.와의 관계에서 현실에서는 키스를 행동에 옮기지 않고 예술, 즉 허

---

6 하지만 그렇다고 헨리경이 작품에서 이상적인 모습으로 묘사된 것만도 아니다. 사실상 그가 작품에 마지막으로 등장했을 때 그의 처지는 처음과 달리 초라해 진 듯이 보인다. 아내는 그를 떠났고 그는 이제 자신을 "주름이 지고, 지쳐빠진" 인간으로 묘사한다(*G* 181). 그리고 도리언이 작품 앞부분에서 했던 것과 유사하게 그와 처지가 바뀌었으면 좋겠다는 소원을 말한다. 와일드도 나중에 쓴 편지에서 "헨리 워튼은 단지 삶의 방관자가 되고자 한다. 그는 전쟁을 거부한 자들은 참여한 자들 보다 더 깊은 상처를 입는다는 것을 발견한다"(*Letters* 259)고 씀으로써 방관자가 안전하다고 했던 자신의 이론에서 한 발 물러나는 듯 한 태도를 보인다. 어떤 의미에서 조이스가 스티븐을 아이로닉한 거리를 두고 지켜보듯이 와일드도 방관자 헨리로부터 거리를 두고 있다.

구의 안전한 영역에서만 그것을 경험하는 것도 유사하다. 제2장에서 스티븐은 자신이 성적인 충동의 먹이가 된 것에 대해서 또한 주위 세상이 누추하고 불결하게 바뀐 것에 대해서 분노하지만 그의 분노는 그가 본 장면에 아무런 영향도 미치지 않는다. 그것은 그가 예술가처럼 "본 것으로부터 거리를 두고" 인내심을 가지고 기록했기 때문이다(*P* 67). 스티븐의 이러한 거리두기 성향에 대해서, 브라운Homer Obed Brown은 외부적인 리얼리티가 있고 그 리얼리티로부터 거리를 둔 사람만 포착할 수 있는 진실이 있는데, 그 사람은 또한 그가 관찰하는 장면에 참여하지 않는 사람이어야 한다고 말한다(20). 위에서 살펴본 스티븐이 바로 그런 사람이라 할 수 있을 것이다.

스티븐은 이처럼 자주 삶의 영역으로부터 탈출하여 그가 선호하는 예술의 세계로 들어간다. 제5장에서 친구인 맥간MacCann은 스티븐을 가리켜 "너는 네 자신에게만 몰두해 있는 반사회적 존재antisocial being(*P* 177)"라고 평가하는데 이는 스티븐이 사회로부터 거리를 둔 채 자신 안으로부터 나와 현실에 참여하지 않음을 단적으로 지적한 것이다. 세계평화를 위해 서명하라는 요청을 거절함으로써, 와일드의 표현을 빌자면 "행동으로부터 자신을 멀리한"(*Intentions* 176) 스티븐에게 맥칸은 "이타주의의 존엄성"을 배워야 한다고 충고한다(*P* 199). 하지만 다른 사람들에 대한 감정을 경계하는 스티븐의 태도는 "지식을 제한하는 감정적 동정심"이 우리에게 피해를 준다고 하는 와일드의 입장과 크게 다르지 않다(*Intentions* 178). 오히려 와일드는 이러한 "자기중심적인" 태도를 예술가가 지녀야 할 태도인 것으로 설명한다(179). 왜냐하면 와일드에 의하면 "모든 종류의 행동은 윤리학이 범위에 속하고", "예술의 목적은 단순히 분위기를 창조하는 것"(177)이기 때문이다. 요컨대 예술은 윤리로부터 엄연히 분리되어 있기 때문이다.[7]

스티븐은 친구 크랜리Cranly에게 "홀로 남겨지는 것"이 결코 두렵지 않다는 반응을 보인다(*P* 247). "모든 다른 사람들로부터 분리될 뿐만 아니라 단 한 명의 친구도 없는" 위험을 무릅쓸 수 있다(*P* 247)는 것은 인간 사회로부터 분리될 각오가 되어 있다는 것이다. 그러한 그의 태도가 가장 극명하게 나타난 그의 표현이 "섬기지 않겠다"I will not serve (*P* 268)일 것이다. 그는 이제 그의 삶을 정의해 준다고 할 수 있는 "가정, 조국, 교회"까지 버릴 각오를 하고 있다. 이는 그 자체 외에는 어떤 외부적인 권위에도 얽매이지 않는 와일드의 예술가적 자아와 밀접한 관련이 있다. 와일드에 의하면, "모든 외부 압력으로부터 자유로울 때에야" 비로소 예술가가 순수하고 사심 없는 작품을 창조할 수 있다(McGowan 431). 스티븐의 "섬기지 않겠다"는 맥고완의 표현대로 "예술과 예술가의 자율성"에 대한 선언으로 볼 수도 있을 것이다(436). 이런 맥락에서 스티븐은 "나는 할 수 있는 한 자유롭게, 가능한 한 완전하게 . . . 예술의 형태로 자신을 표현하기 위해 애쓰겠다"고 선언한다(*P* 247). 「예술가로서의 비평가」에서 와일드는 "우리는 행동하려고 할 때보다 결코 덜 자유로울 때는 없다"(*Intentions* 173)고 함으로써 행동이 예술가의 자유를 제한함을 강조한다. 마찬가지로 스티븐도 데이빈Davin이 "우리들 중 하나가 되라"(*P* 203)며 함께하기를 바라

---

7 와일드는 "교활하고 은밀한 독살자"(*Intentions* 60) 웨인라이트Thomas Griffiths Wainewright의 삶과 예술을 다룬 「펜, 연필, 독」Pen, Pencil and Poison이라는 에세이에서 예술과 도덕이 다른 영역에 있다는 것에 주의를 환기시키고 있다.

는 민족주의 운동, 그의 구원의 손길을 기다리고 있는 집안의 경제적 형편, 아일랜드인의 정체성과 불가분의 관계를 맺고 있는 가톨릭 신앙 등이 모두 그의 구체적인 참여와 행동을 요구하며 그의 예술적 자유를 제한시키고 있음을 깨닫는다.

와일드에게 '행동'은 "사냥꾼의 그물로 우리 주위를 에워싼다(*Intentions* 173). 흥미로운 것은 와일드가 여기서 "그물"nets이라는 단어를 쓰고 있는데 조이스도 유사한 의미의 동일한 단어를 사용하고 있다는 점이다.[8]

> 한 사람의 영혼이 이 나라에 태어날 때 그것이 비상하지 못하도록 그물이 던져진다. 넌 나에게 민족, 언어, 종교에 대해서 말하지만 난 그러한 그물을 피해 날아가려고 애쓸 것이다. (*P* 203)

하지만 와일드는 조이스와 다른 맥락에서 이 단어를 사용하고 있다. 와일드는 다윈Charles Darwin의 진화론을 끌어들여 행위가 유전과 관련이 있다고 봄으로써 인간의 행위는 절대적 자유의지에 의해서 행해진 것이 아니라 보이지 않는 엄격한 법칙에 의해서 지배받고 있다고 생각한다(Warwick 26). 따라서 와일드는 행위가 유전법칙 등에 의해서 지배받고, 조이스는 행위가 사회적 압력 등에 의해서 이루어진다고 본다는 점에서 다르지만, 둘 다 예술가가 이러한 행위로부터 거리를 두어야 한다는 데에서는 일치한다. 스티븐이 나라, 가정, 교회에 대해

8 하크니스도 조이스가 와일드의 인물 길버트와 "동일한 이미지"를 사용하고 있는 점을 지적하고 있지만(40), 두 사람이 다른 맥락에서 그 이미지를 사용하고 있다는 점은 간과하고 있다.

품고 있는 애정은 그의 '행동'으로 이어지지 않는다. 이는 와일드가 길버트를 통해 드러낸 그의 생각, 즉 "감정을 위한 감정은 예술의 목적이고, 행동을 위한 감정은 삶. . .의 목적이다"(*Intentions* 169)는 생각과 통한다. 크랜리가 스티븐에게 "네 어머니는 고생을 많이 하셨을 거야. . . . 그런 어머니를 고통으로부터 구하기 위해 애쓰지 않겠니?"라고 묻자, 스티븐은 "할 수 있다면 . . ."(*P* 241)이라고 대답함으로써 어머니에 대한 그의 감정을 숨기지 않지만 부활절 의무를 다 하라는 어머니의 요청을 '행동'으로 옮길 것을 거부한다. 데이빈과 크랜리는 "인생의 실용적인/실천적인 조직인 이른바 사회"를 대표하는 인물들이라 할 수 있다. 왜냐하면 사회는 '행동'을 요구하기 때문이다(*Intentions* 169). 스티븐은 그러한 사회에 더 이상 머무를 수 없다. 와일드의 표현을 따르자면, "사회는 범죄자는 가끔 용서해 주지만 꿈꾸는 자는 결코 용납하지 않기 때문이다"(*Intentions* 169). 여기서 사회가 용서하지 못하는 예술가의 이미지는 순교자의 이미지와 오버랩 된다. 스티븐은 1장에서 웰즈Wells의 희생자가 되어 양호실에 누워 있으면서 자신을 정치적인 배신을 당한 또 다른 희생자이자 순교자인 파넬Parnell과 동일시한다. 이것은 그가 자신은 죄가 없지만 희생양이 된 예수와 자신을 유사한 위치에 놓을 수 있는 계기가 된 것이라고 볼 수 있을 것이다. 그는 자신과 어머니와의 관계에 대하여 크랜리와 대화하는 중에 예수와 그의 어머니와의 관계를 언급함으로써 또 다시 예수와 자신을 동일선상에 올려놓는다.

결국 스티븐은 '사회'를 떠나기로 결심한다. 그러나 그것은 그를 용납하지 않는 사회를 피해 도망간다기 보다는 "그의 영혼의 대장간에서 [그의] 민족의 창조되지 않은 양심/의식을 벼리기 위해서"이다(276). 여기서 창조되지 않은 양심/의식은 무엇을 의미할까? 양심이라는 것은 엘만Richard Ellmann이 주장하듯이 "와일드의 좀 더 고차원적인 윤리와 같은 그 무엇, 기독교적이라기보다는 헬레니즘적인 것"(*James Joyce* 1959 39)을 말하는 것이 아닐까? 왜냐하면 와일드가 말하듯이 누군가가 사회를 가르쳐야 하기 때문이다.

> 하지만 누군가가 이들을 가르쳐야 한다. 사회의 입장에서는 정관靜觀(contemplation)은 어느 시민이든 범할 수 있는 가장 심각한 죄이지만, 최고의 문화의 관점에서 보면 그것은 인간이 해야 할 적합한 일이기 때문이다(*Intentions* 169-70).

여기서 정관이라 함은 스티븐이 그렇듯이 '행동'하지 않고 그냥 지켜보는 것을 의미한다. 와일드는 '행동'이 "제한적이고 상대적"인 반면, "편안하게 앉아서 지켜보는 자, 홀로 걷고 꿈꾸는 자"의 비전은 "무제한적이고 절대적"이라고 말한다(*Intentions* 170). '행동'을 요구하는 아일랜드 사회를 떠나는 스티븐이 창조하고 싶은 아일랜드인의 양심은 바로 이런 제한된 시각으로부터 해방된 모습이었을 것이다. 아일랜드인에게 필요한 것은 의식의 확장이었고 그 일은 예술가가 감당해야 하는 의무이었다. 그렇다면 과연 스티븐은 그를 옭아매려 하는 그물로부터 벗어나서 그가 꿈꾸던 종류의 예술가가 되었는가? 만약 『율리시스』의 스티븐이 『젊은 예술가의 초상』의 스티븐과 동일한 인물이라면 — 이에 대해서는 의문의 여지가 없다 — 후자를 해석하기 위해 전자를 고려해야 한다(Scholes 71). 그런데 『율리시스』의 첫 번째 에피소드를 보면 스티븐은 추락한 이카러스Icarus가 되어 다시 더블린에 돌아와 있다. 뿐만 아니라 어머니의 임종 시 마지막 요청을 거절한 것 때문에 양심의 가책에 시달린다. 또한 가난한 집안의 동생들에 대한 동정심이 그의 마음을 떠나지 않는다. 그런데 이 모든 것은 와일드가 말한 예술가의 태도와 거리가 멀다. 그렇다면 스티븐은 젊은 시절 한때 와일드가 정의한 예술가의 모습을 보인 것일 뿐인가? 스티븐은 단지 가식적인 미학자일 뿐이었을까? 제목이 암시하듯이 그는 단지 "미성숙한"young 예술가일 뿐이었을까? 예술가 스티븐에 대해 의문을 제기하는 이러한 관점은 휴 케너Hugh Kenner가 『더블린의 조이스』(*Dublin's Joyce*, 1955)에서 주장한 이래로 많은 비평가들의 관심을 받아왔다. 하지만 스티븐을 예술가로 보는 반대의 입장도 있는 만큼 여기서 이 문제에 대한 논쟁을 끝낼 수는 없다. 다만 확실한 것은 와일드가 그린 예술가의 모습이 『젊은 예술가의 초상』의 스티븐에게서 많이 보이지만 다음 작품으로는 계속 연결되지 않는다는 것이다.

이러한 점은 작가인 조이스가 와일드의 미학에 영향을 받은 것은 사실이지만 그것으로부터 어느 정도 거리를 두고 있다는 것을 암시한다. 그리고 작가와 주인공 스티븐이 동일 인물이 아닐 뿐 더러 오히려 전자가 후자를 비판적 시각으로 그리고 있는 점도 고려하여야 한다. 지금까지 살펴보았듯이, 와일드가 제시한 예술가는 스티븐과 많은 공통점을 보인다. 조이스가 스티븐과 공통점을 지니고 있는 한 그것은 조이스에게도 적용된다. 하지만 작가 조이스와 와일드가 근본적으로 다른 점은 조이스가 중하층민의 삶을 꼼꼼하게 묘사하는 작가라는 사실이다. 그는 『더블린 사람들』에서 더블린의 평범한 인물들을 "꼼꼼한 인색함"scrupulous meanness의 문체로 묘사하고 있다. 이 작품뿐만 아니라 『젊은 예술가의 초상』과 『율리시스』에 나오는 인물들은 조이스가 직접 알고 있거나 인명록에 있던 사람들을 배경으로 한 것이다. 이는 사실fact을 싫어하고 인명록Blue book에 있는 실제 인물들을 예술에 이용하는 것을 혐오하는 와일드와 거리가 먼 것이다(*Intentions* 8). 와일드는 비비안의 입을 빌어 "가족과 빨래하는 여자"로부터 인물을 이끌어내고 "수많은 유용한 정보"를 얻음으로써 "백과사전과 개인적 경험 사이에서" 헤매는 작가를 비난한다(*Intentions* 8). 그런데 조이스의 작품에는 그의 가족, 빨래하는 여자, 수많은 정보가 있어서 그야말로 독자들이 "백과사전과 개인적 경험" 사이에 좌초되기 쉽다. 어떻게 보면 와일드의 공격목표에 정확하게 조이스가 조준되어 있는 듯하다. 다만 이런 작가들은 "허구fiction의 이름으로 따분한 사실들facts을 . . . 제공"(*Intentions* 8)하는 반면, 조이스는 오히려 사실들을 재미있는 허구로 엮어내는 작가라는 점에서 와일드가 정형화시키고 있는 작가들의 범주에서 묘하게 벗어난다.

참고문헌

작품색인

약 어

참고문헌

Althusser, Louis. *Lenin and Philosophy and Other Essays*. Trans. Ben Brewster. New York: Monthly Review Press, 1971.

Arnold, Matthew. *On the Study of Celtic Literature and Other Essays*. New York: Dutton, 1910 (reprint 1976).

Ashcroft, Bill, Gareth Griffiths, Helen Tiffin, Ed. *Postcolonial Studies: The Key Concepts*. Second Ed. New York: Routledge, 2007.

Atherton, James S. *The Books at the Wakes: A Study of Literary Allusions in James Joyce's* Finnegans Wake. New York: Viking Prss, 1960.

Backus, Margot Gayle. "'Odd Jobs': James Joyce, Oscar Wilde, and the Scandal Fragment." *Joyce Studies Annual*. Eds. Moshe Gold & Philip Sicker. New York: Fordham UP, 2008. 105-45.

Bazargan, Suaan. "Oxen of the Sun: Maternity, Language, and History." *James Joyce Quarterly* 22.3 (Spring 1985): 271-80.

Beck, Warren. *Joyce's* Dubliners: *Substance, Vision, and Art*. Durham: Duke UP, 1969.

Benstock, Bernard. "Decoding in the Dark in 'Oxen of the Sun'." *James Joyce Quarterly* 28.3 (Spring 1991): 637-42.

Bhabha, Homi K. *The Location of Culture.* London: Routledge, 1994.

Booker, M. Keith. Ulysses, *Capitalism, and Colonialism: Reading Joyce after the Cold War.* London: Greenwood Press, 2000.

Bowen, Zack. "After the Race." *James Joyce's* Dubliners: *Critical Essays.* Ed. Clive Hart. London: Faber and Faber, 1969. 53-61.

__________. "Wild about Joyce." *Joyce and Popular Culture.* Ed. R. B. Kershner. Gainesville: UP of Florida, 1996.

Brandabur, Edward. *A Scrupulous Meanness: A Study of Joyce's Early Work.* Urbana: U of Illinois P, 1971.

Brod, Harry & Michael Kaufman, eds. *Theorizing Masculinities.* London: Sage, 1994.

Brown, Homer Obed. *James Joyce's Early Fiction: The Biography of a Form.* Cleveland: The P of Case Western Reserve University, 1972.

Brown, Malcolm. *The Politics of Irish Literature: From Thomas Davis to W. B. Yeats.* Seattle: U of Washington P, 1972.

Brown, Richard. *James Joyce.* New York: St. Martin's Press, 1992.

Budgen, Frank. *James Joyce and the Making of* Ulysses *and Other Writings.* 1972; rpt. Oxford: Oxford UP, 1989.

Cahalan, James M. *The Irish Novel: A Critical History.* Boston: Twayne Publishers, 1988.

Cairns, David and Shaun Richards. *Writing Ireland: Colonialism, Nationalism and Culture.* Manchester: Manchester UP, 1988

Canaan, Joyce E. "'One thing leads to another': drinking, fighting and working-class masculinities." Ed. Mairtin Mac an Ghaill. *Understanding Masculinities*. Buckingham: Open UP, 1996. 114-25.

Carroll, Margaret Lasch. "Prodigal's Dreams: John Mcgahern's That They May face the Rising Sun." *Estudios Irlandeses* 3 (2008): 42-53.

Cheng, Vincent J. *Joyce, Race and Empire*. Cambridge: U of Cambridge P, 1995.

Cixous, Hélèn. *The Exile of James Joyce*. Trans. Sally A. J. Purcell. New York: David Lewis, 1972.

Connolly, James. *James Connolly: Selected Writings*. Ed. P. Berresford Ellis. Harmondsworth, 1973.

______________. *Collected Works* II. Dublin: New Books, 1988.

Corballis, Richard. "Wild Essence of Wilde: Joyce's Debt to Oscar in *Ulysses*." *The Importance of Reinventing Oscar: Versions of Wilde during the Last 100 Years*. Ed. Uwe Böker, Richard Corballis and Julie A. Hibbard. Amsterdam: Rodopi, 2002. 159-66.

Corkery, Daniel. *Synge and Anglo-Irish Literature: A Study*. Cork: Cork UP, 1931.

Crawford, Robert. *Devolving English Literature*. Oxford: Clarendon, 1992.

Cryer, Max. *Who Said That First: The Curious Origins of Common Words and Phrases*. Auckland: Exisle Publishing Limited, 2010.

Curtis, L. P., Jr. *Anglo-Saxons and Celts: A Study of Anti-Irish Prejudice in Victorian England*. Bridgeport, CT: U of Bridgeport, 1968.

Daly, Mary E. *Dublin: The Deposed Capital: A Social and Economic History*

1860-1914. Dublin: Cork UP, 1984.

Davis, Thomas. "Our National Language." *Nation*. 1 April 1843.

Davison, Neil. R. *James Joyce,* Ulysses, *and the Construction of Jewish Identity: Culture, Biography, and "The Jew" in Modernist Europe*. Cambridge: Cambridge UP, 1996.

Deane, Seamus. "Joyce the Irishman." *The Cambridge Companion to James Joyce*. ed. Derek Attridge. Cambridge: Cambridge UP, 1990. 31-54.

____________. *Celtic Revivals: Essays in Modern Irish Literature 1880-1980*. London: faber and faber 1985.

____________. "Parnell: The Lost Leader." *Parnell: The Politics of Power*. Ed. Donal McCartney. Dublin: Wolfhound Press, 1991. 183-91.

____________. "Dead ends: Joyce's finest moments." *Semicolonial Joyce*. Ed. Derek Attridge & Marjorie Howes. Cambridge: Cambridge UP, 2000. 21-36.

Delany, Paul. "Joyce's Political Development and Aesthetic of *Dubliners*." *College English* 34.2 (1972): 256-66.

Dettmar, Kevin J. H. "Joyce/Irishness/Modernism." *Irishness and (Post) Modernism*. Ed. John S. Rickard. London and Toronto: Associated UP, 1994. 103-26.

Devlin, Kimberly J. *James Joyce's "Fraudstuff."* Gainesville: UP of Florida, 2002.

Doherty, Gerald. "Imperialism and the Rhetoric of Sexuality in James Joyce's *Ulysses*." *Joyce: Feminism/Post/Colonialism*. Ed. Ellen Carol

Jones (European Joyce Studies 8). Amsterdam: Rodopi, 1998. 207-29.

Duffy, Enda. *The Subaltern* Ulysses. Minneapolis: U of Minnesota P, 1994.

Eckley, Grace. "Why the Ghost of Oscar Wilde Manifests in *Finnegans Wake*." *The Victorian Letter* 75 (1989): 9-14.

Edwards, Ruth Dudley. *Patrick Pearse: The Triumph of Failure*. New York: Toplinger, 1978.

Ehrlich, Heyward. "Socialism, Gender, and Imaginary in *Dubliners*." *Gender in Joyce*. Eds. Jolanta W. Wawrzycka and Marlena G. Corcoran. Gainesville: UP of Florida, 1997.

Ellmann, Richard. *James Joyce*. Rev. ed. New York: Oxford UP, 1982.

______________. *James Joyce*. New York: Oxford UP, 1959.

______________. "The Uses of Decadence: Wilde, Yeats and Joyce." *Literary Interrelations: Ireland, England and the World*. Eds. Wolfgang Zach and Heinz Kosok. Tübingen: Narr, 1987. 27-39.

English, Richard. "Socialism: Socialist Intellectuals and Irish Revolution." *The Irish Revolution, 1913-1923*. Ed. Joost Augusteijn. New York: Palgrave, 2002. 203-19.

Fairhall, James. *James Joyce and the Question of History*. Cambridge: Cambridge UP, 1993.

Fargnoli, A. Nicholas & Gillespie, Michael P. *James Joyce A-Z: The Essential Reference to His Life and Writings*. Oxford: Oxford UP, 1995.

Fitzpatrick, David. "Militarism in Ireland, 1900-1922." Eds. Bartlett, Thomas and Keith Jeffery. *A Military History of Ireland*.

Cambridge: Cambridge UP, 1966. 379-406.

Flannigan-Saint-Aubin, Arthur. "The Male Body and Literary Metaphors for Masculinity." *Theorizing Masculinities*, 239-58.

Foster, John Wilson. *Colonial Consequences: Essays in Irish Literature and Culture*. Dublin: The Lilliput Press, 1991.

________________. *Fictions of the Irish Literary Revival: A Challenging Art*. Syracuse: Syracuse UP, 1987.

French, Marilyn. "Missing Pieces in Joyce's *Dubliners*." *Twentieth Century Literature*. 24 (1978): 443-72.

Gaipa, Mark. "Culture, Anarchy, and the Politics of Modernist Style in Joyce's Oxen of the Sun." *Modern Fiction Studies* 41.2 (Summer 1995): 195-217.

Garvin, Tom. *Nationalist Revolutionaries in Ireland: 1858-1928*. Oxford: Clarendon Press, 1987.

Gibbons, Luke. "'Have you no homes to go to?': James Joyce and the politics of paralysis." *Semicolonial Joyce*, 150-171.

Gibson, Andrew. *Joyce's Revenge: History, Politics, and Aesthetics in* Ulysses. Oxford: Oxford UP, 2005.

____________. *James Joyce*. London: Reaktion Books, 2006.

Gifford, Don. *Joyce Annotated: Notes for* Dubliners *and* A Portrait of the Artist as a Young Man. Berkeley: U of California P, 1982.

__________. and Robert Seidman. Ulysses *Annotated: Notes for James Joyce's* Ulysses. 2nd ed. Berkeley: U of California P, 1988.

Glasheen, Adaline. *A Second Census of* Finnegans Wake: *An Index of the*

Characters and their Roles. Evanston: Northwestern UP, 1963.

Gorman, Herbert. *James Joyce: A Definitive Biography*. London: John Lane, 1941.

Hall, Catherine. "The Economy of Intellectual Prestige: Thomas Carlyle, John Stuart Mill, and the Case of Governor Eyre." *Cultural Critique* 12 (Spring 1989): 167-96.

Halper, Nathan. "The Boarding House." Ed. Hart, Clive. *James Joyce's* Dubliners*: Critical Essays*. London: Faber and Faber, 1969. 72-83.

Harkness, Marguerite. *The Aesthetics of Dedalus and Bloom*. Lewiburg: Bucknell UP, 1984.

Harris, Susan Cannon. "Invasive Procedures: Imperial Medicine and Population Control in *Ulysses* and *The Satanic Verses*." *James Joyce Quarterly* 35.2/3 (Winter/Spring, 1998): 373-399.

Hart, Clive, ed. *James Joyce's* Dubliners: *Critical Essays*. London: Faber and Faber, 1969.

Heilbrun, Carolyn G. *Toward a Recognition of Androgyny*. New York: Harper Colophon, 1973.

Henke, Suzette A. *James Joyce and the Politics of Desire*. New York: Routledge, 1990.

Herr, Cheryl. *Joyce's Anatomy of Culture*. Urbana: U of Illinois P, 1986.

Herring, Philip F., Ed. *Joyce's* Ulysses *Notesheets in the British Museum*. Charottesville: University of Virginia P, 1972.

Hirsch, Edward. "The Imaginary Irish Peasant." *PMLA* 106 (1991). 1116-33.

Homer, Sean. *Jacques Lacan*. London: Routledge, 2005.

Howes, Marjorie. "Goodbye Ireland I'm going to Gort: geography, scale, and narrating the nation." *Semicolonial Joyce*. Ed. Derek Attridge and Marjorie Howes. Cambridge: Cambridge UP, 2000.

Hutchinson, John. *The Dynamix of Cultural Nationalism: the Gaelic Revival and the Creation of the Irish State*. London: Allen &Unwin, 1987.

Hyde, Douglas. "The Necessity for De-Anglicising Ireland." *The Field Day Anthology of Irish Writing.*, ed. Seamus Deane. Vol. 2. Derry: Field Day/W.W.Norton, 1991. 527-33.

Ingersoll, Earl G. *Engendered Trope in Joyce's* Dubliners. Carbondale: Southern Illinois UP, 1996.

Innes, C. L. *Woman and Nation in Irish Literature and Society, 1880-1935*. New York: Harvester Wheatsheaf, 1993.

Janusko, Robert. *The Sources and Structures of James Joyce's "Oxen."* Ann Arbor: UMI Research, 1983.

Jones, Ann Rosalind and Peter Stallybrass. "Dismantling Irena: The Sexualizing of Ireland in Early Modern England." Eds. Andrew Parker, Mary Russo, Doris Sommer, and Patricia Yaeger. *Nationalisms & Sexualities*. New York: Routledge, 1922.

Joyce, James. *Dubliners: Text, Criticism, and Notes*. Eds. Robert Scholes and A. Walton Litz. New York: Viking Press, 1969.

__________. *Dubliners*. Eds. John Wise Jackson & Bernard McGinley. Eds. New York: St. Martin's Press, 1993.

__________. *A Portrait of the Artist as a Young Man*. Ed. Chester G.

Anderson. New York: Viking Press, 1968.

__________. *Ulysses.* Eds. Hans Walter Gabler, Wolfhard Steppe and Claus Melchior. New York: Vantage-Random House, 1984.

__________. *The Critical Writings.* Ed. Ellsworth Mason and Richard Ellmann. New York: Viking, 1959.

__________. *Occasional, Critical, and Political Writing.* Ed. Kevin Barry. Trans. Conor Deane. Oxford: Oxford UP, 2000.

__________. *Letters of James Joyce,* Vol Ⅰ. Ed. Stuart Gilbert. New York: Viking Press, 1957. Vols Ⅱ and Ⅲ, Ed. Richard Ellmann. New York: Viking Press, 1966.

__________. *Finnegans Wake.* New York: The Viking Press, 1939.

__________. *Stephen Hero.* London: Jonathan Cape, 1956.

Joyce, Stanislaus. *My Brother's Keeper: James Joyce's Early Years.* Ed. Richard Ellmann. New York: The Viking Press, 1958.

Kee, Robert. *Ireland: A History.* London: Sphere Books, 1982.

Kenner, Hugh. *Ulysses.* Rev. ed. Baltimore: The Johns Hopkins UP, 1987.

__________. *Joyce's Voices.* Berkeley: U of California P, 1978.

__________. *Dublin's Joyce.* New York: Columbia UP, 1987.

Kershner, R. B. *Joyce, Bakhtin, and Popular Literature: Chronicles of Disorder.* Chapel Hill: U of North Carolina P, 1989.

__________. "Artist, Critic, and Performer: Wilde and Joyce on Shakespeare." *Texas Studies in Literature and Language* 20.2 (1978): 216-29.

Kiberd, Declan. *Inventing Ireland: The Literature of the Modern Nation.* Cambridge: Harvard UP, 1995.

Kimmel, Michael S. "Masculinity as Homophobia: Fear, Shame, and Silence in the Construction of Gender Identity." *Theorizing Masculinities,* 119-41.

Kinsella, Thomas. *Yeats, Davis, Mangan, Ferguson?: Tradition and the Irish Writer.* Dublin: Dolmen P, 1970, 64-65.

Lacan, Jacques. *Écrits: A Selection.* Trans. Alan Sheridan. New York: Norton, 1977.

__________. *Feminine Sexuality: Jacques Lacan and the école freudienne.* Ed. Juliet Michell and Jacqueline Rose. New York: Norton, 1982.

Lamos, Colleen & Christine Van Boheemen-Saaf. "Joycean Masculinities: An Introduction." *Masculinities in Joyce,* 7-12.

Leonard, Garry M. *Reading* Dubliners *Again: A Lacanian Perspective.* Syracuse: Syracuse UP, 1993.

Lernout, Geert. *The French Joyce.* Ann Arbor: U of Michigan P, 1990.

Liebman, Sheldon W. "Character Design in *The Picture of Dorian Gray.*" *Studies in the Novel* 31.3 (Fall 1999). 296-316.

Lin, Paul. "Standing the Empire: Drinking, Masculinity, and Modernity in 'Counterparts.'" *Masculinities in Joyce,* 33-58.

Lloyd, David. "'*Dubliners,*' masculinity, and temperance nationalism." *Semicolonial Joyce,* 128-49.

__________. *Anomalous States: Irish Writing and the Post-colonial Moment.* Dublin: The Lilliput Press, 1993.

Lobner, Corinna del Greco. *James Joyce's Italian Connection: The Poetics of the Word.* Iowa City: U of Iowa P, 1989.

Lowe-Evans, Mary. *Crimes against Fecundity: Joyce and Population Control.* Syracuse: Syracuse UP, 1989.

Lyons. F. S. *Ireland Since the Famine*. London: Fontana, 1973.

Magalaner, Marvin and Kain, Richard M. *Joyce: The Man, the Work, the Reputation*. New York: New York UP, 1956.

Mahaffey, Vicki. "Père-version and Im-mère-sion: Idealized Corruption in *A Portrait of the Artist as a Young Man* and *The Picture of Dorian Gray*." *James Joyce Quarterly* 31.3 (1994): 189-206.

Malcolm, Elizabeth. "Temperance and Irish nationalism." *Ireland under the Union: Varieties of tension: Essays in Honour of T. W. Moody*. Eds. P. S. L. Lyons & R. A. J. Hawkins. Oxford: Clarendon Press, 1980.

Manganiello, Dominic. *Joyce's Politics*. London: Routedge & Kegan Paul, 1980.

__________________. "Through a Cracked Looking Glass: *The Picture of Dorian Gray* and *A Portrait of the Artist as a Young Man*." *James Joyce and His Contemporaries*. Eds. Diana A. Ben-Merre & Maureen Murphy. Westport: Greenwood Press, 1989. 89-96.

Martin, F. X. "The Origin of the Irish Rising of 1916." Ed. Desmond Williams. *The Irish Struggle 1916-1926*. London: Routledge & Kegan Paul, 1966. 1-18.

Mays, Michael. *Nation States: The Cultures of Irish Nationalism*. Lanham: Lexington Books, 2007.

McCartney, Donal. "Gaelic Ideological Origin of 1916." *1916: The Easter Rising*. Ed. O'Dudley Edwards and Fergus Pyle. London: Macgibbon & Kee, 1968. 41-49.

McCormack, W. J. "James Joyce, Cliché, and the Irish Language." *James Joyce: The Augmented Ninth*. ed. Bernard Benstock. Syracuse: Syracuse UP, 1988. 323-36.

McGee, Patrick. *Joyce Beyond Marx: History and Desire in* Ulysses *and* Finnegans Wake. Gainesville: UP of Florida, 2001.

McGowan, John. "From Pater to Wilde to Joyce: Modernist Epiphany and the Soulful Self." *Texas Studies in Literature and Language*. 32.3 (Fall 1990). 417-45.

Milesi, Laurent. "The Perversions of 'Aerse' and the Anglo-Irish Middle Voice in *Finnegans Wake*." *Joyce Studies Annual*. 1993. 98-118.

Mullin, Katherine. "Don't Cry for me, Argentina: 'Eveline' and the Seductions of Emigration Propaganda." *Semicolonial Joyce*. Ed. Derek Attridge and Marjorie Howes. Cambridge: Cambridge UP, 2000. 172-200.

Murison, A. F. Ed. *Selections from the Best English Authors: Beowulf to the Present Time*. London: W. R. Chambers, 1907.

Murphy, Michael. "Political Memorials in the City of 'The Dead.'" *Joyce and the City: The Significance of Place*. Ed. Michael Begnal. Syracuse: Syracuse UP, 2002. 110-22.

Nolan, Emer. *James Joyce and Nationalism*. London: Routledge, 1995.

Norris, Margot. "Masculinity Games in 'After the Race.' *Masculinities in Joyce: Postcolonial Construction*." Ed. Christine van Boheemen-Saaf, and Colleen Lamos. Amsterdam: Rodopi, 2001. 13-31.

O'Brien Joseph V. *Dear, Dirty Dublin: A City in Distress, 1899-1916.* Berkeley: U of California P, 1982.

O'Connor, Ulick. Ed. *The Joyce We Knew: Memories by Eugene Sheehy, Will G. Fallon, Padraic Colum, Arthur Power.* Cork: Mercier, 1967.

O Hehir, Brendan. *A Gaelic Lexicon for* Finnegans Wake *and Glossary for Joyce's Other Works.* Berkeley: U of California P, 1967.

Osteen, Mark. *The Economy of* Ulysses*: Making Both Ends Meet.* Syracuse: Syracuse UP, 1995.

Peacock, William, Ed. *English Prose from Mandeville to Ruskin.* London: Grant Richards, 1903.

Pearse, Patrick. "Robert Emmet and the Ireland of Today." *Collected Works of P. H. Pearse: Political Writings & Speeches.* Dublin: Manusel & Roberts, 1922.

Plock, Vike Martina. *Joyce, Medicine, and Modernity.* UP of Florida, 2010.

Potts, Willard. *Joyce and the Two Irelands.* Austin: U of Texas P, 2000.

Quantrill, Esther Maeve. *Anthological Politics: Poetry and British Culture 1860-1914* (PhD Dissertation) U of Texas at Austin, 1995.

Radek, Karl. "Contemporary World Literature and the Tasks of Proletarian Art." *Problems of Soviet Literature: Reports and Speeches at the First Soviet Writers' Congress.* Ed. H. G. Scott. Westport CT: Greenwood P, 1979. 73-182.

Reibaum, Marilyn. *James Joyce's Judaic Other.* Stanford: Stanford UP, 1999.

______________. "When the Saints Come Marching In: Re-Deeming

'Cyclops.'" Ulysses—*En-Gendered Perspectives: Eighteen New Essays in the Episodes*. Ed. Kimberly J. Devlin and Marilyn Reizbaum. U of South Carolina P, 1999. 167-84.

Renan, Ernest. *The Poetry of the Celtic Races*. Trans. W. G. Hutchison. London: Walter Scott, 1897.

Restuccia, Frances L. *Joyce and the Law of the Father*. New Haven: Yale UP, 1989.

Reynolds, Lorna. "Irish Women in Legend, Literature and Life." *Woman in Irish Legend, Life and Literature* (Irish Literary Studies 14). ed. S. F. Gallagher. Totowa: Barnes and Noble Books, 1983. 11-25.

Riquelme, John Paul. "'The Dead': The Dissolution of the Self and the Police." Ed. Rosa M Bollettieri Bosinelli and Harold F. Mosher Jr. *ReJoycing: New Readings of* Dubliners. Lexington: UP of Kentucky, 1998. 123-44.

Rocco, John. "Time Travel on Wings of Excess: 'Ithaca' and a Message in a Bottle." Ed. Ellen Carol Jones and Morris Beja. *Twenty-First Joyce*. Gainesville: UP of Florida, 2004. 112-134.

Rose, Jacqueline. "Introduction II" In *Feminine Sexuality: Jacques Lacan and école freudienne*, by Jacques Lacan. 27-57.

Rosenfeld, Natania. "James Joyce's Womanly Wandering Jew." *Jews and Gender: Responses to Otto Weininger*. Ed. Nancy A. Harrowitz and Barbara Hyams. Philadelphia: Temple UP, 1995. 215-26.

Rosenzweig, Roy. "The Rise of the Saloon." *Rethinking Popular Culture: Contemporary Perspectives in Cultural Studies*. eds. Chandra Mukerji & Michael Schudson. Berkeley: U of California P, 1991. 121-56.

Said, Edward. *Culture and Imperialism*. New York: Knopf, 1993.

Saintsbury, George. *A History of English Prose Rhythm*. London: Macmillan & Co., 1912.

Schapiro, J. Salwyn. "Thomas Carlyle, Prophet of Fascism." *The Journal of Modern History* 17.2 (Jun 1945): 97-115.

Scholes, Robert. "Counterparts." In Scholes and Litz, eds., Dubliners*: Text, Criticism, and Notes*. 379-87.

____________. *In Search of James Joyce*. Urbana: U of Illinois P, 1992.

Schork, R. J. "Significant Names in Finnegans Wake 46.20 and 371.22." *James Joyce Quarterly* 34.4 (1977): 505-16.

Schwarze, Tracy Teets. *Joyce and the Victorians*. Gainsville: UP of Florida, 2002.

Sedgwick, Eve Kosofsky. *Epistemology of the Closet*. Berkeley: U of California P, 1990.

Siedenbiedel, Catrin. "Oscar Wilde's 'Critic as Artist' and the 'Artist as Critic' in James Joyce's *Finnegans Wake*." *The Importance of Reinventing Oscar: Versions of Wilde during the Last 100 Years*. 167-73.

Simmons, Allan H. "Topography and Transformation: A Postcolonial Reading of *Dubliners*." Ed. Leonard Orr. *Joyce, Imperialism, Postcolonialism*. Syracuse: Syracuse UP, 2008.

Skrabanek, Petr. "Anglo-Irish in *Finnegans Wake*." *A Wake Newslitter* XIII, no. 5 (October 1976). 79-83.

Spivak, Gayatri Chakravorty. "Can the Subaltern Speak?" *Marxism and the*

Interpretation of Culture. eds. Nelson, Cary and Lawrence Grossberg. Champaign: U of Illinois P, 1988. 271-313.

Spoo, Robert. "'Nestor' and the Nightmare: The Presence of the Great War in *Ulysses*." Ed. Wollaeger, Mark A. Victor Luftig, and Robert Spoo. *Joyce and the Subjcet of History*. Ann Arbor: The U of Michigan Press, 1996. 105-24.

__________. *James Joyce and the Language of History: Dedalus's Nightmare*. Oxford: Oxford UP, 1994.

Stein, Herbert. *On the Other Hand: Essays on Economics, Economists, and Politics*. Washington: The AEI Press, 1995.

Thomas, George. *Linguistic Purism*. London: Longman, 1991.

Thompson, Spurgeon. "Recovering *Dubliners* for Postcolonial Theory." *A New Complex Sensation: Essays on Joyce's* Dubliners. Ed. Oona Frawley. Dublin: The Lilliput Press, 2004. 186-96.

Thompson, William J. "The Development of Irish Census, and its National Importance." *Journal of The Statistical and Social Inquiry Society of Ireland* 12 (1911): 474-78.

Tomedi, John. *Dublin*. New York: Chelsea House Publishers, 2005.

Torchiana, Donald T. *Backgrounds for Joyce's* Dubliners. Boston: Allen & Unwin, 1986.

Treble, H. A., Ed. *English Prose: Narratives, Descriptive, and Dramatic*. London: Oxford UP, 1917.

Tymoczko, Maria. *The Irish* Ulysses. Berkeley: U of California P, 1994.

Valente, Joseph. "Neither fish nor flesh"; or how "Cyclops" stages the double-bind of Irish manhood. *Semicolonial Joyce*. Ed. Derek Attridge and Marjorie Howes. Cambridge: Cambridge UP, 2000. 96-127.

van Boheemen-Saaf, Christine & Colleen Lamos, eds. *Masculinities in Joyce*. (European Joyce Studies 10). Amsterdam: Rodopi, 2001.

Wall, Richard. *An Anglo-Irish Dialect Glossary for Joyce's Works*. Syracuse: Syracuse UP, 1987.

Walton, Franklin. "Wilde at the Wake." *James Joyce Quarterly* 14.3 (1977): 300-12.

Walzl, Florence L. "*Dubliners*." Ed. Zack Bowen & James F. Carens. *A Companion to Joyce Studies*. Westport, Connecticut: Greenwood Press, 1984. 158-228.

Warwick, Alexandra. *Oscar Wilde*. Devon: Northcote House Publishers, 2007.

Weininger, Otto. *Sex and Character*. London: William Heinemann, 1906.

Wells-Lassagne, Shannon. "He Believed in Empire: Colonial Concerns in Elizabeth Bowen's *The Last September*." *Irish Studies Review* 15.4 (2007): 451-63.

Wilde, Oscar. *Intentions*. Amherst: Prometheus Books, 2004.

__________. *The Letters of Oscar Wilde*. Ed. Rupert Hart-Davis. London: Hart-Davis, 1962.

__________. *The Picture of Dorian Gray*. Ed. Joseph Bristow. Oxford: Oxford UP, 2006.

Williams, Trevor L. "No Cheer for 'the Gratefully Oppressed': Ideology in Joyce's *Dubliners*." Eds. Bosinelli, Rosa M Bollettieri and Harold F. Mosher Jr. *ReJoycing: New Readings of* Dubliners. Lexington: UP of Kentucky, 1998. 87-109.

________. *Reading Joyce Politically*. Gainesville: UP of Florida, 1997.

Winston, Greg C. "Militarism and 'The Dead.'" Ed. Frawley, Oona. *A New & Complex Sensation: Essays on Joyce's* Dubliners. Dublin: The Lilliput P, 2004.

Woolf, Virginia. *Collected Essays*. Vol. 2. New York: Harcourt, Brace & World, INC., 1925. Print. 4 Vols.

Yeats, W. B. "Cathleen Ni Houlihan." *Modern Irish Drama*. Ed. John P. Harrington. New York: Norton, 1991.

________. *Uncollected Prose*. Ed. J. P. Frayne. 2 vols. New York: Columbia UP, 1970.

작품색인

약어 Abbreviations

D	*Dubliners*. Eds. Robert Scholes and A. Walton Litz. New York: Viking Press, 1969.
P	*A Portrait of the Artist as a Young Man*. Ed. Chester G. Anderson. New York: Viking Press, 1968.
U	*Ulysses*. Eds. Hans Walter Gabler, Wolfhard Steppe, & Claus Melchior. New York: Random House, 1986. (약어와 함께 장章수와 쪽수를 표시함)
FW	*Finnegans Wake*. New York: The Viking Press, 1939. (약어와 함께 쪽수와 줄수를 표시함)
SH	*Stephen Hero*. London: Jonathan Cape, 1956.
L	*Letters of James Joyce*, Vol Ⅰ. Ed. Stuart Gilbert. New York: Viking Press, 1957. Vols Ⅱ and Ⅲ, Ed. Richard Ellmann. New York: Viking Press, 1966.
CW	*The Critical Writings*. Ed. Ellsworth Mason and Richard Ellmann. New York: Viking, 1959.
OCPW	*Occasional, Critical, and Political Writing*. Ed. Kevin Barry. Trans. Conor Deane. Oxford: Oxford UP, 2000.